Wolfgang Benz

# Antisemitismus
## Präsenz und Tradition eines Ressentiments

Bibliografische Information der Deutschen Nationalbibliothek

Die Deutsche Nationalbibliothek verzeichnet diese Publikation in der Deutschen Nationalbibliografie; detaillierte bibliografische Daten sind im Internet über http://dnb.d-nb.de abrufbar.

© WOCHENSCHAU Verlag
Dr. Kurt Debus GmbH
Schwalbach/Ts.,
1. Aufl. Juli 2015,
2. Aufl. Januar 2016

www.wochenschau-verlag.de

Alle Rechte vorbehalten. Kein Teil dieses Buches darf in irgendeiner Form (Druck, Fotokopie oder einem anderen Verfahren) ohne schriftliche Genehmigung des Verlages reproduziert oder unter Verwendung elektronischer Systeme verarbeitet werden.

Titelgestaltung: Ohl Design
Titelbild: Erinnerungssteine an der Mauer des Alten Jüdischen Friedhofs in Frankfurt/M. als Mahnmal für die in den Konzentrationslagern ermordeten Frankfurter Juden;
© picture alliance/akg-images
Gesamtherstellung: Wochenschau Verlag
Gedruckt auf chlorfreiem Papier
ISBN 978-3-7344-0104-6 (Buch)
ISBN 978-3-7344-0105-3 (E-Book)

# Inhalt

Vorwort .................................................................. 7

Einleitung ............................................................... 8

1. Begriffe und Definitionen ........................................... 14

2. Religion und Judenfeindschaft:
   Antijudaismus von der Antike bis zur Neuzeit ............ 17
   Ritualmordlegenden ..................................... 19
   Das Anderl von Rinn .................................... 22
   Hostienfrevel ........................................... 26
   Jud Süß ................................................. 32
   Talmudhetze ............................................. 34

3. Rasse und Judenfeindschaft:
   Der moderne Antisemitismus als antiemanzipatorische
   und antimoderne Ideologie ..................................... 42
   Rassismus und „Judenfrage":
   Argumente gegen die Emanzipation ........................ 47

4. Gesellschaft und Judenfeindschaft in Europa ............ 59
   Die Dreyfus-Affäre ...................................... 60
   Pogrome im Zarenreich ................................... 62
   Die „Protokolle der Weisen von Zion" .................... 66
   Judenfeindschaft in Polen ............................... 80

5. Erster Weltkrieg und Weimarer Republik:
   Antisemitismus auf dem Weg zur Staatsdoktrin
   in Deutschland ................................................ 86
   Der Miesbacher Anzeiger ................................. 87
   Eine jüdische Karriere in Deutschland:
   Walther Rathenau ........................................ 89
   Der Fall Gumbel ......................................... 93
   Ein Antisemitentag in Wien .............................. 95

6. **Ausgrenzung und Diskriminierung:**
   **Juden im Nationalsozialismus** .................................... 100
   „Juden sehen Dich an" ................................................. 101
   Diskriminierung durch Propaganda ............................ 105
   Rassenkunde .................................................................. 106
   Die Rücknahme der Emanzipation ............................. 112
   „Der ewige Jude" .......................................................... 114
   Zerrbilder vom Juden ................................................... 121

7. **Ideologie und Genozid: Der Judenmord** ................... 126
   Der Novemberpogrom 1938 ....................................... 126
   Die „Endlösung der Judenfrage" ................................. 134

8. **Antisemitismus nach dem Holocaust** ....................... 142
   Jüdisches Leben in Deutschland nach 1945 .............. 143
   Die Allensbach-Umfrage 1949 .................................... 150
   Die Möllemann-Affäre .................................................. 155
   Ein patriotisches Projekt ............................................... 158
   Sonderwege: Antisemitismus in der Schweiz ............. 167

9. **Linker Antisemitismus und Antizionismus** .............. 179

10. **Israelkritik und Antisemitismus** ............................... 186
    Lyrische Intervention .................................................... 192

11. **Judenfeindschaft von Muslimen** ............................... 197

12. **Holocaustleugnung** ..................................................... 211

13. **Bekämpfung des Antisemitismus** ............................... 221
    Engagement gegen Judenfeindschaft .......................... 224
    Der Abwehrverein ......................................................... 226
    Der Centralverein .......................................................... 229
    Strategien gegen Judenfeindschaft nach dem Holocaust ... 239

14. **Wege der Antisemitismusforschung** .......................... 245

Bibliographie .......................................................................... 251

# Vorwort

Dieses Buch fasst Arbeitsergebnisse und Erkenntnisse aus langjähriger Beschäftigung mit dem langlebigsten Vorurteil der menschlichen Geschichte und den Folgen der daraus erwachsenen Katastrophe des Judenmords zusammen. Das Buch versteht sich als Kompendium, das ohne gelehrte Attitüde, aber mit aller wissenschaftlichen Akribie und Sorgfalt gewonnene Einsichten bündelt, die in anderem Zusammenhang und in größerer Ferne zum Publikum entstanden. Den Hintergrund bildet das Zentrum für Antisemitismusforschung der TU Berlin, das über zwei Jahrzehnte, von 1990 bis 2011, meine akademische Heimat war und mir immer noch Arbeitsmöglichkeiten bietet, deren Summe neben Monografien, Aufsätzen, Artikeln zu speziellen Themen das Handbuch des Antisemitismus darstellt, erschienen 2008-2015 in acht Bänden.

Ohne Mitarbeiter, Kollegen, Freunde wäre weder das wissenschaftliche noch das öffentliche Bemühen um Aufklärung über das Wesen, die Wurzeln, die Ausprägungen und Wirkungen von Judenfeindschaft möglich gewesen. Ebenso wenig ohne die Doktoranden, Magister- und Staatsexamenskandidaten, die ich betreuen durfte bzw. noch betreue und deren Fragen und Annäherungen an das schwierige Thema ich viel verdanke. Unmittelbar beteiligt an der Entstehung dieses Buches sind, wie immer, Ingeborg Medaris (Sekretariat), Dr. Marion Neiss und Patricia Fromme, die Literatur und Quellen beschafften, dabei auch vor entlegenen Problemen nie kapitulierten. Christine Eberle organisierte nicht nur die Erstellung des Manuskripts, sondern war mit Recherchen unentbehrlich. Ihnen allen danke ich sehr herzlich.

*Berlin, Januar 2015*

# Einleitung

Die Jahrhunderte lange Judenfeindschaft aus unterschiedlichen Motiven – religiösem Ressentiment, kulturellem Vorbehalt, ökonomischer und sozialer Ausgrenzung, rassistischem Hass – kulminierte unter nationalsozialistischer Ideologie im 20. Jahrhundert im Völkermord mit sechs Millionen Opfern. Die Dimension, aber auch die Methoden des Mordens, der Fanatismus der Mörder und, vielleicht am erschreckendsten, die gleiche kaltherzige Hinnahme des Geschehens durch Hassende, Ahnende, Wissende, Gleichgültige machen den Holocaust einzigartig in der Geschichte. Nach der Katastrophe erinnerten sich die Angehörigen der Tätergesellschaft so ungern wie die unbeteiligten Bewohner der Mordregionen.

Die Entschädigung für materielle Verluste und die „Wiedergutmachungsleistungen" der Bundesrepublik an jüdische Opfer erfolgten auf Drängen der Alliierten, (d. h. de facto der USA) als politische Notwendigkeit; die Amnesie der mit eigenem Leid beschäftigten Deutschen berührte das nicht. Und der Antisemitismus als Ressentiment gegen die Juden als Gruppe lebte fort. Er richtete sich gegen „Displaced Persons", das waren aus Ghettos und Lagern befreite Juden, die in Westdeutschland in Lagern lebten, wo sie auf Möglichkeiten zur Emigration warteten. Der Neid gegen deren vermeintliche Bevorzugung, die Scham über den Judenmord, dessen Details den Deutschen drastisch vor Augen geführt wurden, belebten die Abneigung der Mehrheit gegen die Juden ebenso wie die Schuldgefühle und das patriotische Aufbäumen gegen die Sanktionen, die von den Besatzungsmächten den Deutschen auferlegt wurden.

Neben der alten Judenfeindschaft entstand nun ein mit neuen Argumenten operierender Antisemitismus, der sich parallel dazu aus Scham- und Schuldgefühlen entwickelte und an den Restitutionsleistungen festmachte. Bestandteil der politischen Kultur der

Bundesrepublik wurde gleichzeitig ein offizieller Philosemitismus, der aber private Ressentiments gegen Juden nicht tangierte. Die DDR leistete zwar keine Wiedergutmachung und bot deshalb keinen Ansatz für diesen „sekundären Antisemitismus", aber sie kultivierte im Schatten ihrer Schutzmacht einen vehementen Antizionismus. Die Bürger der DDR glaubten sich von antisemitischen Ressentiments frei. Die Parteisäuberung der frühen 1950er Jahre im Zeichen des Stalinismus, deren Opfer Juden waren, und der Exodus der Juden aus dem östlichen Nachfolgestaat des Deutschen Reiches wurden bis zum Ende der DDR nicht thematisiert.

Zur Überwindung der Amnesie über den Judenmord und zur Sensibilität gegenüber dem Antisemitismus trugen mehrere Ereignisse bei. Das Erschrecken über die Welle von Schmierereien an Synagogen, die Weihnachten 1959 von Köln ausgingen, war ein Anlass, dem Thema im Schulunterricht mehr Aufmerksamkeit zu widmen. Der Eichmann-Prozess in Jerusalem 1961 hatte starke Resonanz in den deutschen Medien, ebenso der Auschwitz-Prozess in Frankfurt am Main Mitte der 1960er Jahre. Den stärksten Eindruck bei einem großen Publikum machte aber Anfang 1979 die Ausstrahlung des US-amerikanischen Fernsehrührstücks „Holocaust", das zum Ärger mancher Historiker über die emotionale „Betroffenheit" hinaus die Aufklärung über den Judenmord förderte.

Mit der Wende und der Vereinigung der beiden deutschen Staaten änderte sich auch das jüdische Leben in Deutschland. Hatten bislang vor allem die drei großen Gemeinden in Westberlin, München und Frankfurt die Wahrnehmung von Juden bestimmt, so entstanden neue Gemeinden durch den Zuzug von jüdischen „Kontingentflüchtlingen" aus der ehemaligen Sowjetunion. Die Zahl der in Deutschland lebenden Juden stieg damit auf über 100 000.

Das Verhältnis zu Israel hat in der deutschen Politik herausragende Bedeutung. Das betonen Politiker aller Ränge und fast aller Parteien einmütig bei allen Gelegenheiten. Im Sechstage-

Krieg 1967 demonstrierten hunderttausende deutsche Bürger für das Existenzrecht des Staates Israel; Empathie für das Land gehört unverändert zu den politischen Grundüberzeugungen der Deutschen, wenngleich angesichts des wirkungsvoll medial vorgetragenen Leids der palästinensischen Zivilbevölkerung gegenüber militärischen Aktionen und der politisch unbeweglichen Positionen israelischer Regierungen die bedingungslose Zustimmung bei vielen einer kritischen Haltung gegenüber israelischer Politik gewichen ist.

Diese Haltung in Bausch und Bogen als „neuen Antisemitismus" oder als revitalisierte Judenfeindschaft neonationalsozialistischer Observanz zu denunzieren, ist weder richtig noch hilfreich. Dass Juden zutiefst beunruhigt sind, wenn Demonstrationen wie im Sommer 2014 aus Anlass des Gaza-Kriegs auch in Deutschland stattfinden, ist verständlich. Nachvollziehbar ist ebenso, dass Juden sich im Stich gelassen fühlen, wenn dabei junge Araber und Sympathisanten der Palästinenser skandalöse Parolen skandieren, wie im Sommer 2014 vereinzelt geschehen. In der Sorge um Sympathieverlust wurde auch die Metapher, Juden säßen in Deutschland „auf gepackten Koffern", wieder gebraucht. Solche Emotionen sind mit aus der Kenntnis der Geschichte rührendem tiefen Respekt zu würdigen. Von einer „Pogromstimmung in Deutschland" zu reden, den November 1938 zu beschwören, einen Tsunami von „neuem Antisemitismus" zu mutmaßen, wie von jüdischen Repräsentanten und israelischen Diplomaten artikuliert, ist aber kontraproduktiv. Weil es die beträchtlichen Anstrengungen des Aufklärens über und des Kampfes gegen Antisemitismus der letzten Jahrzehnte ebenso ignoriert wie die deutsche Erinnerungskultur und die Tatsache, dass Antisemitismus in der Bundesrepublik Deutschland moralisch geächtet und juristisch kriminalisiert ist wie in keinem anderen Land. Das hat die Kundgebung im September 2014 am Brandenburger Tor in Berlin auf Wunsch des Zentralrats der Juden in Deutschland einmal mehr bestätigt.

Es gibt Judenfeindschaft im Alltag, die sich hinter vorgehaltener Hand, mit Anspielungen und Sottisen Luft macht. Es gibt auch antisemitische Pöbeleien, bis hin zur Gewalt Einzelner gegen Juden. Aber das ist nicht die Regel in Deutschland und es wird streng geahndet. Es gibt aber auch Irritationen und Missverständnisse, die als Ausdruck von Antisemitismus verstanden werden. Ein Beispiel bildet die Debatte, die das Urteil des Kölner Landgerichts im Sommer 2012 auslöste, in dem die unglücklich verlaufene Beschneidung eines vierjährigen muslimischen Knaben als Körperverletzung gewertet wurde. Ein Sturm der Entrüstung von Juden und Muslimen und eine Debatte über Religionsfreiheit und Kindeswohl waren die Folge. Der Mehrheit war die rituelle Bedeutung des Aktes für die jüdische Religion kaum bewusst, sie war wohl auch kaum interessiert und gewiss nicht begierig, ein Ventil für aufgestauten Antisemitismus zu nutzen. Der Vorsitzende des Zentralrats der Juden in Deutschland folgerte jedoch, Juden seien in Deutschland nicht erwünscht und eine internationale Rabbinerkonferenz verglich das Kölner Urteil gar mit dem Holocaust. Ein eilig verabschiedetes Gesetz war im Dezember 2012 Ausdruck des Bemühens um Schadensbegrenzung.

Ein „neuer" Antisemitismus wird alle paar Jahre prognostiziert und die Zunahme der Judenfeindschaft in Deutschland zu konstatieren, werden die Auguren nicht müde. Heinz Galinski seligen Angedenkens hatte den Anstieg nicht nur des Antisemitismus, sondern auch die zunehmende Dreistigkeit der Judenfeindschaft regelmäßig gegeißelt und damit Bundeskanzler Konrad Adenauers Beschwörungsritual („die Lage war noch nie so ernst") adaptiert. Das sah er als seine Aufgabe, das erwartete man schließlich auch von ihm. Aber es entsprach nicht den Tatsachen. Die Realität, soweit sie sich mit wissenschaftlichen Methoden erfassen lässt, zeigt ein anderes Bild. Der von der Bundesregierung berufene „Unabhängige Expertenkreis Antisemitismus" schätzt die Dimension der Judenfeindschaft anhand von Einstellungsmustern über Jahre hinweg auf konstante 15 bis 20 Prozent. Das heißt, im Weltbild dieser Bundesbürger gibt es Ressentiments gegen Juden. Das bedeutet nicht, das diese Menschen samt und sonders fanatische oder gar gewaltbereite Judenhasser sind. Aber sie haben offenkundige Vorbehalte, die sie öffentlich nicht artikulieren würden. Gegenüber anderen Nationen sind das übrigens sogar günstige Werte, was freilich angesichts historischer Schuld nichts wiegt.

Antisemitismus hat – nach wissenschaftlicher Erkenntnis, die oft im Gegensatz zur gefühlten Situation steht – in Deutschland eher eine abnehmende Tendenz. Zu den Ergebnissen der Langzeitstudie an der Universität Bielefeld über gruppenbezogene Menschenfeindlichkeit mit dem assoziativen Titel „Deutsche Zustände" gehört, dass fast die Hälfte der befragten deutschen Bürger glaubt, dass zu viele Ausländer in Deutschland leben, jeder Fünfte ist dafür, die Zuwanderung von Muslimen zu unterbinden, ein Drittel glaubt an „natürliche Unterschiede" zwischen Menschen schwarzer und weißer Hautfarbe und vertritt damit die Überzeugung unterschiedlicher Wertigkeit von Menschen (was ein wesentliches Definitionsmerkmal von Rassismus ist). Optimistisch an der Diagnose der deutschen Gesellschaft im ersten Jahrzehnt des 21. Jahrhunderts stimmt lediglich der Rückgang von Homophobie und Antisemitismus. Judenfeindschaft gibt es als Ressentiment trotzdem auch in Deutschland. In regelmäßigen Meinungsumfragen wird auch deren Dimension sichtbar. Ohne signifikante Veränderung während jahrzehntelanger Beobachtung lautet der Befund, dass bis zu 20 % der Deutschen in ihrem Weltbild auch Ressentiments gegen Juden hegen. Das sind Einstellungen, die nicht mit Gewalt oder Gewaltbereitschaft verbunden sind oder mit Vernichtungs- bzw. Vertreibungswünschen einhergehen. Daher ist die Vergröberung der Umfrage-Ergebnisse zur Schlagzeile „jeder fünfte Deutsche ein Antisemit" ganz falsch.

Der regelmäßig prognostizierte „neue Antisemitismus" existiert so nicht: es ist die monotone Judenfeindschaft mit ihren Stereotypen, Legenden, Unterstellungen, Schuldzuweisungen, die sich in Jahrhunderten entwickelt hat. Während religiös argumentierender Antijudaismus hierzulande allenfalls eine marginale Rolle spielt, ist Antisemitismus als politisches, soziales, ökonomisches und kulturelles Vorurteil mit seiner rassistischen Tradition spürbar. Ebenso der „sekundäre Antisemitismus", der nicht trotz, sondern wegen Auschwitz Ressentiments gegen Juden nährt, weil sie sich angeblich mithilfe der Erinnerung an den Holocaust bereichern, durch Entschädigungen oder Wiedergutmachung, darüber hinaus durch Erpressung mit der Erinnerung an den Judenmord. In letzter Konsequenz mündet dieser sekundäre Antisemitismus in die Leugnung des Holocaust. Antizionismus ist eine weitere Version der Judenfeindschaft. Ihr Kern ist die Verweigerung des Existenzrechts Israels. Hier treffen sich die arabischen Feinde Israels mit Gesinnungsgenossen aus aller Welt. Und hier docken die Antisemiten an, die etwas gegen „die Juden" haben, dies aber so nicht äußern dürfen, weil das dem politischen Comment unserer Gesellschaft fundamental widerspricht. Unter dem Deckmantel der Israelkritik finden sie sich; weil sie aber nicht (oder nicht nur) den Staat Israel und dessen Handlungen meinen, sondern „die Juden" generell, erkennt man sie. Ihr Feindbild sind die Juden als solche, und das charakterisiert den Antisemitismus. Nicht nur die Judenhasser und die Israelfeinde bieten Anlass zur Sorge. Aktivisten versuchen, den Begriff Antisemitismus auf die Haltung gegenüber Israel zu verengen und beziehen in ihr Verdikt jede kritische Haltung zur israelischen Politik mit ein. Fest steht leider, dass die Stimmung gegenüber Israel erodiert. Das ist aber nicht gleichbedeutend mit Antisemitismus.

Gegenüber emotionaler Befindlichkeit, gegenüber der gefühlten Bedrohung von Juden, die in Deutschland leben und die ihre Ängste öffentlich gewürdigt sehen möchten, mag die nüchterne Bilanz der Wissenschaft unerheblich sein. Objektive Kriterien, was Antisemitismus ist, in welchen Formen er bei uns vorkommt, wie Judenfeindschaft von Israelkritik abzugrenzen ist, sind für eine differenzierte Betrachtung hilfreich, ja unentbehrlich. Dass Antisemitismus auch im 21. Jahrhundert noch Konjunktur hat, als politisches Instrument, als private Überzeugung, als unausrottbares Vorurteil, ist beschämend und beängstigend genug.

# 1. Begriffe und Definitionen

Der Terminus „Antisemitismus" ist einerseits Oberbegriff für jede Art von Judenfeindschaft, andererseits charakterisiert er im engeren Sinne als Bildung des letzten Drittels des 19. Jahrhunderts eine neue, pseudowissenschaftlich und nicht religiös, sondern mit Rasseneigenschaften und -merkmalen argumentierende Form des antijüdischen Vorbehalts. Von diesem modernen Antisemitismus ist der religiös motivierte, ältere Antijudaismus zu unterscheiden.[1]

Als politisches Instrumentarium dient eine vom „European Monitoring Centre on Racism and Xenophobia" vorgeschlagene Arbeitsdefinition: „Der Antisemitismus ist eine bestimmte Wahrnehmung von Juden, die sich als Hass gegenüber Juden ausdrücken kann. Der Antisemitismus richtet sich in Wort und Tat gegen jüdische oder nichtjüdische Einzelpersonen und/oder deren Eigentum sowie gegen jüdische Gemeindeinstitutionen oder religiöse Einrichtungen. Darüber hinaus kann auch der Staat Israel, der dabei als jüdisches Kollektiv verstanden wird, Ziel solcher Angriffe sein. Oft enthalten antisemitische Äußerungen die Anschuldigung, die Juden betrieben eine gegen die Menschheit gerichtete Verschwörung und seien dafür verantwortlich, dass ‚die Dinge nicht richtig laufen'. Der Antisemitismus manifestiert sich in Wort, Schrift und Bild sowie in anderen Handlungsformen, er benutzt negative Stereotype und unterstellt negative Charakterzüge."[2]

Im modernen Sprachgebrauch meint der Begriff Antisemitismus die Gesamtheit judenfeindlicher Äußerungen, Tendenzen, Ressentiments, Haltungen und Handlungen unabhängig von ihren religiösen, rassistischen, sozialen oder sonstigen Motiven. Nach der Erfahrung nationalsozialistischer Ideologie und Herrschaft wird Antisemitismus als ein gesellschaftliches Phänomen verstanden, das als Paradigma für die Bildung von Vorurteilen und die politische Instrumentalisierung daraus konstruierter Feindbilder dient.[3]

Der Terminus Antisemitismus steht für Judenfeindschaft, die differenziert werden muss in den älteren, religiös motivierten christlichen Antijudaismus und in den „modernen" Rassenantisemitismus des 19. Jahrhunderts, der pseudowissenschaftlich argumentiert. Judenfeindschaft ist, so die Erkenntnis interdisziplinärer Forschung, die Projektion von Vorurteilen auf eine Minderheit.[4] Das hat für die Mehrheit verschiedene Funktionen und Vorteile. Festzuhalten bleibt, dass „der Jude", den der Antisemit meint und bekämpft, mit real existierenden Juden nichts zu tun hat. Es sind Konstrukte, Bilder von zähem Leben, wie die Geschichte des antisemitischen Vorurteils beweist, des ältesten, sozialen, kulturellen, politischen Ressentiments überhaupt. Die aktuellen Ausprägungen von Judenfeindschaft sind unterschiedlich und weisen nationale Besonderheiten auf wie der sekundäre Antisemitismus in Deutschland und Österreich, dessen Ressentiments sich an Entschädigungen und Wiedergutmachungsleistungen nach dem Holocaust festmachen. Rassistisch argumentierender Antisemitismus tritt immer in rechtsextremen Zusammenhängen auf – dazu gehört auch die Leugnung des Holocaust –, die Verbreitung ist allgemein, aber unterschiedlich intensiv.

Dagegen findet religiöser Antijudaismus mit seinen traditionellen Formen („Gottesmord-Vorwurf, Blutbeschuldigung, Hostienfrevel, Ritualmordlegenden) in den Gesellschaften Osteuropas größere Resonanz als im Westen. Akut ist der Antizionismus, der a priori nicht mit Antisemitismus gleichgesetzt werden darf, sich aber durch fanatische Parteinahme gegen Israel und durch die Übernahme von judenfeindlichen Stereotypen und Argumentationsmustern („Weltherrschaftsstreben", Verschwörungsphantasien) zu einer aktuellen Sonderform der Judenfeindschaft entwickelt hat, die derzeit größte Verbreitung findet.

Mit neuer Intensität tritt Judenfeindschaft seit Herbst 2000 in Westeuropa in Erscheinung. Der Nahost-Konflikt hat mit der zweiten Intifada eine Dimension weitab vom eigentlichen Schauplatz Israel/Palästina erhalten. Die Solidarisierung junger Muslime mit den Palästinensern in Frankreich und Belgien, den

Niederlanden und Großbritannien, Staaten mit einem verhältnismäßig großen Bevölkerungsanteil arabisch-islamischer Herkunft, äußert sich nicht nur in israelfeindlicher Propaganda und in Demonstrationen bis hin zu Ausschreitungen, es wird dabei auch traditioneller Antisemitismus instrumentalisiert. Das zeigte sich im Sommer 2014 auch in Deutschland bei Demonstrationen anlässlich des Gaza-Krieges. In Osteuropa dient Judenfeindschaft bei der Selbstdefinition nationaler Mehrheiten immer noch als Leitmotiv. Das Vorurteil gegen Juden funktioniert als Katalysator für nationalistische und fundamentalistische Strömungen und bildet den gemeinsamen Nenner für antiliberale, antikapitalistische, antikommunistische und antiaufklärerische Bewegungen.

## Anmerkungen

1 Vgl. Thomas Nipperdey/Reinhard Rürup, Antisemitismus, in: Geschichtliche Grundbegriffe. Historisches Lexikon zur politisch-sozialen Sprache in Deutschland, hrsg. von Otto Brunner, Werner Conze und Reinhart Koselleck, Stuttgart 1972-1992, Bd. 1, S. 129-153; s. a. Christhard Hoffmann, Christlicher Antijudaismus und moderner Antisemitismus. Zusammenhänge und Differenzen als Problem der historischen Antisemitismusforschung, in: Leonore Siegele-Wenschkewitz (Hrsg.), Christlicher Antijudaismus und Antisemitismus. Theologische und kirchliche Programme Deutscher Christen, Frankfurt/M. 1994, S. 293-317.
2 Deutsche Übersetzung 2008 durch European Forum on Antisemitism/American Jewish Committee Berlin.
3 Wolfgang Benz, Was ist Antisemitismus? München 2004.
4 Vgl. Wolfgang Benz/Angelika Königseder (Hrsg.), Judenfeindschaft als Paradigma. Studien zur Vorurteilsforschung, Berlin 2002.

## 2. Religion und Judenfeindschaft: Antijudaismus von der Antike bis zur Neuzeit

Die Wurzeln des Ressentiments gegenüber Juden im christlichen Selbstverständnis und die lange gesellschaftliche Tradition bedingen, dass jeder Erklärungsversuch die Geschichte der Judenfeindschaft in den Blick nehmen muss.[1]

Die Vorbehalte gegen Juden waren, seit sich das Christentum im 3./4. Jahrhundert als Staatsreligion im Römischen Reich durchgesetzt hatte, zunächst auch im Mittelalter ausschließlich religiöser Natur. Allerdings bestimmte der Glaube in existentiellem Umfang den Alltag, und religiöse Differenzen hatten entsprechend einschneidende Bedeutung. Die Verweigerung der Taufe, das Festhalten am eigenen Ritus, das Unverständnis der Juden für die Erlösungsidee durch Christus machte die Juden in christlichen Augen zu „Verstockten". Aus dem religiösen Unverständnis zwischen Minderheit und Mehrheit folgte die Forderung nach äußerer Trennung (erhoben sowohl durch christliche Kirchenlehrer wie auch durch Rabbiner) zwischen den Anhängern des Alten Testaments, die sich als erwähltes Volk verstanden und denen, die, erlöst durch Jesus Christus, an die Überwindung des Alten Testaments glaubten und als christliche Gemeinschaft die Mehrheit bildeten. Nach christlicher Lehrmeinung (Abt Hieronymus von Bethlehem 347-420) galten die Juden als „Gottesmörder", in frühchristlichem Eifer schrieb auch Bischof Johannes Chrysostomos von Antiochia, die Synagoge sei eine „Sammelstätte der Christusmörder" und damit war eine der dauerhaftesten Stereotypen der Judenfeindschaft etabliert. Der Missionsauftrag des Christentums richtete sich an die Juden und verschärfte infolge der jüdischen Verweigerung der christlichen Heilsbotschaft die Gegensätze.[2]

Die religiösen Vorschriften, vor allem die strenge Sabbatruhe und die rituellen Speisegesetze zwangen die Juden auch in sozialer und ökonomischer Hinsicht in die Rolle von Außenseitern in der mittelalterlichen Gesellschaft. Vom Warenaustausch (mit Ausnahme ländlichen Kleinhandels) und der Produktion aufgrund christlich definierter ständischer und zünftiger Ordnung des Wirtschaftslebens ausgeschlossen, waren Juden auf den Geldhandel beschränkt, da Zinsnehmen bis ins 13. Jahrhundert als Wucher Christen verboten war. Die Pfandleihe wurde jüdisches Monopol, geschützt von Königen und Fürsten, erkauft durch hohe Abgaben seitens der Juden. Trotz ihrer eigenen Ausbeutung waren nur die jüdischen Geldverleiher dem Hass ihrer Schuldner ausgesetzt und nicht diejenigen, die dieses Finanzsystem duldeten, ermöglichten und für sich mit Gewinn nutzten.[3]

Am Ende des 11. Jahrhunderts verdichteten sich religiöse Gegensätze und soziale Ressentiments und entluden sich in Gewaltakten gegen die jüdische Minderheit in Europa. Der erste Kreuzzug (1096) – der Intention nach ein Krieg gegen „Ungläubige" zur Befreiung des Heiligen Landes – wurde von fanatisierten Christen, die als Angehörige der Unterschichten, als verarmte Bauern, als Abenteurer und Mittellose aus Sozialneid handelten, zunächst gegen Juden in ganz Mitteleuropa geführt. Von den Kreuzfahrern bedrängt standen die Juden vor der Wahl, getötet zu werden oder den christlichen Glauben durch den Empfang der Taufe als richtiges Bekenntnis anzuerkennen. Die Diskriminierung der Juden endete mit dem Moment der geglückten Mission, da ausschließlich religiöse Ressentiments die Verfolgung motivierten. Die meisten Juden wählten jedoch den Tod.

Die Gewaltaktionen hatten wie auch bei den späteren Kreuzzügen, die alle judenfeindlich waren, den Charakter von Pogromen (der Begriff gehört in spätere Zeiten, er wurde im 19. Jahrhundert dem Russischen entnommen), das heißt die Gewalt richtete sich nicht gegen einzelne, sondern gegen alle Angehörige der Minderheit und, die religiös-christliche Motivation sprengend, gehörten Plünderungen, Diebstahl und Raub untrennbar zum gewalttätigen Geschehen.[4]

## Ritualmordlegenden

Zur Begründung der aggressiven Judenfeindschaft wurden seit dem 13. Jahrhundert Legenden und Erzählungen verbreitet, die Ritualmorde und Hostienfrevel zum Gegenstand hatten. In der Tradition in die Antike zurückreichend tauchte erstmals 1144 in der Gestalt des William von Norwich das Opfer eines angeblich von Juden begangenen Ritualmordes auf. Der Legende nach begehen Juden alljährlich aus Hass auf Christus und die Christen unter Anleitung ihrer Rabbiner in der – von christlicher Seite religiös-emotional besonders sensiblen Passionswoche – einen Mord in ritueller Form an einem unschuldigen christlichen Knaben, um das Leiden Christi zu verhöhnen. Nach dem Laterankonzil von 1215, in dem die Transsubstantiationslehre zum Dogma erhoben wurde, kam als zweites Motiv die Blutlegende hinzu, nach der die Juden ihren Opfern zur Bereitung von Matzen oder zu medizinischen bzw. magischen Zwecken Blut entziehen. Die Unhaltbarkeit solcher Anschuldigungen ergibt sich ohne weiteres schon aus den rituellen Geboten der jüdischen Lehre, nach der jede Art von Blut als unrein für Juden sanktioniert ist. Das haben auch Kirchenlehrer und Päpste immer wieder konstatiert, und Kaiser und Könige haben die Juden gegen die Blutbeschuldigungen verteidigt, jedoch ohne Erfolg.

Die Ritualmordbeschuldigung verbreitete sich von England aus nach Frankreich und Spanien, an den Rhein und an den Bodensee, in den Alpenraum und nach Franken, und schließlich im 16. Jahrhundert auch nach Polen. Die Opfer wurden teils nur mit kirchlicher Duldung, teils ausdrücklich approbiert, Gegenstand der Verehrung als Märtyrer wie Little Hugh of Lincoln (1255), Werner von Bacharach (1287), Simon von Trient (1475) oder Nino de la Guardia (1490) mit vielfältigen Folgekulten und Wallfahrten. Der wirtschaftliche Aspekt einer regionalen Wallfahrt war für das Bistum, in dem der Gnadenort lag, ein erheblichen Faktor.[5]

Ritualmordlegenden gehören seit dem Mittelalter zum

Instrumentarium der Judenfeindschaft. Rainer Erb nennt sie „Wahnvorstellung mit mörderischer Konsequenz" und verweist auf die weite Verbreitung, auch in anderen Religionen als der christlichen, und die lange Tradition der Vorstellung, dass andersgläubige Minderheiten die Kinder von Gastvölkern ermorden, um ihr Blut für rituelle oder magische Zwecke zu gewinnen. Die Unterstellung, Juden würden aus diesem Grund Christenkinder töten, weil sie deren Blut etwa zur Herstellung von Matzen benötigen würden, ist nicht nur angesichts der jüdischen Speisegesetze völlig absurd, aber so zählebig wie andere irrationale Beschuldigungen, die Judenfeindschaft artikulieren. Welche Wirkung Ritualmordlegenden haben können, erfuhr die Welt im Jahre 1946, als in Kielce in Polen ein Pogrom gegen jüdische Holocaust-Überlebende losbrach, nachdem ein Kind verschwunden war und das Gerücht sich verbreitete, Juden hätten es aus rituellem Grund getötet. Bürger wurden zum Mob, in atavistischer Raserei töteten sie am 4. Juli 1946 mehr als 40 Menschen, die gerade dem Holocaust entronnen und voll Hoffnung in ihre Heimatstadt zurückgekehrt waren.[6]

Ritualmordlegenden dienen der Stigmatisierung der Juden als Fremde, die auf Grund ihres Glaubens auszugrenzen sind. Dazu sind „teuflische" Machenschaften wie Hostienfrevel und Ritualmord als sinnfällige „Beweise" der Andersartigkeit der Juden notwendig und nützlich. Die Verhöhnung der Passion Christi, die Juden angeblich anlässlich des mörderischen Blutfrevels vor allem zur Pessachzeit zelebrieren, ist seit der ersten Beschuldigung zur Zeit des Mittelalters in die christliche Volksfrömmigkeit eingedrungen und teilweise bis in die Gegenwart wirkmächtig geblieben. 1144 wird als legendäres Opfer eines Ritualmordes William von Norwich genannt. Die Legende von seinem Tod durch Judenhand verbreitete sich von England aus in ganz Europa, fand viele Nachahmungen bis ins 20. Jahrhundert hinein. Einen Höhepunkt bildete die Geschichte des Simon von Trient aus dem Jahr 1475.

Am Gründonnerstag des Jahres 1475, am 23. März, verschwand

der zweijährige Simon Unferdorben in Trient. Am Ostersonntag fand eine der drei jüdischen Familien der südtiroler Bischofsstadt die Leiche in einer Zisterne in ihrem Keller. Im Bewusstsein der Gefahr, die ihnen drohte, und darüber im Klaren, dass das Ereignis zum Nachteil der Juden manipuliert war, brachten die Juden die Leiche zu den Behörden. Dubiose Aussagen, nach denen Schreie aus dem Keller des Oberhaupts der kleinen jüdischen Gemeinschaft gehört worden seien, dass ein anderer Vermisster lebend daraus geborgen worden sei, die Meinung eines „Experten", eines Konvertiten, der behauptete, zu rituellen Zwecken benutzten Juden Christenblut, genügten, die angebliche Schuld der Juden am Tod des kleinen Simon zu beweisen. Bischof Hinderbach ließ im Juni 1475 acht Juden hinrichten, ein weiterer hatte Selbstmord begangen. Gegen den Willen eines päpstlichen Kommissars, der von Sixtus IV. nach Trient gesandt wurde, um die Vorfälle (vor allem die zahlreichen Wunder, die im beginnenden Kult um den Knaben Simon angeblich geschehen waren) zu untersuchen, der die Freilassung der noch inhaftierten Trientiner Juden forderte, installierte Bischof Hinderbach einen Märtyrerkult, ließ weitere Juden hinrichten, die jüdischen Frauen foltern und zwangsweise taufen. Unterstützt vom Franziskanerorden und gefördert von der weltlichen Herrschaft des Sigismund von Tirol entwickelte sich rasch eine Wallfahrt. Simon von Trient wurde als christlicher Märtyrer verehrt, der Trientiner Ritualmordprozess hatte als Vorbild für andere Orte im Alpenraum eine Schlüsselrolle in der Geschichte des Antijudaismus. Erst 1965 wurde als Folge des Zweiten Vatikanischen Konzils der Kult des Simon von Trient durch päpstliches Dekret aufgehoben.[7]

Zu den Motiven der Errichtung eines Kultus gehörte das Bedürfnis, einen lokalen Märtyrer zu verehren, womöglich durch eine Wallfahrt, die auch wirtschaftlichen Segen brachte. Die Installation war einfach: Verschwand irgendwo ein Kind, wurden die örtlichen Juden des Ritualmords beschuldigt und durch Folter zum „Geständnis" der Missetat gezwungen. Das war in Trient 1475 sowohl im Motiv, einen Heiligen zu gewinnen, wie in der

Methode ganz eindeutig vorbildlich für viele Fälle, auch für die Stiftung des Anderl-von-Rinn-Kultes in Tirol.

## Das Anderl von Rinn

Der Beginn des Kultes in Tirol war typisch, obwohl das Ereignis, auf das er sich gründete, schon mehr als 150 Jahre zurücklag: Den Arzt des Haller Frauenstiftes, Hippolyt Guarinoni (1571-1654) inspirierte 1619 das Gerücht über einen fünf Generationen zurückliegenden Ritualmord, das er durch Nachforschungen und Eingebungen zu der Gewissheit verdichtete, am 12. Juli 1462 hätten durchreisende jüdische Kaufleute das Kind Andreas Oxner von seinem Taufpaten gekauft und durch Folter zum Tode gebracht. Die Recherchen des Doktors Guarinoni waren von frommem Eifer geleitet und die wichtigsten Ergebnisse seines Forschens (wie das Todesdatum des dreijährigen Anderl) erschienen ihm in Träumen. Das dürftige Fundament war, zeitgemäßem Empfinden nach, kein Hindernis für die Etablierung eines Märtyrerkultes, der bis zum Ende des 20. Jahrhunderts blühte. 1678 wurde eine Kirche über dem „Judenstein" errichtet, eine Kinderleiche wurde als Reliquie dorthin überführt und 1744 am Hochaltar zur Schau gestellt. 1755 erließ Papst Benedikt XIV. die Constitutio „Beatus Andreas", was einer Seligsprechung nahekam. Pilger zum Judenstein genossen einen „ewigen vollkommenen Ablass". Eine attraktive Wallfahrt weit über die Region hinaus war damit bestätigt.

Eine 1803 in Innsbruck veröffentlichte „kurze Geschichte des unschuldigen Kindleins und wunderbaren Blutzeugens Andreas von Rinn" schmückt in einer detaillierten Schilderung der angeblichen Leiden des Märtyrers auch die blasphemischen Motive der Juden aus, die den Knaben auf einen Stein gezerrt hätten, auf dem er gemartert worden sei, wie einst Jesus am Kreuz:

> „Mit ausgespannten Armen
> War er izt Jesum gleich:
> Der Stein wird aus Erbarmen
> Bey dieser Marter weich:

> Nur nicht der Juden Herzen,
> Die bey der Qual und Pein
> Des schönen Kindes Scherzen,
> Und sich recht teuflisch freu'n."

Gedichtet hatte diesen Vers (und insgesamt zehn Lieder zum Lob des Anderl) der Priester Lorenz Falschlunger vom Prämonstratenser-Chorherrenstift Wiltau. Die Knittelverse sind ein eindrucksvoller Beweis, wie tief der Anderl-Kult in der Volksfrömmigkeit verwurzelt war. Das lässt auch Schlüsse auf die Intensität der Judenfeindschaft (ausgeprägt als religiös motivierter Antijudaismus) in der ganzen Region zu. Die Verehrung des Anderl von Rinn blühte weit über Tirol hinaus. Grund dafür waren auch die zahlreichen Traktate, Erbauungsbücher, Erzählungen, die kursierten. Die Brüder Grimm nahmen die Geschichte „Der Judenstein" in ihre Sammlung deutscher Sagen (1816) auf. „Im Jahre 1462 ist es zu Tirol im Dorfe Rinn geschehen, dass etliche Juden einen armen Bauer durch eine große Menge Geld dahin brachten, ihnen sein kleines Kind hinzugeben. Sie nahmen es mit hinaus in den Wald und marterten es dort auf einem großen Stein, seitdem der Judenstein genannt, auf die entsetzlichste Weise zu Tod". Die Mutter habe, als der Mord geschah, auf dem Feld gearbeitet. Von Herzens Bangigkeit getrieben eilte sie nachhause, wo der Mann ihr das Geld zeigte, das sie aus Armut und Not befreien würde. Das Geld verwandelte sich aber zu Laub, der Vater wurde wahnsinnig und grämte sich tot.

Dem Anderl gewidmete Volksschauspiele, Messen, Andachtsbilder verankerten den Kult in der katholischen Folklore. Schließlich bemächtigte sich auch der moderne Antisemitismus des 19. Jahrhunderts des Stoffs. Der Wiener katholische Geistliche Joseph Deckert veröffentlichte 1893 eine Schrift mit dem Titel „Vier Tiroler Kinder, Opfer des Chassidischen Fanatismus", in der er den Anderl-Kult für den Rassenantisemitismus vereinnahmte, der in der NS-Zeit seinen Zenit erreichte.

Die Katholische Kirche beendete den Kult schrittweise. 1953 strich der Innsbrucker Bischof Paulus Rusch den Anderl-

Gedenktag 12. Juli aus dem kirchlichen Festkalender. 1985 ließ Bischof Stecher die angeblichen Gebeine des Anderl von Rinn aus dem Altar der Kirche über dem Judenstein entfernen. Ein Wandbild in der Pfarrkirche Rinn, das den Ritualmord schildert, (mit der Inschrift „Sie schneiden dem Martyrer die Gurgel ab und nehmen alles Blut von ihm") wurde übermalt. 1988 wurde die Verehrung des Andreas als Märtyrer amtskirchlich in aller Form verboten.

Dass die Kirche so deutlich auf Distanz ging, beeindruckte die Gemeinde der Anderl-Verehrer allerdings wenig. Katholische Fundamentalisten gehen unbeirrt alljährlich am Sonntag nach dem 12. Juli auf Pilgerfahrt nach Rinn. Da ihnen die Nutzung der Kirche untersagt ist, gedenken sie ihres Anderl durch Prozession und Feldmesse. Die Wallfahrer kommen nicht nur aus Tirol, sondern reisen mit Bussen von weither an. Zu den Gläubigen gesellen sich politisch rechts Stehende und Judenfeinde. Motor des fortdauernden Anderlkultes war der Kaplan im Ruhestand Gottfried Melzer (1932-2013), ein suspendierter Geistlicher, der 1998 auch wegen Verhetzung verurteilt wurde. Ihm zur Seite standen der Theologe Robert Brandner (1931-2010) und der ehemalige Bischof von St. Pölten, Kurt Krenn (1936-2014). Sie beharrten darauf, dass es jüdische Ritualmorde gegeben habe und dass das Anderl keine Fiktion, sondern ein Märtyrer gewesen ist.

Für Reaktionäre und Traditionalisten bildet die Legende vom Märtyrertod des Andreas von Rinn die Brücke zum Antisemitismus, auf der sie sich mit Rechtsextremisten in gemeinsamer Judenfeindschaft begegnen. Der Anderl-Kult zeigt auch, welch hartnäckigen Bestand Ressentiments haben und mit wie geringen Mitteln sie am Leben gehalten werden können. Kaplan i. R. Melzer fristete mit dem Handel von Anderl-Devotionalien und Mess-Stipendien (nach altem Ritus) wohl seinen Lebensunterhalt und hielt die Gemeinde durch den „Anderl-Boten" und Traktatliteratur zusammen.

In einem Mirakelbuch, das 1991 im weit rechts stehenden Verlag „Pro Fide Catholica" erschien (der fälschlich Nähe zur

Amtskirche suggeriert), trug Kaplan Gottfried Melzer die Beweise wunderbaren Wirkens des Anderl von Rinn zusammen, die als Zeugnisse der Volksfrömmigkeit berichtet und überliefert wurden. Er griff dazu auf ein Buch zurück, das der Prämonstratenser-Chorherr Ignaz Zach 1724 in Augsburg veröffentlicht hatte unter dem Titel „Ausführliche Beschreibung der Marter eines heiligen und unschuldigen Kinds Andreae von Rinn in Tyrol und Bistum Brixen". Als Beweise fortwirkender Wundertätigkeit sind Berichte über Gebetserhörungen vor allem aus den 1980er Jahren mitgeteilt: Ein vierjähriges Mädchen überlebte mit Anderls Hilfe eine Gehirnhautentzündung, ein kleiner Junge überstand einen Sturz, ein Kind wurde von schwerer Nervenkrankheit geheilt, ein anderes von Erblindung, ein drittes überstand einen Blinddarmdurchbruch. Aber nicht nur Kindern wurde geholfen. „Aus Lindenberg in Deutschland schrieb eine Frau am 5. Juni 1989: ‚Ich will mich beim seligen Anderl bedanken. Ich habe ihm 4 Wochen die Litanei gebetet und Veröffentlichung versprochen: Ich hatte an beiden Händen Gelenksrheuma. Die waren so dick geschwollen und schmerzten sehr. Im Krankenhaus konnten sie nicht helfen. Das Anderl hat mir zu Hause schneller geholfen.'"

Bei Autounfällen wie bei Unfrieden in der Familie, wenn Jugendliche in schlechte Gesellschaft geraten, wenn Dinge verloren gehen oder gestohlen werden: Anderl lässt seine Gemeinde nicht im Stich, und nach der Überzeugung des Kaplans Melzer war er auch beim Zusammenbruch des Kommunismus segensreich tätig. „Wir schreiben diesen unblutigen Machtwechsel der Fürbitte Kaiser Karls und des sel. Andreas von Rinn zu". Der Anderl-Kult ist ein Lehrstück, wie Volksfrömmigkeit und Judenhass zusammen mit reaktionärem Traditionalismus politische Bedeutung gewinnen. Denn die Anderl-Gemeinde ist politisch rechts außen positioniert und wird vom radikalen Rechtspopulismus für seine Zwecke instrumentalisiert. Der Anderl-Kult ist so auch ein Lehrstück für die Grenzen der Aufklärung.

## Hostienfrevel

Ein Vorwurf gegen die Juden bestand seit dem 12. Jahrhundert in der Unterstellung des Hostienfrevels, dem die Anschuldigung zugrundeliegt, das Volk der „Gottesmörder" ritualisiere seinen antichristlichen Affekt durch die Wiederholung der Leiden, die einst Jesus zugefügt wurden am Leib Christi in Gestalt der geweihten Hostie. Im reziproken Verhältnis zu den Hostienwundern, die sich nach vielfältiger Überlieferung ereigneten – die von Juden mit Messern, Dornen, Hämmern, Nägeln gemarterten Hostien sollen zu bluten begonnen haben, oder wunderbare Erscheinungen hätten sich aufgrund des Frevels gezeigt –, wurden die Juden dämonisiert als Anhänger des Satans, als Verkörperungen des Antichrist. Hostienfrevel-Legenden reichen in die Anfänge des Christentums zurück. Sie gehörten zur Volksfrömmigkeit und wurden durch die Transsubstantiationslehre auch theologisch populär.

Erzählungen über Juden, die Hostien als den Leib Jesu Christi malträtierten, verbreiteten sich ab Ende des 13. Jahrhunderts. Die Hostien bluteten nach der Legende zwar, blieben aber unverletzt und wirkten Wunder. Ökonomisch lukrative Wallfahrten entstanden an Orten angeblichen Hostienfrevels. Typisch ist die „Deggendorfer Gnad", eine auf das Jahr 1338 zurückgehende Wallfahrt in Niederbayern, deren Ursprung neuerer Forschung zufolge allerdings ein Pogrom gegen die Deggendorfer Juden gewesen war, das von Bürgern der Stadt begangen wurde, weil sie jüdische Gläubiger loswerden wollten. Die christliche Begründung für die Ermordung der Juden wurde nachgeliefert und mit Details zur volksfrommen Gläubigkeit angereichert: Eine Christin habe den Juden eine gestohlene Hostie verkauft. Aus einem von christlichen Rächern des Frevels in Brand gesteckten Judenhaus sei die Hostie entschwebt und in eine Kirche gebracht worden, wo sie Heilungswunder verursachte. Seit dem ausgehenden 14. Jahrhundert erblühte die Wallfahrt zur Deggendorfer Kirche zum Heiligen Grab. Die Stadt und das Bistum Regensburg förderten durch Propaganda die blühende Massenwallfahrt. Im Spätmittelalter und in der frühen Neuzeit stand die „Deggendorfer Gnad" im Zenit, noch 1785 sollen 50 000 Pilger den Ort besucht haben. Trotz des allmählichen Niedergangs in der Zeit der Aufklärung und im 19. Jahrhundert blieb Deggendorf bis in die 1960er Jahre Ziel regelmäßiger Diözesanwallfahrten. Erst nach dem Zweiten Vatikanischen Konzil wurde auf Veranlassung des Regensburger Bischofs die „Deggendorfer Gnad" als kirchlich approbierte Veranstaltung eingestellt.[8]

Eine reiche Erbauungsliteratur, Lieder, Theaterspiele tradierten das religiös motivierte feindselige Judenbild als Element der Volksfrömmigkeit. Religiöser Eifer bot – oft willkommen – Anlass zu Pogromen gegen Juden, am weitreichendsten im Rintfleischaufruhr von 1298, bei dem in Franken 5000 Juden getötet wurden und in der Armleder-Verfolgung 1336-1338, bei der in ganz Süddeutschland, im Elsass, in Böhmen, Mähren und Kärnten 6000 Menschen ermordet wurden. Zwischen 1280 und 1350 mehrten sich mörderische Judenverfolgungen im Heiligen Römischen Reich Deutscher Nation, die ideologisch mit antijudaistischen Begründungen wie Hostienfrevel-Legenden und Ritualmordbeschuldigungen gerechtfertigt wurden, die aber auch soziale und ökonomische Gründe hatten. Die Erwerbstätigkeit vieler Juden durch Geldverleih gegen Zins stärkte den Wuchervorwurf, der mit weit verbreitetem religiösen Judenhass korrespondierte. Im Markt Röttingen bei Würzburg ereignete sich der Legende nach am Gründonnerstag 1298 eine Hostienschändung, die in mehreren Versionen überliefert ist. Nach der einen ließ der Pfarrer alle von aufgebrachten Christen ergriffenen Juden auf einem Scheiterhaufen verbrennen, nach anderer Überlieferung warfen die Juden die blutende Hostie in den Fluss Tauber, aus der sie von Nonnen geborgen und in feierlicher Prozession in die Kirche gebracht wurde. Die Juden des Ortes wurden vertrieben. Ein Gemälde, das bis 1988 in der Pfarrkirche St. Kilian zu sehen war, hält die Begebenheit fest. In der Folge des angeblichen Hostienfrevels erschien ein Tross Bewaffneter, den ein „Ritter" Rintfleisch (der nach verschiedenen Quellen ein Metzger oder Scharfrichter gewesen sein soll) anführte, tötete 21 Juden und marodierte in ganz Franken und der bayerischen und schwäbischen Umgebung. Bis zum Spätsommer 1298 fielen den Massakern 4000 bis 5000 Juden zum Opfer, darunter etwa 900 in Würzburg und über 700 in Nürnberg. Da die jeweilige Territorialherrschaft mit Ausnahme von Augsburg und Regensburg dem Geschehen tatenlos zusah, konnte Rintfleisch ungestraft im Namen des Christentums die Mordgier des Pöbels stimulieren.[9]

Von längerer Dauer, größerer Ausbreitung und noch heftigerer Intensität waren die Gewaltexzesse, die 1336 bis 1338 in mehreren Wellen in Franken begannen und sich bis zur Wetterau, ins Mittelrheingebiet, ins Oberelsaß verbreiteten, schließlich Ober- und Niederösterreich, Kärnten, Steiermark, Böhmen, Mähren, Schlesien und Niederbayern erreichten. Geführt von Ritter Arnold von Uissigheim, den man vermutlich wegen seines ledernen Armschutzes „König Armleder" nannte[10] war ein Heer von Handwerkern, Bauern und Angehörigen der Unterschicht unterwegs, das seine wirtschaftlichen Probleme in einer sozialen Protestbewegung agierte und ideologisch als antijudaistischen Feldzug begründete. Die Pogrome begannen am 29. Juli 1336 in Röttingen. Die von „König Armleder" befehligten „Judenschläger" wurden von Einheimischen unterstützt. Ein Aufgebot der Stadt Würzburg nahm Arnold von Uissigheim gefangen und besiegte seine Gefolgsleute. Am 14. November 1336 wurde „König Armleder" in Kitzingen hingerichtet (worauf seine nachhaltige Verehrung als Märtyrer einsetzte). Im Juni 1337 enstand der Nimbus König Armleders neu in Gestalt des Gastwirts Zimberlin aus Andlau und des Burggrafen Johann von Dorlisheim. Die zweite Welle der Gewalt wurde durch Städte und Landesherren beendet. Die dritte Welle dauerte von Januar bis Mai 1338, als eine Straßburger Streitmacht die judenfeindlichen Horden zerstreute. Die Anführer wurden nicht oder allenfalls geringfügig bestraft. Der soziale Protest, ausgelöst durch eine Agrarkrise, war durch christlichen Antijudaismus ideologisiert und steht als frühes

Beispiel für die Wechselwirkung von ökonomischen Problemen, dadurch ausgelösten Existenzängsten und Ressentiments gegen die jüdische Minderheit.[11]

Bei der bis in die Neuzeit wirkenden negativen Stereotypisierung waren die Juden Ketzern, Hexen, später Freimaurern und Jakobinern als Feinde des Christentums gleichgestellt.[12] Den klerikal verbreiteten Judenbildern folgten nicht weniger gefährliche säkularisierte Zuschreibungen von Übeln an die Juden als deren vermeintliche Verursacher. Die Pestepidemie in Europa Mitte des 14. Jahrhunderts bot Anlass zur Spekulation, die Juden hätten die Brunnen vergiftet, die jüdische Minderheit war dabei an die Stelle anderer Stigmatisierter getreten, denen bei früheren Katastrophen die Schuld zugemessen wurde, etwa den Aussätzigen (Südfrankreich 1321) oder Muslimen als Ungläubigen. Auch aus ökonomischen Gründen (Beseitigung von Gläubigern) wurde die Pest zum Verfolgungsgrund, obwohl Papst Clemens VI. in einer Bulle die Beschuldigung der Juden zurückwies. Erstmals auf einen weltlichen Vorwurf hin gab es im 14. Jahrhundert Wellen der Gewalt, in denen die meisten jüdischen Gemeinden Mitteleuropas zerstört wurden.[13] Bei der nun folgenden Marginalisierung der Juden durch weltliche Obrigkeiten, durch Städte und Fürsten als Inhabern der Territorialherrschaft in Mitteleuropa, hatte die Kirche Schrittmacherdienste geleistet: Das Laterankonzil 1215 hatte auch die Absonderung von Juden und Christen beschlossen. Die „Ungläubigen" sollten durch eine eigene Tracht erkennbar sein (gelber Fleck, Judenhut) und von den Christen abgesondert leben. Das war der Beginn der Ghettoisierung in den Städten und der Regelung der beschränkten Teilnahme der Juden am öffentlichen Leben durch eine Unzahl diskriminierender Vorschriften.

Im 13. Jahrhundert hatte sich das Kreditsystem gewandelt. Die christlichen Zinsrestriktionen wurden gelockert, dadurch wurden Juden im Geldgeschäft zu Konkurrenten, bei denen gegen hohen Zins nur noch borgte, wer sonst nirgendwo Kredit bekam. Als antijüdische Stereotype verfestigte sich nun das Bild des jüdischen Wucherers, und die jüdischen Minderheiten in den

Städten waren insgesamt, ihrer bisherigen ökonomischen Funktion weithin ledig, dämonisiert und standen wie andere Randgruppen der Gesellschaft unter ständigem Verfolgungsdruck. Dem Beispiel der Territorialherren (England 1290, Frankreich 1306, Spanien 1492) folgend wurden Juden seit der Mitte des 14. Jahrhunderts mit unterschiedlichen Begründungen aus den Städten vertrieben, und zwar meist auf Betreiben der Bürger, nicht durch obrigkeitliche Intention. Religiöse, soziale und wirtschaftliche Gründe bildeten ein Geflecht von Animositäten gegen die Juden, die mit Ausnahme von Prag und Frankfurt am Main am Ende des Mittelalters in Mitteleuropa aus den Städten verschwunden waren. Sie lebten, soweit sie nicht nach Osten abgewandert waren, als Dorfjuden kümmerlich vom Hausieren, Kleinhandel und dem An- und Verkauf von Altwaren. Mit den aus christlicher Wurzel stammenden tradierten Feindbildstereotypen von Wucherern, Christenfeinden, Brunnenvergiftern, Ritualmördern und mit in Christenaugen rätselhaften religiösen Bräuchen und vermeintlich daraus abgeleiteten Eigenschaften wie Geiz, Rachsucht, Raffgier, Hochmut, Feigheit, Arglist, Lügenhaftigkeit usw. waren die Juden als Angehörige einer randständigen Minderheit ohne eigene Schuld stigmatisiert (ähnlich wie Ketzer, Magier, Hexen) und sie erschienen als Gegenstand des Abscheus, aber schließlich auch als Objekte missionarischen Strebens.

Wenn sie – was die Regel war – den Lockungen der christlichen Taufe widerstanden, wurden sie umso ärger Opfer christlichen Zornes, wie das Beispiel Martin Luthers zeigt, dessen wütende antijüdische Predigten und vor allem seine Schrift von 1543 „Von den Juden und ihren Lügen" enttäuschten Bekehrungseifer spiegeln. An die Stelle der mittelalterlichen Zwangstaufen (die nach kanonischem Recht unzulässig waren) war in der frühen Neuzeit die Judenmission getreten mit den in Luthers Reaktion sichtbaren und weitreichend wirkenden verheerenden Folgen beim Misslingen der frommen Absicht.[14]

> **Martin Luther: Von den Juden und ihren Lügen (1543)**
>
> Ich hab viel Historien gelesen und gehort von den Jüden, so mit diesem urteil Christi stimmen. Nemlich, wie sie die Brunnen vergifftet, heimlich gemordet, Kinder gestolen, wie droben gemeldet. Item, das ein Jüde dem andern uber feld einen Topff vol bluts, auch durch einen Christen, zugeschickt, Item, ein Fass wein, da das ausgetruncken, ein todter Jüde im Fasse gefunden, Und der gleichen viel. Und das Kinder stelen hat sie offt (wie droben gesagt) verbrennet und veriecht. Ich weis wol, das sie solches und alles leugnen. Es stimmet aber alles mit dem urteil Christi, das sie gifftige, bittere, rachgirige, hemische Schlangen, meuchel mörder und Teufels Kinder sind, die heimlich stechen und schaden thun, weil sie es öffentlich nicht vermögen. Darumb ich gerne wolte, sie weren, da keine Christen sind. Der Türcke und ander Heiden leiden solchs nicht von jnen, das wir Christen von den gifftigen Schlangen und jungen Teufeln leiden, Sie thuns auch niemand, denn uns Christen. Das ists, das ich droben gesagt habe, das ein Christ, nehest dem Teufel keinen gifftigern, bittern feind habe, denn einen Jüden, So wir doch niemand so viel guts thun, noch so viel von jemand leiden, als eben von solchen bösen Teufels Kindern und Schlangen gezichte.*
>
> \* *Martin Luther, Werke (Weimarer Ausgabe), Bd. 53, S. 530*

An Judenfeindschaft stand der entschiedene und einflussreiche Gegner Martin Luthers, der katholische Theologe Johannes Eck (1486-1543) dem Reformator nicht nach. Eck, Theologieprofessor in Ingolstadt und Domherr in Eichstätt, veröffentlichte neben seinen zahlreichen gegenreformatorischen Schriften 1540 ein Traktat, das als eine der extremsten Äußerungen von Judenhass der Reformationszeit gilt. Ecks Streitschrift war als Widerlegung – so auch der Titel[15] einer anonymen Publikation – konzipiert, in der Juden gegen die Blutbeschuldigung verteidigt wurden. Eck erkannte im Verfasser des „Judenbüchleins" seinen zeitweiligen Schüler Andreas Osiander; er kompilierte gegen dessen Buch Berichte über angeblichen jüdischen Hostienfrevel und Ritualmorde und kommentierte sie mit seltener Grobheit. Im Gegensatz zu Luther spielten Juden in Ecks theologischem Werk sonst keine Rolle, aber mit „Ains Judenbuechlins Verlegung" hatte er einen Text in die Welt gesetzt, der in seinem Hass kaum zu überbieten war und der dem katholischen Antijudaismus für lange Zeit Impulse gab.[16]

Im Mittelalter war die Rechtsstellung der Juden als servi camerae regis (königliche Kammerknechte) definiert – urkundlich war dies 1179 erstmals erwähnt –, das heißt, die Juden waren abgabenpflichtig und genossen dafür ein Minimum an Schutz vor Verfolgungen. Mit der Ausbildung der Landesherrschaft ging das Judenregal auf die Territorialfürsten über. In der Neuzeit[17] waren dann diejenigen Juden, die für den Landesherren von Interesse waren, als „Schutzjuden" privilegiert, das heißt: gegen beträchtliche Zahlungen bekamen Kapitalkräftige die Erlaubnis, sich anzusiedeln und vielfach traten jüdische Entrepreneure in der Zeit des Absolutismus in fürstliche Dienste, um als Hoffaktoren kostspielige Unternehmungen des Fürsten zu finanzieren wie der Berliner Münzmeister Lippolt, der vom Brandenburgischen Kurfürsten Joachim II. 1540 eingestellt worden war. Nach Joachims Tod 1571 wurde der Hoffaktor Lippolt der Veruntreuung von Geldern bezichtigt, er habe auch den Kurfürsten vergiftet und dessen Geliebte verführt – stereotype und unhaltbare Vorwürfe, die nach einem Gerichtsverfahren jedoch mit der Hinrichtung Lippolts endeten. Nach Ausschreitungen und Plünderungen gegen die Berliner Juden wurden sie wieder des Landes verwiesen, dazu mussten sie noch Abzugsgelder als Kontribution bezahlen. Der literarisch berühmteste Fall eines Hoffaktors (und zugleich die Willkür, der die Juden unterworfen waren, illustrierend) ist die Geschichte des Joseph Oppenheimer, der als „Jud Süß" in der Geschichte der Judenfeindschaft bis in die NS-Propaganda instrumentalisiert wurde.

## Jud Süß

„Jud Süß" war die Inkarnation des negativen Judenbildes im 18. Jahrhundert; als literarische Figur blieb seine Geschichte im 19. und 20. Jahrhundert instrumentalisierbar und wirkungsmächtig.

Die Familie stammt aus Oppenheim am Rhein, prominentes Mitglied war Samuel Oppenheimer, der Hoffaktor Kaiser Karls VII. in Wien und Ludwigs von Baden. Joseph Oppenheimer war ab 1717 im Warenhandel und im Geld- und Wechselgeschäft in Frankfurt am Main und in Mannheim tätig, er stand von 1733 bis 1737 als Finanzienrat in Diensten des Herzogs Karl Alexander von Württemberg. Aufgabe des jüdischen Hoffaktors in Stuttgart war es, durch Steuerpolitik die vom Herzog betriebene Entmachtung der württembergischen Stände zu Gunsten der Etablierung absolutistischer Herrschaft zu ermöglichen und die aufwändige Hofhaltung des Herzogs zu finanzieren. Als Berater und Ideengeber Karl Alexanders war Oppenheimer die Schlüsselfigur beim Versuch, Württemberg politisch und ökonomisch gegen den Widerstand der Landstände zu modernisieren. Ziel war ein absolutistischer, merkantilistisch agierender Staat.

Am Tag des plötzlichen Todes des beim Volk wenig beliebten Herzogs Karl Alexander, am 12. März 1737, wurde Joseph Oppenheimer verhaftet. Er wurde auf dem Hohen Neuffen und auf dem Hohenasperg gefangengehalten, vor Gericht gestellt und am 9. Januar 1738 zum Tode verurteilt, obwohl ihm kein einziges der Verbrechen nachzuweisen war, deren er angeklagt wurde: Amtshandel, Beraubung der Staatskasse, Bestechlichkeit, Hochverrat, Majestätsbeleidigung, Schändung der protestantischen Religion, fleischlicher Umgang mit (auch minderjährigen) Christinnen. Die Hinrichtung auf dem „Galgenbuckel" beim Pragfriedhof in Stuttgart fand vor 12 000 Schaulustigen am 4. Februar 1738 statt. „Jud Süß" wurde in einem eisernen Käfig am hohen Galgen erhängt. Die Leiche blieb an Ort und Stelle im Käfig sechs Jahre lang bis 1744 zur Schau gestellt und wurde dann verscharrt.[18]

„Jud Süß" wurde, als Sündenbock für politische Entwicklungen und Machtaspirationen des Herzogs in Anspruch genommen, über seinen Tod hinaus zum legendären Symbol der Judenfeindschaft. Gefangenschaft und Hinrichtung Oppenheimers boten Anlass zu Spottgedichten, Traktaten, Flugschriften. Erst Sujet der Trivialliteratur, wurde die Geschichte des Jud Süß dann auch

Gegenstand der Belletristik. Wilhelm Hauffs Novelle „Jud Süß" erschien 1827, sie legte den Grund für die antisemitische Interpretation bis hin zum nationalsozialistischen Propagandafilm. Der Roman Lion Feuchtwangers, 1925 erschienen und bis 1933 in dreihunderttausend Exemplaren verkauft, stellte die soziale und kulturelle Situation in den Mittelpunkt und zeichnete die Figur des Jud Süß als Menschen mit durchaus auch negativen Charaktereigenschaften, aber nicht als Prototyp eines negativ definierten Kollektivs. Auch die teils historische, teils fiktionale Darstellung Curt Elwenspoeks „Jud Süß-Oppenheimer. Der große Finanzier und galante Abenteurer des 18. Jahrhunderts", 1926 erschienen, trug dazu bei, den Mythos am Leben zu halten.

Inszeniert wurde der historische Stoff auf der Grundlage der Novelle Wilhelm Hauffs für den nationalsozialistischen Spielfilm im Auftrag des Reichspropagandaministeriums. Unter der Regie Veit Harlans spielten die Publikumslieblinge Ferdinand Marian die männliche und Kristina Söderbaum die weibliche Hauptrolle, weitere Prominenz wie Werner Krauß, Heinrich George, Theodor Loos, Erna Morena wirkten mit und machten den Film, der am 5. September 1940 in Venedig Uraufführung hatte, zum Erfolg. Der Unterhaltungswert und die künstlerische Qualität transportierten die antisemitischen Inhalte. Das Publikum reagierte oft unmittelbar mit demonstrativem Judenhass und gelegentlich mit Ausschreitungen. „Jud Süß" war damit der wirkungsvollste antisemitische Film der NS-Propaganda und prägte das Bild Oppenheimers als Negativgestalt nachhaltig.[19]

## Talmudhetze

In der Zeit der Aufklärung mit der von Gotthold Ephraim Lessing und Moses Mendelssohn propagierten Idee der Toleranz gegenüber Juden wurde der Weg zur Emanzipation bereitet. Aber der Widerstand gegen die Gleichstellung der Juden mit den Christen, die Bürgerrechte und damit Sicherheit hatten, war beträchtlich und populär. Ins Treffen geführt gegen die Minderheit wurden theologische Argumente, die das Außenseitertum der Juden begründen und verfestigen sollten. Der wahrscheinlich wirkungsmächtigste Judenfeind, der seinen Judenhass als Frucht jahrzehntelanger Gelehrsamkeit agierte, war Johann Andreas Eisenmenger, geboren 1654 in Mannheim (dort ist er 1704 auch gestorben). Er war ab 1700 Professor für orientalische Sprachen in Heidelberg. Sein zweibändiges, 1700 im Selbstverlag publiziertes Werk „Entdecktes Judentum"[20] war das Initial einer Judenfeindschaft, die in der Tradition des christlichen, religiös fundamentierten Antijudaismus argumentierte, aber die Säkularisierung der Judenfeindschaft durch Zuschreibungen über ihr Wesen und ihren Charakter vorbereitete und die wichtigsten Stereotypen über „Die Juden" dauerhaft fixierte.

Die Wirkung Eisenmengers bestand in der Installation der Vorstellung vom Juden, der durch die Lehren seiner Religion zu abscheulichen Handlungen im täglichen Leben verpflichtet sei, zu Handlungen wie Betrug, Diebstahl, Wucher, sexueller Lüsternheit, und zwar gerichtet gegen Nichtjuden: Eisenmenger stützte sich auf die Exegese des Talmuds und rabbinischer Literatur. Eisenmenger war der Wegbereiter für einen Judenhass, der die Denunziation des Talmuds als geheimnisvolle Gebrauchsanleitung jüdischer Heimtücke propagierte. Talmudhetze wurde gängiges und dauerhaftes Ingredienz der Judenfeindschaft. Mit der Autorität des Gelehrten, dessen Aussagen vom Publikum nicht überprüft und schon gar nicht falsifiziert werden können, suchte Eisenmenger mit Zitaten aus den religiösen Schriften zu beweisen, dass die Juden nicht nur ungestraft, sondern durch religiöses Gebot sogar dazu angehalten seien, den Christen zu schaden.

Besonders vulgär bediente sich der katholische Theologe August Rohling (1839-1931) der Eisenmenger'schen Methode. 1863 zum Priester geweiht, 1877-1885 Professor an der deutschen Universität Prag, propagierte Rohling die Legenden vom Ritualmord und über Hostienschändungen durch die Juden. Auch Rohling polemisierte in der Rolle des Fachmannes gegen den Talmud und argumentierte (obgleich er des Hebräischen nicht mächtig war) mit aus dem Zusammenhang gerissenen Talmudzitaten. Sein Auftreten als Gutachter im Ritualmordprozess von Tiszaeszlàr 1882 wurde zum Skandal, als ihm der evangelische Theologe Franz Delitzsch Meineid und Fälschung nachwies. Rohlings Schriften wurden von der Amtskirche als obszön abgelehnt, sie entzog ihm die Lehrerlaubnis. Publizistisch erreichte Rohling mithilfe der Wortführer des Antisemitismus in Österreich, Karl Lueger und Georg Heinrich Ritter von Schönerer, und des Bonifatiusvereins in Deutschland viele Katholiken. Weit verbreitet und einflussreich war die 1871 erstmals veröffentlichte Schrift Rohlings „Der Talmudjude". Rohlings antijudaistische Agitation wurde noch von Julius Streicher als Referenz und Quellenmaterial des aggressiven „Stürmer"-Antisemitismus in Anspruch genommen.[21]

> „Verbrecherische Vorschriften"
>
> Obgleich die Anzahl der unmoralischen und verbrecherischen Vorschriften des Rabbinismus sich kaum aufzählen läßt, so kann man sie doch leicht in einige Kategorien gruppieren und in wenigen Worten die Quintessenz der talmudischen Lehren ausdrücken.
>
> Aus allem, was wir in diesem Buche gesagt haben, ergibt sich mit unumstößlicher Gewißheit:
>
> 1. daß der Jude durchaus nicht durch die Pflichten der Nächstenliebe und der Gerechtigkeit gegen die Nichtjuden gebunden ist;
>
> 2. daß der Jude im Gegenteil sogar eine Sünde begeht, wenn er die Gesetze der Nächstenliebe und der Gerechtigkeit beobachtet, wenigstens in solchen Fällen, wo er dem Nichtjuden ungestraft Schaden zufügen kann;
>
> 3. daß es für den Juden ein Recht und, wenn er's kann, eine Pflicht ist, auf alle Weise den Nichtjuden und ganz besonders den Christen zu schaden und sie zu vernichten, sowohl auf heimliche Weise, als mit offener Gewalt. Das zu befolgende Prinzip ist dieses: ‚Ihr Leben ist in deinen Händen, und um so mehr ihr Eigentum';
>
> 4. daß, wenn der Jude Richter ist, er den Juden in allen seinen Streitigkeiten mit Nichtjuden gewinnen lassen muß, daß, wenn das Gesetz nicht

ausreicht, um dieses Ziel zu erreichen, er seine Zuflucht zur Intrigue nehmen muß, aber so vorsichtig verfahren soll, daß er niemals entdeckt werden kann, da dies dem Judaismus unbequem werden könnte;

5. daß der Jude den Nichtjuden wie ein Stück Vieh betrachtet: daß folglich der Eid eines Juden bei Streitigkeiten mit einem Nichtjuden ihn zu nichts verpflichtet, und daß, wenn der Jude gezwungen ist, zu schwören, er das Recht hat, in Gedanken seinen Eid durch einen Vorbehalt oder durch eine Phrase, welche den Sinn entstellt, ungültig zu machen, daß er aber auch hier vorsichtig sein muß, sich nicht auf einem Meineid ertappen zu lassen, welch' letzterer verboten ist, wenn die Gefahr vorliegt, daß er entdeckt werden könnte;

6. daß der Jude das Recht hat, die Nichtjuden zur Befriedigung seiner Sinnenlust zu benutzen, daß er keinen Ehebruch begeht, auch wenn er verheiratet ist, wenn er eine Nichtjüdin entehrt, da die Ehe zwischen Nichtjuden dem Zusammenleben von Vieh gleichzuachten ist;

7. daß ein Jude von göttlichem Stoff (Substanz) ist, wie ein Sohn vom Stoffe seines Vaters; daß er folglich allen seinen Neigungen und allen seinen Begierden nachgehen darf, daß ihm zur Entschuldigung stets die schlechte Natur genügt, welche ihn der Verantwortung überhebt; [...]*

*Prof. Dr. Aug. Rohling's Talmud-Jude. Mit einem Vorworte von Eduard Drumont aus der auch anderweitig vermehrten französischen Ausgabe von A. Pontigny in das Deutsche zurückübertragen von Carl Paasch, 31.-40. Tausend, Stuttgart 1924

Ein anderer Epigone Eisenmengers, einer von Hunderten, war Christian Frank, der sich ausdrücklich auf Eisenmengers Talmud-Polemik bezog und sie zu einem Bild verdichtete, in dem „die Juden" revolutionären Umsturz gegen die christlichen Staaten planten, die Weltmacht durch Geldherrschaft anstrebten, die öffentliche Meinung vergifteten und erklärte Feinde von Christentum und Sittlichkeit seien.[22]

Eines der bösartigsten und nachhaltigsten Pamphlete gegen die Emanzipation der Juden war 1791 anonym mit dem Verlagsort „Germanien" erschienen unter dem Titel „Über die physische und moralische Verfassung der heutigen Juden".[23] Die im Untertitel apostrophierte „Stimme eines Kosmopoliten" war die des preußischen Justizrats Karl Wilhelm Friedrich Grattenauer. Das Buch bezeichnet den Übergang vom Antijudaismus zum Antisemitismus (der Begriff war noch nicht geprägt und die rassistische Argumentation war noch nicht entwickelt, warf aber ihre Schatten voraus) und die Begründungen, die Grattenauer für seine Ressentiments fand, wurden stilbildend.

Grattenauers Stereotypen gingen ebenso wie seine Metaphorik, in der Juden als Fäulniserreger und Schädlinge erschienen und mit unangenehmen physischen Eigenschaften behaftet waren, ein in das antisemitische Standard-Repertoire. Grattenauer konstatierte, die jüdische Religion gipfele in einer schlechten Sittenlehre und deshalb mache die Ausübung ihrer Religion die Juden zu schlechten Menschen und untauglich als Bürger. Sie hielten es „für einen Glaubens-Artikel, die Christen zu betrügen, und zu hintergehen, und machen sich vermöge ihrer schlechten Moralität ein Verdienst daraus, treulos, unredlich, falsch, und lieblos gegen die Bekenner des christlichen Namens zu seyn. Aus diesem Gesichtspunkt, muss man die Juden betrachten, und da sie so verstockt, und hartnäckig in ihrem verkehrten Glauben sind, daß sie jeder bessern Einsicht und Erkenntnis, im Geist, und in der Wahrheit muthwillig widerstreben, so folgt schon daraus, daß sie qua Juden, zu Bürgern untüchtig sind – beleuchtet man nun noch ihren Character, der seine Modifikazion von ihrer Religion erhält, untersucht man ihre Handlungen, so wird man leicht einsehen, daß sie jedem christlichen Staat schädlich und nachtheilig sind". Die Schrift, in der Grattenauer Vorschläge zur Ghettoisierung und Deportation der Juden machte, war sensationell erfolgreich und löste eine öffentliche mit Traktaten und Pamphleten ausgetragene Debatte aus, die 1803 von der preußischen Zensur gestoppt wurde.[24]

Die Emanzipation der Juden, also ihre Befreiung aus den sozialen und rechtlichen Schranken war in Deutschland und Österreich kein revolutionärer Akt wie 1791 in Frankreich, sondern Ergebnis einer langwierigen Debatte, die sich vom

Beginn des 19. Jahrhunderts bis Ende der 1860er Jahre hinzog. Als Gegenbewegung gegen die rechtliche Gleichstellung der Juden ereigneten sich 1819 pogromartige Ausschreitungen wie im Mittelalter. Beginnend in Würzburg strahlten die „Hep-Hep-Verfolgungen" über ganz Deutschland bis nach Dänemark aus. Gefördert durch soziale Krisen, aber eindeutig als Abwehr des Integrationsanspruchs durch die Mehrheitsgesellschaft kam es an vielen Orten zu aggressiven Auseinandersetzungen mit der jüdischen Minderheit. Judenfeindschaft war aber auch eine Form von sozialem Protest, bei dem Aggressionen verschoben und gegen Juden gerichtet wurden.[25]

## Anmerkungen

1 Peter Schäfer, Judenhass und Judenfurcht. Die Entstehung des Antisemitismus in der Antike, Berlin 2010; Alex Bein, Die Judenfrage. Biographie eines Weltproblems, 2 Bde. Stuttgart 1980; Hermann Greive, Geschichte des modernen Antisemitismus, Darmstadt 1983; Jacob Katz, Vom Vorurteil bis zur Vernichtung. Der Antisemitismus 1700-1933, München 1989; Peter G. J. Pulzer, Die Entstehung des politischen Antisemitismus in Deutschland und Österreich 1867-1914, Göttingen 2004 (zuerst 1966); Massimo Ferrari Zumbini, Die Wurzeln des Bösen. Gründerjahre des Antisemitismus: Von der Bismarckzeit zu Hitler, Frankfurt/M. 2003.
2 Rainer Kampling (Hrsg.), „Nun steht aber diese Sache im Evangelium ...". Zur Frage nach den Anfängen des christlichen Antijudaismus, Paderborn 2003².
3 Johannes Heil/Bernd Wacker (Hrsg.), Shylock? Zinsverbot und Geldverleih in jüdischer und christlicher Tradition, München 1997.
4 Werner Bergmann, Pogrome: Eine spezifische Form kollektiver Gewalt, in: Kölner Zeitschrift für Soziologie und Sozialpsychologie 50 (1998), S. 644-665.
5 Rainer Erb (Hrsg.), Die Legende vom Ritualmord. Zur Geschichte der Blutbeschuldigung gegen Juden, Berlin 1993; Johannes T. Groß, Ritualmordbeschuldigungen gegen Juden im deutschen Kaiserreich (1871-1914), Berlin 2002.
6 Jan T. Gross, Fear. Antisemitism in Poland after Auschwitz. An Essay in Historical Interpretation, Princeton/Oxford 2006.
7 Ronnie Po-chia Hsia, Trient 1475: Geschichte eines Ritualmordprozesses, Frankfurt/M. 1997.
8 Manfred Eder, Die „Deggendorfer Gnad" – Entstehung und Entwicklung einer Hostienwallfahrt im Kontext von Theologie und Geschichte, Deggendorf, Passau 1992; Michaela Willeke, Der Vorwurf des Hostienfrevels als ein Höhepunkt des spätmittelalterlichen Antijudaismus. Die „Deggendorfer Gnad" (1338), in: Arne Domrös/Thomas Bartoldus/Julian Voloj (Hrsg.), Judentum und Antijudaismus

in der deutschen Literatur im Mittelalter und an der Wende zur Neuzeit. Ein Studienbuch, Berlin 2002, S. 61-83.

9  Friedrich Lotter, Die Judenverfolgung des „König Rintfleisch" in Franken um 1298. Die endgültige Wende in den christlich-jüdischen Beziehungen im Deutschen Reich des Mittelalters, in: Zeitschrift für historische Forschung 15 (1988), S. 385-422.

10 Klaus Arnold, Arnold von Uissigheim („König Armleder"), um 1290-1336, in: Fränkische Lebensbilder 20 (2004), S. 1-16.

11 Klaus Arnold, Die Armledererhebung in Franken 1336, in: Mainfränkisches Jahrbuch 26 (1974), S. 35-62; Friedrich Lotter, Hostienfrevelvorwurf und Blutwunderfälschung bei den Judenverfolgungen von 1298 („Rintfleisch") und 1336-1338 („Armleder"), in: Fälschungen im Mittelalter, Band 5: Fingierte Briefe, Frömmigkeit und Fälschung, Realienfälschungen. Internationaler Kongress der MGH, München, 16.-19. September 1986, Hannover 1988, S. 33-583; Gerd Mentgen, Studien zur Geschichte der Juden im mittelalterlichen Elsaß, Hannover 1995.

12 Vgl. Johannes Heil, „Gottesfeinde" – „Menschenfeinde". Die Vorstellung von jüdischer Weltverschwörung (13. bis 16. Jahrhundert), Essen 2006.

13 Klaus Arnold, Die Judenverfolgung des „König Rintfleisch" in Franken um 1298. Die endgültige Wende in den christlich-jüdischen Beziehungen im Deutschen Reich des Mittelalters, in: Zeitschrift für historische Forschung 15 (1988), S. 385-422; Jörg R. Müller, Eretz geserah – „Land der Verfolgung": Judenpogrome im regnum Teutonicum in der Zeit von etwa 1280 bis 1350, in: Christoph Cluse (Hrsg.), Europas Juden im Mittelalter. Beiträge des internationalen Symposiums in Speyer vom 20.-25. Oktober 2002, Trier 2004, S. 259-273.

14 Thomas Kaufmann, Luthers „Judenschriften" in ihren historischen Kontexten, Göttingen 2005.

15 Johannes Eck, Ains Judenbuechlins Verlegung. darin ain Christ, gantzer Christenhait zu schmach, will es geschehe d. Juden unrecht in bezichtigung d. Christen kinder mordt; hierin findst auch vil histori, was übles u. büeberey d. Juden in allem teütschen land, u. andern künigreichen gestift haben, Ingolstat 1541.

16 Brigitte Hägler, Die Christen und die „Judenfrage". Am Beispiel der Schriften Osianders und Ecks zum Ritualmordvorwurf, Erlangen 1992; Steven Rowan, Luther, Bucer, and Eck on the Jews, in: The Sixteenth Century Journal 16 (1985), S. 79-90.

17 Vgl. Deutsch-Jüdische Geschichte in der Neuzeit, hrsg. im Auftrag des Leo Baeck Instituts von Michael A. Meyer unter Mitwirkung von Michael Brenner, 4 Bände München 1996-1997.

18 Hellmut G. Haasis, Joseph Süß Oppenheimer, genannt Jud Süß. Finanzier, Freidenker, Justizopfer, Hamburg 1998; Selma Stern, Jud Süß. Ein Beitrag zur deutschen und zur jüdischen Geschichte, München 1973 (zuerst 1929).

19 „Jud Süß". Propagandafilm im NS-Staat. Katalog zur Ausstellung im Haus der Geschichte Baden-Württemberg Stuttgart vom 14.12.2007 bis 3.8.2008, Stuttgart 2007.

20 Johann Andreas Eisenmenger's, weiland Professors der Orient. Sprachen an der

Universität Heidelberg, Entdecktes Judentum. Das ist: Wortgetreue Verdeutschung der wichtigsten Stellen des Talmuds und der sonstigen, den Christen zu einem großen Teile noch ganz unbekannten, hebräisch-rabbinischen Litteratur, welche einen sicheren Einblick in die jüdische Religions- und Sittenlehre gewähren. Zeitgemäß überarbeitet und herausgegeben von Dr. Franz Xaver Schieferl, Dresden 1893.

21 August Rohling, Der Talmudjude. Zur Beherzigung für Juden und Christen aller Stände, Münster 1871; ders., Die Polemik und das Menschenopfer des Rabbinismus. Eine wissenschaftliche Antwort ohne Polemik für die Rabbiner und ihre Genossen, Paderborn 1883; ders., Meine Antwort an die Rabbiner. Oder fünf Briefe über den Talmudismus und das Blut-Ritual der Juden, Prag 1883.

22 Christian Frank, Die Juden und das Judenthum wie sie sind. Dargestellt aus ihren eigenen Schriften als die erklärten Feinde des Christenthums und der reinen Sittlichkeit, ihrer Geschichte, ihrer Schriften und der Erfahrung gemäß erkannt als offene und geheime Störer des bürgerlichen und moralischen Wohlstandes christlicher Staaten, Köln 1816.

23 Karl Wilhelm Friedrich Grattenauer, Über die physische und moralische Verfassung der heutigen Juden. Stimme eines Kosmopoliten, Germanien (Leipzig) o. J. [1791].

24 Klaus L. Berghahn, Grenzen der Toleranz. Juden und Christen im Zeitalter der Aufklärung, Köln 2000; Rainer Erb/Werner Bergmann, Die Nachtseite der Judenemanzipation. Der Widerstand gegen die Integration der Juden in Deutschland 1780-1860, Berlin 1989.

25 Jacob Katz, Die Hep-Hep-Verfolgungen des Jahres 1819, Berlin 1994.

## 3. Rasse und Judenfeindschaft: Der moderne Antisemitismus als antiemanzipatorische und antimoderne Ideologie

Judenfeindschaft erhielt im 19. Jahrhundert eine neue Dimension in Gestalt des rassistisch und sozialdarwinistisch argumentierenden modernen Antisemitismus, der sich als Resultat wissenschaftlicher Erkenntnis produzierte. Zu den Vätern gehörten Arthur Graf Gobineau mit seinem voluminösen Essay „Die Ungleichheit der Menschenrassen" (erschienen 1853 bis 1855 in vier Bänden), der zwar nicht gegen die Juden gerichtet war, aber instrumentalisiert wurde als Eckpfeiler einer Rassentheorie, die den modernen Antisemitismus scheinbar wissenschaftlich unterfütterte. Die Übereinstimmung der antisemitischen Theoretiker bestand darin, dass jede „Rasseneigenschaft" der Juden negativ war und der Unterschied zur älteren Judenfeindschaft bestand in der Überzeugung, dass Rasseneigenschaften anders als religiöse Bekenntnisse unveränderbar waren. In der Diskussion über die „Judenfrage" spielte die Schmarotzer/Parasiten-Metaphorik eine zunehmende Rolle, ungeachtet der Tatsache, dass die antiemanzipatorische Judenfeindschaft auch und vor allem eine Bewegung gegen die Modernisierung der Gesellschaft und gegen den politischen Liberalismus war.[1]

Einer der intellektuellen Wortführer des Antisemitismus (der allerdings den rassistischen Begründungen der Judenfeindschaft nur bedingt folgte) war der Göttinger Orientalist Paul de Lagarde (1827-1891, ursprünglich Paul Adam Bötticher). In seinen „Deutschen Schriften" (Göttingen 1878) zeigte er sich als streitbarer Zeitkritiker, glühender Nationalist und radikaler Judenfeind. Lagarde propagierte mit heftiger Polemik gegen den Katholizismus und Hohn gegenüber dem Protestantismus eine deutsche Nationalreligion, predigte Erneuerung, hielt einen Krieg gegen Russland für unvermeidlich, hetzte gegen den Liberalismus und vor allem gegen die Juden. Der ehrgeizige, empfindliche und streitsüchtige Lagarde verschaffte in der Gründerzeit des Deutschen Reiches dem verbreiteten Antisemitismus durch seine Aura als Professor eine gewisse gesellschaftliche Reputation.

> **Juden als Fremdkörper**
>
> Jeder fremde Körper in einem lebendigen andern erzeugt Unbehagen, Krankheit, oft gar Eiterung und den Tod. Dabei kann der fremde Körper ein Edelstein sein: die Wirkung wäre dieselbe, wie wenn er ein Stückchen faulendes Holz wäre. Die Juden sind als Juden in jedem europäischen Staate Fremde, und als Fremde nichts anderes als Träger der Verwesung. Wollen sie Angehörige eines nicht-jüdischen Staates werden, so müssen sie von ganzem Herzen aus allen Kräften das Gesetz Moses verwerfen, dessen Absicht es ist, sie überall außer Judäa zu Fremden machen, und sie müssen allen mit diesem Gesetze zusammenhängenden Anschauungen mit vollem Eifer und ganzem Hasse den Rücken kehren. Denn dies Gesetz und der aus ihm stammende erbitterte Hochmut erhält sie als fremde Rasse: wir aber können schlechterdings eine Nation in der Nation nicht dulden.*
>
> *Paul de Lagarde: Deutsche Schriften, Göttingen 1878, Neuauflage München 1937, S. 295 f.*

Paul de Lagarde wurde als Kulturkritiker, als Ikone der Jugendbewegung, als Prophet der nationalen Wiedergeburt nach dem Ersten Weltkrieg über seinen Tod hinaus rezipiert. Theodor Fritsch und Houston Stewart Chamberlain verehrten ihn ebenso als Vordenker wie die Nationalsozialisten Hitler und Rosenberg.[2]

Ein Höhepunkt der Auseinandersetzung über „die Judenfrage" war der Berliner Antisemitismusstreit, ausgelöst durch einen Artikel Heinrich von Treitschkes in den Preußischen Jahrbüchern im November 1879. Der angesehene Historiker hatte sich gegen die von ihm befürchtete Masseneinwanderung osteuropäischer Juden ausgesprochen und den deutschen Juden mangelnden Assimilationswillen vorgeworfen.[3]

## 3. Rasse und Judenfeindschaft

> **„Die Juden sind unser Unglück!"**
>
> Was wir von unseren israelitischen Mitbürgern zu fordern haben, ist einfach: sie sollen Deutsche werden, sich schlicht und recht als Deutsche fühlen – unbeschadet ihres Glaubens und ihrer alten heiligen Erinnerungen, die uns Allen ehrwürdig sind; denn wir wollen nicht, daß auf die Jahrtausende germanischer Gesittung ein Zeitalter deutsch-jüdischer Mischcultur folge […] Es bleibt aber ebenso unleugbar, daß zahlreiche und mächtige Kreise unseres Judenthums den guten Willen schlechtweg Deutsche zu werden durchaus nicht hegen. Peinlich genug, über diese Dinge zu reden; selbst das versöhnliche Wort wird hier leicht mißverstanden. Ich glaube jedoch, mancher meiner jüdischen Freunde wird mir mit tiefem Bedauern Recht geben, wenn ich behaupte, daß in neuester Zeit ein gefährlicher Geist der Ueberhebung in jüdischen Kreisen erwacht ist, daß die Einwirkung des Judenthums auf unser nationales Leben, die in früheren Tagen manches Gute schuf, sich neuerdings vielfach schädlich zeigt […] Bis in die Kreise der höchsten Bildung hinauf, unter Männern, die jeden Gedanken kirchlicher Unduldsamkeit oder nationalen Hochmuths mit Abscheu von sich weisen würden, ertönt es heute wie aus einem Munde: die Juden sind unser Unglück!*
>
> *\*Heinrich von Treitschke, Unsere Aussichten, in: Preußische Jahrbücher, 15. November 1879, zit. nach: Der „Berliner Antisemitismusstreit" 1879-1881. Kommentierte Quellenedition. Im Auftrag des Zentrums für Antisemitismusforschung bearbeitet von Karsten Krieger, Teil 1, München 2003, S.12f.*

Der Begriff „Berliner Antisemitismusstreit" geht auf eine im Jahre 1965 von dem Journalisten Walter Boehlich veröffentlichte Quellensammlung zurück, die seitdem (trotz ihrer Mängel) als Standardwerk zum Thema gilt und deren Titel in die wissenschaftliche Literatur Eingang fand.[4] Seinem auch heute noch lesenswerten, in der zweiten Auflage überarbeiteten Nachwort zufolge sah Boehlich in dem Streit eine im Wesentlichen unter Akademikern in den Jahren 1879-1881 geführte Auseinandersetzung, die zwischen dem vermutlich wirkungsmächtigsten Historiker im Deutschen Kaiserreich, Heinrich von Treitschke einerseits und seinen Gegnern, in erster Linie deutsch-jüdischen Gelehrten sowie dem berühmten Althistoriker Theodor Mommsen andererseits, ausgetragen wurde.

Der Titel „Berliner Antisemitismusstreit" ist jedoch insofern irreführend, als der Streit sich nicht ausschließlich in Berlin abspielte und auch nicht auf das Thema Antisemitismus beschränkt blieb. Die Zeitgenossen sprachen von einem „Treitschkestreit" oder – wenn sie Treitschkes antisemitische Tiraden kennzeichnen wollten – von der „Treitschkiade". Die zeitgenössische Öffentlichkeit sah in der Kontroverse nicht primär einen Gelehrtenkonflikt; der Streit erfasste vielmehr nahezu alle gesellschaftlichen Milieus in Deutschland und polarisierte die politische Öffentlichkeit in hohem Maße. Die prominenten Gegenspieler des Streites, Treitschke und Mommsen, wurden lange Zeit als antagonistisches Gegensatzpaar wahrgenommen. Dem reaktionären und nationalchauvinistischen Konservativen Treitschke stand der aufrechte und prinzipienfeste Altliberale Mommsen gegenüber. Diese Sichtweise ist zwar im Kern richtig, jedoch zeigen sowohl Mommsens Aufsatz „Auch ein Wort über unser Judenthum" als auch der Briefwechsel zwischen den beiden, dass ihre Gemeinsamkeiten über die Existenz einer „Judenfrage" wesentlich größer waren als vermutet.

> **„Auch ein Wort über unser Judenthum"**
>
> Das unvermeidliche und unvermeidlich ungerechte Generalisiren wirkt verstimmend und erbitternd, während es selbstverständlich eine Lächerlichkeit sein würde von solchen Schilderungen eine Besserung der bezeichneten Schäden zu erwarten. Darin vor allem liegt das arge Unrecht und der unermeßliche Schaden, den Herr v. Treitschke mit seinen Judenartikeln angerichtet hat. Jene Worte von den hosenverkaufenden Jünglingen und den Männern aus den Kreisen der höchsten Bildung, aus deren Munde der Ruf ertönt „die Juden sind unser Unglück" – ja es ist eingetroffen, was Herr v. Treitschke voraussah, daß diese „versöhnenden Worte" mißverstanden worden sind. Gewiß waren sie sehr wohlgemeint; gewiß liegt den einzelnen Klagen, die

dort erhoben werden, vielfach Wahres zu Grunde; gewiß sind härtere Anklagen gegen die Juden tausendmal ungehört verhallt. Aber wenn die Empfindung der Verschiedenheit dieses Theils der deutschen Bürgerschaft von der großen Majorität bis dahin niedergehalten worden war durch das starke Pflichtgefühl des bessern Theils der Nation, welche es nicht bloß wußte, daß gleiche Pflicht auch gleiches Recht fordert, sondern auch davon die thatsächlichen Consequenzen zog, so sah sich diese Empfindung nun durch Herrn v. Treitschke proclamirt als die „natürliche Reaction des germanischen Volksgefühls gegen ein fremdes Element", als „der Ausbruch eines tiefen lang verhaltenen Zornes." Das sprach Herr v. Treitschke aus, der Mann, dem unter allen ihren Schriftstellern die deutsche Nation in ihren letzten großen Krisen den meisten Dank schuldet, dessen Feder eines der besten Schwerter war und ist in dem gewendeten, aber nicht beendeten Kampfe gegen den alten Erbfeind der Nation, den Particularismus. Was er sagte, war damit anständig gemacht. Daher die Bombenwirkung jener Artikel, die wir alle mit Augen gesehen haben. Der Kappzaum der Scham war dieser „tiefen und starken Bewegung" abgenommen; und jetzt schlagen die Wogen und spritzt der Schaum.*

*Theodor Mommsen, Auch ein Wort über unser Judenthum, Berlin 1880⁶, zit. nach: Der „Berliner Antisemitismusstreit" 1879-1881. Kommentierte Quellenedition, bearb. von Karsten Krieger, München 2003, S. 704

Treitschkes Angriffe gegen das deutsche Judentum markierten die Aufkündigung des bisherigen liberalen Konsenses über dessen Emanzipation, wogegen sich seine Kontrahenten zur Wehr setzten. Das war der sachliche Kern der Kontroverse. Der „Berliner Antisemitismusstreit" war vor allem eine deutsche Identitätsdebatte, eine Auseinandersetzung darum, was nach der 1871 erfolgten Reichsgründung und der rechtlichen Emanzipation der Juden das Selbstverständnis „Deutscher" zu sein und „deutscher Jude" zu sein, eigentlich bedeuten sollte und anhand welcher Kriterien sich diese Fragen beantworten ließen. Im „Berliner Antisemitismusstreit" wurde nahezu alles verhandelt, was sich seit der Reichsgründung und der Judenemanzipation in Deutschland an Identitätskonflikten aufgestaut hatte. Immerhin war der preußische Kronprinz und spätere Kaiser Friedrich III. vom Antisemitismus so angewidert, dass er im Januar 1880 in der Uniform des preußischen Generalfeldmarschalls am Gottesdienst in der Berliner Synagoge Oranienburger Straße teilnahm. Im November 1880 schrieb er in sein Tagebuch über einen Auftritt Adolf Stoeckers im preußischen Abgeordnetenhaus: „Ich schäme mich daß im Reich und in Preußen, 100 Jahre nach Friedrich des Großen Tod, solche Dinge möglich sind, und die Protection von Oben nicht zum Wenigsten glaubhaft erscheint!"[5]

## Rassismus und „Judenfrage": Argumente gegen die Emanzipation

Im Februar 1879 war Wilhelm Marrs politisches Pamphlet „Der Sieg des Judenthums über das Germanenthum" erschienen, im Herbst 1879 wurde es bereits in der 12. Auflage verkauft. Den Weg bereitet hatten schon Autoren wie Otto Glagau, der im weit verbreiteten Wochenblatt „Die Gartenlaube" die Juden als Verursacher der Wirtschaftskrise des Gründerkrachs von 1873 denunzierte („90 % der Gründer und Makler sind Juden") und in polemischen Artikeln die Juden zu Sündenböcken für aktuelles Ungemach stempelte. Die Pressekampagnen in der konservativen Kreuzzeitung, aber auch in katholischen Blättern – gemeinsamer Feind war der politische Liberalismus – vertieften seit 1874/75, zur Zeit des Gründerkrachs, die judenfeindlichen Ressentiments.[6]

### Finis Germaniae

Es mußte also endlich einmal die Tatsache sans phrase eingestanden werden, daß wir die Besiegten, die Unterjochten sind. Ich habe dieses Eingeständniss gemacht, um die Judenfrage endlich einmal aus dem Nebel der Abstractionen und Parteieinseitigkeiten herauszubringen. Ja, ich bin überzeugt, ich habe ausgesprochen, was Millionen Juden im Stillen denken: Dem Semitismus gehört die Weltherrschaft! Sprecht es also ebenfalls offen aus, ihr Juden. Seid offen und wahr in Euren

Gedanken. Ihr habt ja die Macht dazu, es sein zu können! Und wir beklagen nicht uns mehr. Nur keine Heuchelei mehr zwischen uns. Ein weltgeschichtliches ‚Fatum' – so möchte ich es nennen – hat uns gleich Gladiatoren der Kulturgeschichte in eine Arena gebracht. Der Völkerkampf mußte gekämpft werden ohne Hass gegen die Einzelnen, die zum Angriff wie zur Vertheidigung gezwungen wurden. Zäher und ausdauernder als wir, waret Ihr die Sieger in diesem Völkerkrieg, den Ihr ohne Schwertstreich geführt habt, während wir Euch massackrirten und verbrannten, aber nicht die sittliche Kraft besassen, Euch auf Euch selbst und den Verkehr unter Euch anzuweisen. In unserer mittelalterlichen Brutalität glaubten wir, Euch ‚schieben' zu können und – wurden ‚geschoben'. Vielleicht sind Eure realistischen Welt- und Lebensanschauungen die richtigen. Vielleicht will es das ‚Fatum', daß wir Eure Heloten werden. Wir sind auf bestem Wege dazu […] Finden wir uns in das Unvermeidliche, wenn wir es nicht ändern können. Es heisst: Finis Germaniae.*

*Wilhelm Marr, Der Sieg des Judenthums über das Germanenthum. Vom nicht confessionellen Standpunkt aus betrachtet, Bern 1879 (3. Aufl.) S. 46 f.*

Der Berliner Hofprediger Adolf Stoecker (1835-1909), der sich seit 1878 als Gründer einer „Christlich-Sozialen Arbeiterpartei" um die Heranführung von Arbeitern und Handwerkern an die bestehende Staatsordnung bemühte und hoffte, sie der Sozialdemokratie zu entfremden, instrumentalisierte „die Judenfrage" und hielt judenfeindliche Reden, in denen er die antisemitischen Erwartungen seiner Zuhörer bediente, die ökonomischen und sozialen Wünsche und Ängste der von existentiellen Sorgen geplagten Kleinbürger aufgriff und mit Schuldzuweisungen an „die Juden" Erklärungen und Lösungen für aktuelle Probleme anbot. Das Konzept, die Arbeitermassen mit Thron und Altar durch klerikal-judenfeindliche Agitation zu versöhnen, erwies sich als wenig tragfähig, wohl aber hinterließ die Politisierung des Christentums mit antisemitischen Parolen deutliche Spuren in der evangelischen Kirche bis weit in das 20. Jahrhundert hinein.[7]

## Das Judentum im öffentlichen Leben, eine Gefahr für das deutsche Reich

Wir fassen die Judenfrage nicht als Religions-, auch nicht als Rassenfrage auf; obwohl sie in ihren Wurzeln beides ist, erscheint sie doch in ihrer äußeren Gestalt als eine sozial-ethische; so behandeln wir sie. Kein Volk kann die Übermacht eines fremden Geistes dulden, ohne zu entarten und zugrundezugehen; die Ereignisse des letzten Jahrzehnts sind darin unsre Lehrer gewesen. Durch die Schwindelperiode, den Krach, die Verarmung und Entsittlichung unsres Volkes sind über uns Momente der Erkenntnis, des Ärgers, der Kränkung, der Buße gekommen, daher stammt der nationale und sittlich-religiöse Aufschwung – das ist unsre Bewegung. Wir wollen die Judenfrage nicht radikal, nicht gewaltsam, sondern nach und nach in ruhiger, friedlicher Weise lösen. Daß es zu solchen beklagenswerten Exzessen, wie in Rußland, bei uns nicht komme, gerade dazu besteht unsre Bewegung; sie ist das Ventil für die Volkserbitterung. Wir müssen die Wunde offenhalten, bis sie geheilt ist.*

*\*Adolf Stoecker, Rede vom 3.2.1882, in: Stoecker, Christlich-Sozial. Reden und Aufsätze, Berlin 1890, 2. Auflage, S. 421*

Im Gefolge des Antisemitismusstreits erschien auf bescheidenem intellektuellen Niveau eine Flut von Schriften[8] wie 1881 „Die Judenfrage als Rassen-, Sitten- und Kulturfrage" aus der Feder des Privatgelehrten Karl Eugen Dühring (1833-1921), eines paranoiden Einzelgängers, dessen Abneigung gegen Sozialdemokratie, Juden und Liberale sich zu Wahnideen steigerte. Als Theoretiker des modernen Antisemitismus erlangte er Bedeutung, er propagierte die Vorstellung einer jüdischen Weltmacht und empfahl wortradikal sogar die Tötung und Ausrottung der Juden. Theodor Fritsch (1852-1933), gelernter Ingenieur und Inhaber eines mühlentechnischen Büros mit einem angeschlossenen Fachverlag war ebenfalls ein Vorkämpfer des modernen rassistisch und pseudowissenschaftlich argumentierenden Antisemitismus. 1887 veröffentlichte er unter Pseudonym einen „Catechismus für Antisemiten", der später unter seinem richtigen Namen mit dem Titel „Handbuch der Judenfrage" erschien und 1944 die 49. Auflage erreichte.

> **„Völkergifte"**
>
> Unverkennbar übt das Beisammen-Wohnen verschiedener Rassen nachteilige Einflüsse aus, und geistige scheinbar noch mehr als leibliche. Man könnte von Völkergiften reden, die aus der Berührung fremdartiger Rassen entstehen. Vielleicht war es im Altertum ein bewußter Ausfluß der Rassen-Hygiene, wenn hoch kultivierte Inselvölker jeden an den Strand verschlagenen Fremdling „den Göttern opferten", damit er nicht neue Leiden in's Land bringe. Offenbar besaßen die alten Völker in manchen Stücken mehr Lebensweisheit als wir Heutigen. Daß nun gerade der Hebräer eine für alle anderen Nationen höchst verhängnisvolle Rolle spielt, ist durch die Blätter der Geschichte zu erweisen. Er darf in physischer wie psychischer Hinsicht geradezu als der Träger gewisser Völkergifte gelten. Mit dem Fortschreiten der soziologischen Erkenntnis wird daher immer mehr der Wunsch in den Völkern reifen, die jüdische Nation aus den arischen Staaten ausgeschieden zu sehen und ihr irgendwo eigne Heimat und eignen Staat zu geben. Die Bestrebungen der jüdischen Zionisten, die ein solches Ziel verfolgen, sind nur zu billigen.*
>
> *Theodor Fritsch, Handbuch der Judenfrage, Hamburg 1910 (27. Auflage), S. 7

Houston Stewart Chamberlain (1855-1827) wurde mit seinem 1899 veröffentlichten zweibändigen trivialphilosophischen Werk „Die Grundlagen des 19. Jahrhunderts" einer der erfolgreichsten Schriftsteller des Wilhelminischen Kaiserreichs, dessen Wirkung weit darüber hinaus reichte.[9] Bis 1944 erreichte seine völkisch-antisemitische Deutung der Weltgeschichte, die zugleich Utopie mit agitatorischem Appell war, 30 Auflagen. Während seriöse Wissenschaftler einmütig Chamberlains Traktat verwarfen, begeisterte sich das Bildungsbürgertum für das in der Nachfolge von Gobineaus Essay „Über die Ungleichheit der Menschenrassen" stehende Gedankengebäude. Kaiser Wilhelm II., der mit dem Verfasser korrespondierte, schätzte das Buch so sehr, dass er die Anschaffung durch alle deutschen Schulbibliotheken wünschte.

Der Autor, einer britischen Adelsfamilie entstammend, hatte wegen psychischer Probleme keine militärische Karriere wie sein

Vater einschlagen können. Er machte Reisen, hielt sich in Sanatorien auf, führte das Leben eines wohlhabenden Kosmopoliten und studierte Botanik, ohne akademischen Abschluss. Er etablierte sich in Deutschland als Privatgelehrter und vielschreibender völkischer Autor. Von Richard Wagners Persönlichkeit, Musik und dessen Denken angezogen suchte Chamberlain die Nähe Bayreuths, wurde 1888 nach einem Gedankenaustausch mit Cosima, der Witwe Richard Wagners (die ihn auf Gobineau aufmerksam machte), in den Bayreuther Kreis aufgenommen und heiratete 1908 Eva, eine Tochter Richard und Cosima Wagners. 1916 erwarb er die deutsche Staatsbürgerschaft. Gegen den Mediziner Rudolf Virchow, der die in Mode gekommenen Rassenlehren mit aufklärerischen Argumenten ablehnte und gegen die universitäre Wissenschaft polemisierend, argumentierte Chamberlain mit abstrusen Vergleichen für die Doktrin des Rassismus.

### „Rasse"

Als ob die gesamte Geschichte nicht da wäre, um uns zu zeigen, wie Persönlichkeit und Rasse auf das Engste zusammenhängen, wie die Art der Persönlichkeit durch die Art ihrer Rasse bestimmt wird und die Macht der Persönlichkeit an gewisse Bedingungen ihres Blutes geknüpft ist! Und als ob die wissenschaftliche Tier- und Pflanzenzüchtung uns nicht ein ungeheuer reiches und zuverlässiges Material böte, an dem wir sowohl die Bedingungen, wie auch die Bedeutung von „Rasse" kennen lernen! Entstehen die sogenannten (und mit Recht so genannten) „edlen" Tierrassen, die Zugpferde vom Limousin, die amerikanischen Traber, die irischen Renner, die unbedingt zuverlässigen Jagdhunde durch Zufall und Promiskuität (geschlechtliches Durcheinander)? Entstehen sie, indem man den Tieren Rechtsgleichheit gewährt, ihnen das selbe Futter vorwirft und über sie die nämliche Rute schwingt? Nein, sie entstehen durch geschlechtliche Zuchtwahl und durch strenge Reinhaltung der Rasse. Und zwar bieten uns die Pferde, namentlich aber die Hunde jede Gelegenheit zu der Beobachtung, dass die geistigen Gaben Hand in Hand mit den physischen gehen; im besonderen gilt dies von den moralischen Anlagen: ein Bastardhund ist nicht selten sehr klug, jedoch niemals zu-

> verlässig, sittlich ist er stets ein Lump. Andauernde Promiskuität unter zwei hervorragenden Tierrassen führt ausnahmslos zur Vernichtung der hervorragenden Merkmale von beiden)! Warum sollte die Menschheit eine Ausnahme bilden? [...] In Wahrheit sind die Menschenrassen, trotz des breiten, gemeinsamen Untergrundes, von einander in Bezug auf Charakter, auf Anlagen, und vor Allem in Bezug auf den Grad der einzelnen Befähigungen so verschieden wie Windhund, Bulldogge, Pudel und Neufundländer. Die Ungleichheit ist ein Zustand, auf den die Natur überall hinarbeitet; nichts Ausserordentliches entsteht ohne „Specialisierung"; beim Menschen, genau so wie beim Tier, ist es die Specialisierung, welche edle Rassen hervorbringt; die Geschichte und die Völkerkunde sind da, um dem blödesten Auge dieses Geheimnis zu enthüllen.\*
>
> \**Houston Stewart Chamberlain, Die Grundlagen des Neunzehnten Jahrhunderts, München 1922 (14. Auflage), S. 288 f.*

Mit seiner Geschichtsauffassung, die auf rassistischem Nationalismus basierte und für sein Welterklärungskonstrukt beliebig Elemente einer Zyklentheorie mit regelmäßigen historischen Katastrophen als auch das Stufenmodell eines voranschreitenden Fortschritts benutzte, lieferte Chamberlain eine Inkunabel nationalsozialistischer Ideologie. An die „Grundlagen des 19. Jahrhunderts" schloss Alfred Rosenbergs „Mythus des 20. Jahrhunderts" unmittelbar an.

Chamberlain sieht die Geschichte als Kampf zwischen positiven und negativen Kräften in einer manichäischen Welt, in der die „jüdische Rasse" das Böse verkörpert und die „Arier" für das Gute stehen.[10] Zu seinen Ideologiekonstruktionen im Dienst einer völkischen Heilslehre gehört auch die Definition Jesu Christi vor dem Hintergrund einer Weltgeschichte, die als Rassenkampf interpretiert wird, als „Arier": „Die Wahrscheinlichkeit, dass Christus kein Jude war, dass er keinen Tropfen echt jüdischen Blutes in den Adern hatte, ist so groß, dass sie einer Gewißheit fast gleich kommt". Diese Argumentation ist typisch für die leichtfertige und populistische Vorgehensweise Chamberlains, dem Fakten irrelevant wie Rationalität und Logik belanglos waren bei seinem Bemühen, durch demagogische Kulturphilosophie eine bestimmte Weltsicht agitatorisch durchzusetzen. Der obsessive Antisemitismus Chamberlains verwies direkt auf den nationalsozialistischen Rassenwahn. Ebenso prophetisch nahm er das germanomanische Sendungsbewusstsein des Nationalsozialismus vorweg: Es gelte, schrieb er im Vorwort zu den „Grundlagen des 19. Jahrhunderts", „die von der Wissenschaft inzwischen als unfraglich wahr erwiesene Tatsache der Rasse allen unseren Volksgenossen noch weit lebendiger und plastischer vor das Bewusstsein zu bringen und zu einer Triebkraft ihres Handelns zu machen, zugleich die Überzeugung in ihnen zu wecken, dass Deutschland, wenn es nur will, wenn es zu wollen versteht – weit entfernt, dem Untergang geweiht zu sein, erst am Morgen seines grossen Tages steht, verpflichtet zu morgendlichen Entschlüssen und Taten. Das walte Gott!"[11]

Der von Gobineau, Paul de Lagarde und Richard Wagner[12] geprägte Chamberlain konnte durch seinen eingängigen und demagogischen Schreibstil durch Selbstinszenierung und die Bedienung der Heilserwartungen und Weltdeutungswünschen seines Publikums nicht nur seinen Dilettantismus verbergen, mehr als andere machte er den Antisemitismus salonfähig. Leo Spitzer publizierte als Wissenschaftler 1918 eine wenig beachtete Streitschrift gegen Chamberlain, in der er ihm „gefällige Wirkung" sowie „markige Eleganz der Sprache" attestierte und ihn als Blender entlarvte. Der Wirkung erst beim gebildeten Publikum, dann bei der Gefolgschaft Hitlers tat diese Kritik keinerlei Eintrag. Hitler, den Chamberlain emphatisch als „Führer" eines neuen Deutschland pries (er hatte ihn im September 1923 bei dessen Besuch in der Villa Wahnfried persönlich kennengelernt), stand 1927 trauernd am Grab seines Vordenkers.

In neurotischer Fixierung auf den Gegensatz zwischen der „jüdischen" und der „arischen" Rasse arbeitete Chamberlain mit griffigen Stereotypen, wenn er z. B. den Juden verinnerlichte Religiosität absprach und einen übergroßen Einfluss der Juden in der modernen Welt phantasierte. Nicht weniger verhängnisvoll war der nachhaltige Einfluss seines von ihm verehrten und bewunderten Schwiegervaters Richard Wagner (1813-1883), dessen Renommee als Komponist, Musikdramatiker und Schriftsteller seine antisemitischen Überzeugungen transportierte, wie sie in Wagners ebenso emphatischem wie irrationalem Aufsatz „Das Judentum in der Musik" (1850) zum Ausdruck gekommen waren.[13]

> ### Das Judentum in der Musik
>
> Wie in diesem Jargon mit wunderlicher Ausdruckslosigkeit Worte und Konstruktionen durcheinander geworfen werden, so wirft der jüdische Musiker auch die verschiedenen Formen und Stilarten aller Meister und Zeiten durcheinander. Dicht nebeneinander treffen wir da im buntesten Chaos die formellen Eigentümlichkeiten aller Schulen angehäuft. Da es sich bei diesen Produktionen immer nur darum handelt, daß überhaupt geredet werden soll, nicht aber um den Gegenstand, welcher sich des Redens erst verlohnte, so kann dieses Geplapper eben auch nur dadurch irgendwie für das Gehör anregend gemacht werden, daß es durch den Wechsel der äußerlichen Ausdrucksweise jeden Augenblick eine neue Reizung zur Aufmerksamkeit darbietet. Die innerliche Erregung, die wahre Leidenschaft findet ihre eigentümliche Sprache in dem Augenblicke, wo sie, nach Verständnis ringend, zur Mitteilung sich anläßt: der in dieser Beziehung von uns bereits näher charakterisierte Jude hat keine wahre Leidenschaft, am allerwenigsten eine Leidenschaft, welche ihn zum Kunstschaffen aus sich drängte. Wo diese Leidenschaft nicht vorhanden ist, da ist aber auch keine Ruhe anzutreffen: wahre, edle Ruhe ist nichts anderes, als die durch Resignation beschwichtigte Leidenschaft. Wo der Ruhe nicht die Leidenschaft vorangegangen ist, erkennen wir nur Trägheit: der Gegensatz der Trägheit ist aber nur jene prickelnde Unruhe, die wir in jüdischen Musikwerken von Anfang bis zu Ende wahrnehmen, außer da, wo sie jener geist- und empfindungslosen Trägheit Platz macht. Was so der Vornahme der Juden, Kunst zu machen, entsprießt, muß daher notwendig die Eigenschaft der Kälte, der Gleichgültigkeit bis zur Trivialität und Lächerlichkeit an sich haben, und wir müssen die Periode des Judentums in der modernen Musik geschichtlich als die der vollendeten Unproduktivität, der verkommenen Stabilität bezeichnen [...]*
>
> *\* Richard Wagner, Das Judentum in der Musik, 1859; zitiert nach: Die Hauptschriften, hrsg. von E. Bücken, Leipzig o.J., S. 128f.*

## Rassismus und „Judenfrage": Argumente gegen die Emanzipation

Die Geschichte des politisch organisierten Antisemitismus, die 1879 mit Wilhelm Marrs Antisemiten-Liga und Stoeckers Christlich-Sozialer Partei beginnt, ist die Geschichte von Sekten und Spaltungen. Das Programm der Gruppierungen war ein Gemisch konservativer, antikapitalistischer, sozialdemagogischer Ideologiefragmente, propagiert von antiliberalen und antidemokratischen untereinander konkurrierenden Demagogen. Im September 1882 waren bei einem „Ersten Internationalen Antijüdischen Kongress" in Dresden 300-400 Antisemiten versammelt, die sich auf kein gemeinsames Programm verständigen konnten. In Konkurrenz standen die 1880 gegründete Soziale Reichspartei von Ernst Henrici und der 1881 auf Max Liebermann von Sonnenburg und Bernhard Förster zurückgehende extrem konservative „Deutsche Volksverein". In Kassel wurde 1886 die „Deutsche Antisemitische Vereinigung" ins Leben gerufen, Protagonist war der Bibliothekar Otto Böckel. Auf dem „Antisemitentag" in Bochum einigten sich Anfang Juni 1889 die verschiedenen judenfeindlichen Strömungen auf gemeinsame Grundsätze und Forderungen. Im Reichstag errangen Vertreter antisemitischer Parteien 1890 fünf und 1893 16 Mandate.

### „Der Jude ist kein Deutscher"

Hermann Ahlwardt (1846-1914), wegen Verleumdung und Erpressung vielfach gerichtsnotorisch und bestraft, als Volksschulrektor nach Unterschlagungen entlassen, verbreitete als Verfasser zahlreicher Pamphlete in den 80er Jahren des 19. Jahrhunderts rastlos und wirkungsvoll antisemitische Propaganda. 1892 in den Reichstag gewählt, hielt der fraktionslose Abgeordnete am 6. März 1895 eine Rede im Reichstag, in der er (vom Parlament keineswegs ernst genommen, das Protokoll verzeichnet häufig „Heiterkeit, Zurufe, Unruhe, stürmische Heiterkeit") vergeblich für die Annahme eines Gesetzentwurfs plädierte, der den Zuzug von Juden nach Deutschland unterbinden sollte. Ahlwardts Rede enthält alle zeitgenössischen ausgrenzenden Vorurteile gegen Juden: „Wir denken nicht daran, irgend einen Menschen wegen seiner Religion politisch zu bekämpfen [...] Wir stehen auf dem Boden, daß die Juden eine andere Rasse bilden, ein anderes Volk mit ganz anderen Eigenschaften. Nun zeigt die Erfahrung im ganzen Gebiete der Natur, daß die Rasseneigenthümlichkeiten, die angeboren, von der Rasse im Laufe vieler Jahrtausende erworben sind, das Haltbarste und Festeste sind, was es überhaupt giebt, daß wir deshalb von den Eigenthümlichkeiten unsrer Rasse so wenig los können, wie es die Juden können. Deshalb braucht man den einzelnen Juden nicht zu bekämpfen; das thun wir auch nicht. Aber wenn man nun an unzähligen Beispielen bestimmte Rasseneigenthümlichkeiten feststellen kann und diese derart sind, daß ein gemeinsames Zusammenleben nicht möglich ist, nun, dann glaube ich, da wir hier doch eingeboren sind, den Boden urbar gemacht und gegen alle Feinde vertheidigt haben, daß es unsere Pflicht ist, gegen die Juden, die eben ganz anderer Natur sind, Stellung zu nehmen. Meine Herren, wir Germanen stehen auf dem Kulturboden der Arbeit; jeder von uns will schaffen für Andere und verlangt dafür, daß andere für ihn schaffen […] Die Juden stehen nicht auf dem Kulturboden der Arbeit, sie wollen nicht selbst Werthe schaffen, sondern sich ohne Arbeit die Werthe aneignen, die Andere geschaffen haben; das ist der Kardinalunterschied, der uns leitet bei allen unseren Erwägungen. Die Juden wollen das haben, was Andere erarbeitet haben […] Die Juden sind 700, 800 Jahre bei uns – sind die etwa auch Deutsche geworden? Haben die sich auf den Kulturboden der Arbeit gestellt? Sie haben nicht daran gedacht, sondern, wenn sie kamen, fingen sie an, zu schwindeln, und haben geschwindelt, solange sie in Deutschland waren […]: der Deutsche ist vertrauensselig von Hause aus, in seinem Herzen wohnt Treue und Vertrauen. Der Jude erwirbt sich dieses Vertrauen, und dann übt er im gegebenen Moment Verrath, dann wird der Deutsche ruinirt und arm gemacht. Dieses gemißbrauchte Vertrauen des Deutschen ist die Hauptwaffe des Juden. Der Jude ist kein Deutscher […] Ein Jude, der in Deutschland geboren ist, ist noch lange kein Deutscher; er ist immer noch ein Jude. Deshalb ist es nothwendig, daß wir uns dessen bewußt werden, daß die jüdische Rasseneigenthümlichkeit und die deutsche Rasseneigenthümlichkeit so sehr voneinander abweichen, daß ein Zusammenleben von Juden und Deutschen überhaupt unter gleichen Gesetzen nicht möglich ist, ohne daß wir Deutsche zugrunde gehen."*

*Stenographische Berichte über die Verhandlungen des Reichstags. IX. Legislaturperiode. III. Session. 1894/95. 53. Sitzung, 6. März 1895, S.1296ff.

Der Übergang vom traditionellen religiösen Hass zum neuen Antisemitismus im 19. Jahrhundert vollzog sich nicht abrupt, die Traditionen des religiösen Antijudaismus mit seinen Stereotypen blieben wirkungsmächtig und verstärkten die neuen pseudorationalen Argumente des Rassenantisemitismus. Judenfeindschaft war am Ende des 19. Jahrhunderts ein Verständigungsmittel für sozialen Protest ebenso wie für antiliberale und reaktionäre Bestrebungen. Die Agitation gegen Juden wurde von drittrangigen Publizisten und eifernden Kleingeistern betrieben, aber diese Privatgelehrten und Schriftsteller, die sich zur „Judenfrage" äußerten, machten das Thema gesellschaftsfähig.

Insgesamt hatte der organisierte Antisemitismus im Kaiserreich keinen politischen Einfluss erringen können; zum kulturellen Klima der Zeit hatte der neue Antisemitismus jedoch einen schwer zu unterschätzenden Beitrag geleistet und seine Agitation und Publizistik, die in die öffentliche Diskussion eingeführten Schlagworte und Postulate bildeten Keime, die nur auf günstige Bedingungen zu ihrer Entfaltung warteten.[14]

## Anmerkungen

1 Reinhard Rürup, Emanzipation und Antisemitismus. Studien zur „Judenfrage" der bürgerlichen Gesellschaft, Göttingen 1975; Shulamit Volkov, Die Juden in Deutschland 1780-1918, München 1994.
2 Ulrich Sieg, Deutschlands Prophet. Paul de Lagarde und die Ursprünge des modernen Antisemitismus, München 2007; Fritz Stern, Kulturpessimismus als politische Gefahr. Eine Analyse nationaler Ideologie in Deutschland, Stuttgart 2005.
3 Ulrich Langer, Heinrich von Treitschke. Politische Biographie eines deutschen Nationalisten, Düsseldorf 1998; Karsten Krieger (Bearbeiter), Der „Berliner Antisemitismusstreit" 1879-1881. Eine Kontroverse um die Zugehörigkeit der deutschen Juden zur Nation. Kommentierte Quellenedition, im Auftrag des Zentrums für Antisemitismusforschung, 2 Bände, München 2004; Christhard Hoffmann, Geschichte und Ideologie: Der Berliner Antisemitismusstreit 1879/81, in: Wolfgang Benz, Werner Bergmann (Hrsg.), Vorurteil und Völkermord. Entwicklungslinien des Antisemitismus, Bonn 1997, S. 219-251.
4 Walter Boehlich (Hrsg.), Der Berliner Antisemitismusstreit, Frankfurt/M. 1965, zweite Aufl. 1988.
5 Winfried Baumgart (Hrsg.), Kaiser Friedrich III. Tagebücher 1866-1888, Paderborn 2012, S. 373.

6   Daniela Weiland, Otto Glagau und „Der Kulturkämpfer". Zur Entstehung des modernen Antisemitismus im frühen Kaiserreich, Berlin 2004; Moshe Zimmermann, Wilhelm Marr. The Patriarch of Anti-Semitism, New York/Oxford 1986.
7   Günter Brakelmann/Martin Greschat/Werner Jochmann, Protestantismus und Politik. Werk und Wirkung Adolf Stoeckers, Hamburg 1982; Grit Koch, Adolf Stoecker 1835-1909. Ein Leben zwischen Politik und Kirche, Erlangen, Jena 1993; Dietrich von Oertzen, Adolf Stoecker. Lebensbild und Zeitgeschichte, 2 Bände, Berlin 1910.
8   Wolfgang Benz (Hrsg.), Die „Judenfrage". Schriften zur Begründung des modernen Antisemitismus 1780 bis 1918. Mikrofiche Edition München 2003.
9   Doris Mendlewitsch, Volk und Heil. Vordenker des Nationalsozialismus im 19. Jahrhundert, Rheda-Wiedenbrück 1988, S. 18-50.
10  Anja Lobenstein-Reichmann, Houston Stewart Chamberlains rassentheoretische Geschichts-„philosophie", in: Werner Bergmann/Ulrich Sieg (Hrsg.), Antisemitische Geschichtsbilder, Essen 2009, S. 139-166.
11  Geoffrey G. Field, Evangelist of race. The Germanic vision of Houston Stewart Chamberlain, New York 1981.
12  David Clay Large, Ein Spiegelbild des Meisters? Die Rassenlehre von Houston Stewart Chamberlain, in: Dieter Borchmeyer u. a. (Hrsg.), Richard Wagner und die Juden, Stuttgart 2000, S. 144-159.
13  Dieter Borchmeyer, Ami Maayani, Susanne Vill (Hrsg.), Richard Wagner und die Juden, Stuttgart 2000.
14  Massimo Ferrari Zumbini, Die Wurzeln des Bösen. Gründerjahre des Antisemitismus: Von der Bismarckzeit zu Hitler, Frankfurt/M. 2003.

# 4. Gesellschaft und Judenfeindschaft in Europa

Der Antisemitismus im wilhelminischen Kaiserreich war keine singuläre Erscheinung und kein deutsches Charakteristikum. In Österreich entwickelte sich vor ähnlichem sozialen und ökonomischen Hintergrund der Antisemitismus als politische Bewegung in den 1880er Jahren, und zwar zunächst von der gesellschaftlichen Peripherie, dem Kleinbürgertum, aus. Die erste organisatorische Basis fanden die Antisemiten in Handwerksgenossenschaften und Innungen.[1] Im Reichsrat agierte der Alldeutsche Georg Ritter von Schönerer als Protagonist der Judenfeindschaft. Der Abgeordnete Karl Lueger war die charismatische Integrationsfigur der christlichsozialen Partei. Ähnlich wie Stoecker in Berlin instrumentalisierte er Judenfeindschaft in einer antiliberalen und antisozialistischen Sammlungspolitik. Anders als im Deutschen Reich war die Demagogie der österreichischen antisemitischen christlichsozialen Partei jedoch erfolgreich. Lueger wurde, nachdem seine Anhänger 1895 die Mehrheit im Wiener Gemeinderat errungen hatten, 1897 Bürgermeister. Über seinen kommunalpolitischen Meriten wird bis heute marginalisiert, daß sie ohne den manipulativen Antisemitismus, der durch Appell an Emotionen die christlichsozialen Anhänger zusammenkittete, nicht möglich gewesen wären.[2]

In Frankreich, das seiner kleinen jüdischen Minderheit (80 000 Menschen, was 0,02 % der Bevölkerung entsprach) 1791 im Zuge der Französischen Revolution die Bürgerrechte gewährt hatte,[3] gab es antisemitische Strömungen aus unterschiedlichen Motiven. Während die sephardischen Juden in Südfrankreich kaum auf Integrationsprobleme stießen, waren die aschkenasischen Juden im Nordosten verschiedenen Anfeindungen ausgesetzt, die teils aus christlich-katholischen Wurzeln kamen, teils auf den Rassismus zurückgingen wie ihn Gobineau begründete und Edouard Drumont in seiner Schrift „La France Juive" 1886 propagierte. Ein Spezifikum Frankreichs war die Tatsache, dass Judenfeindschaft auch unter Sozialisten populär war. Antisemitismus war ein Integrationsfaktor für die nationalistische und klerikale Opposition gegen die Dritte Republik als moderner kapitalistischer, säkularisierter Staat.

Der französische Antisemitismus, ungleich aggressiver als die wortradikale deutsche Ausprägung, kulminierte in der Dreyfusaffäre, die ab 1894 jahrelang die Öffentlichkeit in Atem hielt und polarisierte.

### Die Dreyfus-Affäre

Am 22. Dezember 1894 verurteilte ein Kriegsgericht in Rennes den aus dem Elsass stammenden jüdischen Artilleriehauptmann Alfred Dreyfus wegen Landesverrats zur Höchststrafe: Degradierung und lebenslange Deportation in die französische Strafkolonie vor der Küste Französisch-Guayanas. Die Strafe wurde alsbald vollzogen, ab April 1895 saß Dreyfus in Einzelhaft auf der Teufelsinsel. Zur Last gelegt wurde ihm, Informationen über ein neues Waffensystem an Deutschland verraten zu haben. Als Beweisstück diente ein Brief, den eine französische Agentin in der Rolle einer Putzfrau der Deutschen Botschaft aus dem Papierkorb gezogen und dem französischen Geheimdienst übergeben hatte.

Die antisemitische Stimmung im Generalstab fand in Dreyfus einen willkommenen Schuldigen, der in einem dubiosen Prozess ohne weitere Beweise zum Opfer gemacht wurde. Der Skandal setzte sich in dramatischer Weise fort, als im März 1896 der wirkliche Vaterlandsverräter, der verschuldete Generalstabsoffizier Ferdinand Walsin-Esterházy entdeckt wurde. Er wurde 1898 zwar angeklagt, aber freigesprochen, weil er Protektion genoss und weil das Eingeständnis, der jüdische Hauptmann Dreyfus sei zu Unrecht verurteilt worden, vermieden werden sollte. Eine Kamarilla von Offizieren fälschte neue „Beweise" gegen Dreyfus, unterstützt von der antisemitischen Presse. Am 13. Januar 1898, zwei Tage nach dem Freispruch Esterházys, veröffentlichte der Schriftsteller Emile Zola den berühmten Brief „J'accuse ...!" an den französischen Präsidenten Faure, in dem er den „unausstehlichen Antisemitismus" anklagte, „an dem das große liberale Frankreich der Menschenrechte sterben" werde. Konservative Politiker, katholische Antisemiten und die Armee begannen ein Kesseltreiben gegen Zola, der von Republikanern und Sozialisten unterstützt wurde. Einer Haftstrafe entzog sich Zola durch Flucht nach London.

Die Affäre Dreyfus spaltete nun im Namen von Autorität und Staatsräson einerseits und der Forderung nach Rechtsstaatlichkeit andererseits die Nation. „Dreyfusards", die 1898 eine „Ligue française pour la defénse des droits de l'homme et du citoyen" gründeten, standen den „Antidreyfusards" gegenüber, die – ihre antisemitischen Gefühle ausagierend – darauf bestanden, den jüdischen Hauptmann der Staatsautorität zu opfern. Das Kriegsgericht in Rennes rollte den Prozess 1899 zwar wieder auf, aber nur um Dreyfus unter Zubilligung mildernder Umstände erneut zu verurteilen. Der neue Staatspräsident Émile Loubet bot Dreyfus die Begnadigung unter der Bedingung des Verzichts auf Revision an. Dreyfus akzeptierte im September 1899. Erst 1905 ordnete, nachdem 1902 erstmals eine linke Regierung in Paris amtierte, der Kriegsminister Berteaux die Revision des Dreyfus-Prozesses an. 1906 wurde er freigesprochen, vollkommen rehabilitiert und unter Beförderung zum Major wieder in die Armee aufgenommen sowie zum Ritter der Ehrenlegion ernannt.

Der Antisemitismus, den Edouard Drumont in seiner Zeitung „La libre parole" öffentlichkeitswirksam propagierte, der Antijudaismus der Katholischen Kirche, Kastengeist und reaktionäre Gesinnung der Militärs kristallisierten sich in der Affäre Dreyfus und führten zu einer Staatskrise, auf deren Höhepunkt die „Antidreyfusards" 1899 einen Militärputsch planten. Die Staatskrise der Dritten Republik endete mit einem Sieg der Republikaner über Klerikale, Nationalisten und Antisemiten. Der

Antisemitismus als antimoderne politische Bewegung erlitt in Frankreich eine bedeutende Niederlage, ohne indes vollständig zu verschwinden.[4] Ein letzter Ausläufer des politischen Erdbebens und der Erschütterung der französischen Gesellschaft ereignete sich bei der Beisetzung Emile Zolas 1908 im Pariser Pantheon: Ein rechtsradikaler Journalist schoss auf den anwesenden Alfred Dreyfus und verletzte ihn am Arm (Dreyfus starb von der Öffentlichkeit unbeachtet 1935).[5]

## Pogrome im Zarenreich

Als Synonym für virulenten und gewaltsamen Antisemitismus galt am Ende des 19. Jahrhunderts Russland. Juden im Ansiedlungsrayon im Westen des Landes lebten, regelmäßig von Pogromen heimgesucht, in Armut und rechtlicher Unsicherheit. Nach der Ermordung des Zaren Alexander II. (1881) nahmen die Verfolgungen an Intensität zu. Die russischen Juden(de facto waren es großenteils polnische Juden unter russischer Herrschaft) lebten bis zum Ersten Weltkrieg als randständige, von jedem gesellschaftlichen Status und damit von adäquaten Erwerbs- und Aufstiegschancen ausgeschlossene rechtlose Minderheit. Pogrome waren an der Tagesordnung. Ohne die für Deutschland und Frankreich typischen rassistischen und nationalistischen Komponenten war Antisemitismus ein Instrument russischer Politik. Orthodoxe Unaufgeklärtheit und schwärmerische Frömmigkeit bildeten den Nährboden für eine Judenfeindschaft, die sich für vieles instrumentalisieren ließ und deren traditionelle antijudaistischen topoi sich mit neuen antisemitischen Vorurteilen aus deutschen Quellen speisten. Die Schriften von Wilhelm Marr und Theodor Fritsch waren Anfang der 1880er Jahre in Russland bekannt und wurden, ebenso wie die Kongresse der Antisemiten-Liga in Deutschland, zur Kenntnis genommen.

An den Ostertagen des Jahres 1903, am 6. und 7. April, ereignete sich in Kischinew (heute Chișinău), der Hauptstadt des russischen Gouvernements Bessarabien (heute Moldawien), der bislang schlimmste Pogrom in einer Serie von Ausschreitungen gegen die jüdische Bevölkerung im russischen Ansiedlungsrayon.[6] Die Katastrophe war durch antisemitische Artikel in der Zeitung ‚Bessarabetz' angekündigt, Flugblätter und Plakate waren in der Stadt verbreitet worden, sie suggerierten den Nichtjuden – das waren etwas mehr als die Hälfte der 109 000 Einwohner der Stadt – es gebe einen Ukas des Zaren, der es den Christen während der drei heiligen Ostertage erlaube, „mit den Juden ein blutiges Gericht zu halten".

Intellektueller Urheber und Organisator war der Journalist Pawel Kruschewan, der die Zeitung ‚Bessarabetz' Ende der neunziger Jahre gegründet und zum Forum der Hetze gegen die Juden gemacht hatte. Jahrelang schrieb das Blatt gegen die „Blutsauger, Betrüger, Parasiten und Ausbeuter der christlichen Bevölkerung" und unterfütterte schließlich die Vorwürfe gegen die Juden im März 1903 mit einer Ritualmordlegende, die sich im benachbarten Dubossary ereignet haben sollte.

Dass Exzesse gegen die Juden bevorstanden, war Stadtgespräch in Kischinew, aber der Gouverneur und der Polizeichef, ebenso der Bischof, von den Juden um Schutz angegangen, wiegelten ab und verbargen ihre eigenen Antipathien nicht. Am Ostersonntag, der zugleich Pessach war, nahm der Pogrom seinen Lauf: Ab Mittag attackierte eine Bande zehn- bis fünfzehnjähriger christlicher Jungen Juden und jüdische Geschäfte. Die Polizei verjagte die Buben, verhaftete jedoch niemand.

Derartige Reaktionen der Ordnungshüter waren überall Bestandteil des inszenierten Pogromgeschehens. Die Beiläufigkeit des Handelns, das Nichteinschreiten gegen Exzesstäter oder die vorübergehende Abwesenheit charakterisierten die Situation. Das Verhalten der Polizei ermutigte die Täter. Gegen drei Uhr nachmittags erschien auf dem Platz Nowyi-Bazar ein Haufen Männer, in rote Hemden gekleidet, die Festtracht der russischen Arbeiter. Die Leute brüllten: „Tod den Juden! Schlaget die Juden!" Die Männer, einige hundert, teilten sich in 24 Abteilungen zu etwa 10 bis 15 Mann und zerstörten und plünderten systematisch und gleichzeitig in allen Teilen der Stadt die jüdischen Häuser und Läden. Die Juden wurden ihrer Wertsachen und des Geldes beraubt. Im Stadtgarten musizierten Kapellen, in die Klänge der Musik mischte sich das Gebrüll der Exzedenten und das Geräusch der Zerstörung. Die elegante Welt fuhr in Wagen vorüber, um sich an dem Schauspiel zu weiden. Andere standen in den Türen ihrer Häuser und sahen der Arbeit der Pogromstschiki zu, halfen ihnen auch, wenn es nottat. Am Spätnachmittag wurde ein Jude aus einer Trambahn geworfen und auf der Straße erschlagen.

Das Signal, dass die Pogromtäter nichts zu befürchten hatten, ging vom Polizeichef aus. Er war unterwegs, um Visiten zu machen. Sein Wagen wurde umringt, und man fragte ihn, ob man die Juden erschlagen dürfe. Dass er darauf nichts erwiderte, wurde als Zeichen des Einverständnisses genommen. Auch der orthodoxe Bischof erweckte den Eindruck, als billige er das Geschehen: Er fuhr im Wagen und gab den Randalierern den Segen – ob gewohnheitsmäßig oder bewusst, die Geste ließ sich als Einverständnis interpretieren. Der Pogrom, zu dem am Abend des ersten Tages auswärtige Fanatiker stießen, junge Großrussen, die bewaffnet und in einheitliche Tracht, wie sie die Arbeiter trugen, gekleidet wurden, ging am folgenden Tag weiter. Inzwischen waren jüdische Wohnungen und Geschäfte markiert und die Stadt in Aktionsfelder eingeteilt worden. Während der Gouverneur am Morgen erklärte, er müsse Befehle aus St. Petersburg abwarten, vorher könne er nichts tun, schlugen die Pogromisten wieder zu. Zur Bilanz des zweitägigen Wütens gehören 49 getötete Juden und Hunderte Verletzte. 800 Häuser und Läden waren geplündert und demoliert und viele weitere Gebäude beschädigt, der materielle Schaden wurde mit zwei Millionen Rubel beziffert.[7]

Die Ereignisse von Kischinew, die andernorts vielfach Nachahmungstäter ermunterten, hatten ein Jahr später ein gerichtliches Nachspiel. Der Prozess fand unter Ausschluss der Öffentlichkeit statt, denn angeklagt war die Obrigkeit, die es immerhin vermocht hatte, mit militärischem Einsatz den Pogrom schlagartig zu beenden. Im Prozess kamen die Details der Vorbereitung und

Durchführung zur Sprache. Beweise wurden angeführt, etwa die Flugblätter, in denen es hieß: „Für die Juden gibt es kein Gesetz, man kann mit ihnen machen, was man will", oder ein Aufruf mit der Forderung: „Es ist sogar notwendig, die Juden zu schlagen, denn die Juden sind Revolutionäre und Feinde der Regierung und als solche dem Tode preisgegeben".

Angeklagt waren der Generalgouverneur, der Vizegouverneur und die Spitzen der Polizei wegen Tatenlosigkeit. Sieben jüdische Bürger beanspruchten Schadenersatz, ihre Klagen begründeten die Advokaten Winawer und Slinberg in ausführlichen Plädoyers. Die Verhandlung fand am 13. Mai 1904 statt. Nach einstündiger Beratung sprach das Gericht die Angeklagten frei mit der Begründung: „Es war ein Ereignis, das durch die kulturhistorische Judenverfolgung verursacht wurde. Die Angeklagten haben zur Abwehr der Unruhen keine andern Mittel anwenden können, als solche, die sie zur Anwendung gebracht haben." Die Forderung der Kläger auf Schadenersatz wurde abgelehnt, dagegen wurden ihnen sämtliche Verfahrenskosten auferlegt.[8]

Mehr als hundert Jahre später, am 13. Dezember 2009, fand im gleichen Ort, im Zentralpark in Chișinău, wieder eine antisemitische Demonstration statt. Eine Gruppe von 100-200 orthodoxen Christen unter Leitung des Erzpriesters Anatol Cibric entfernte den Chanukka-Leuchter, den die Jüdische Gemeinde mit ausdrücklicher Genehmigung des Bürgermeisteramtes zwei Tage vorher zur Feier des Chanukka-Festes aufgestellt hatte. Die orthodoxen Christen behaupteten, so der Erzpriester Cibric, damit einen „Angriff des jüdischen Volkes" abzuwehren. Es sei eine Provokation, in der Nähe des Denkmals des Nationalheiligen Stefan-cel-Mare ein jüdisches Symbol zu zeigen. Anstelle des Leuchters errichteten die Gläubigen ein orthodoxes Kreuz. Die Polizei griff nicht ein, die moldawisch-orthodoxe Kirche gab keine Stellungnahme ab. Die Regierung verurteilte den Vorfall, die kommunistische Opposition erinnerte an den Pogrom von 1903.

Ohne die religiöse und die für Deutschland und Frankreich typischen rassistischen und nationalistischen Komponenten war Judenfeindschaft ein Instrument antimoderner russischer Politik.⁹ Die von der zaristischen Geheimpolizei produzierten „Protokolle der Weisen von Zion" als angebliches Beweisdokument jüdischer Weltverschwörung waren ein Element der Juden diffamierenden Politik im Zarenreich, sie wurden darüber hinaus zum Referenztext des Antisemitismus mit weltweiter Verbreitung und andauernder Aktualität.¹⁰

## Die „Protokolle der Weisen von Zion"

Herrmann Ottomar Friedrich Goedsche, 1815 geboren, preußischer Postsekretär außer Diensten und 1848-1874 Redakteur der ultrakonservativen preußischen Kreuzzeitung, hat in der Literaturgeschichte einen wenig ehrenvollen Platz allenfalls in den niederen Rängen. Viele seiner anonym und unter wechselnden Pseudonymen publizierten Werke sind verschollen und vergessen. Zwischen 1855 und 1880 erschienen, als Monumente der Trivialliteratur im Zeitgeschmack, die 35 Bände „Historisch-politische Romane aus der Gegenwart". Goedsches Markenzeichen für diese, vom Publikum goutierte und ebenso umfangreiche wie literarisch anspruchslose Produktion lautete Sir John Retcliffe. Die Romane waren ein wirkungsvoller Versuch, einer breiten Leserschaft anti-aufklärerische und antiliberale Überzeugungen als geschlossenes Weltbild zu vermitteln. Es handelte sich dabei um die Fortsetzung reaktionärer Agitation mit gefälligerem Instrumentarium als jener platten „Frivolität und Gemeinheit", den bevorzugten Stilmitteln des Journalisten Goedsche, gegen die auch die konservativen Leser der Kreuzzeitung immer wieder aufbegehrt hatten.¹¹

Goedsche alias Retcliffe, der 1878 in seiner Heimat Schlesien starb, ist später zu Recht mit seinem Werk untergegangen, aber ein Kapitel daraus hat als Plagiat überdauert. Es ist die nächtliche Szene auf dem Prager Judenfriedhof, eine Inkunabel des Konstrukts der „jüdischen Weltverschwörung". Erstmals 1868 erschienen, fasst die Szene auf dem Prager Judenfriedhof gängige Topoi zusammen, die jedermann mit Kenntnissen aus Christenlehre und Religionsunterricht assoziativ einordnen konnte: Die zwölf Stämme Israels, der Hohe Rat der Juden, die Auserwähltheit des jüdischen Volkes, die „Geheimwissenschaft der Kabbala". Im mystischen Dunkel geheimbündlerischer Umtriebe treffen sich alle hundert Jahre Vertreter der zwölf jüdischen Stämme am Grabe „des Meisters der Kabbala" Simeon bei Jehuda in Prag, um Rat zu halten und den Stand jüdischer Welteroberung zu erörtern. Die Stämme Israels sind mit den Namen moderner europäischer Metropolen verknüpft und zeigen damit die vermutete Durchdringung der Welt nach jüdischem Anspruch. Der Romanautor lässt das mitternächtliche Treffen durch zwei christliche Zuschauer beobachten und bringt das Kunststück fertig, die ganze politische und ökonomische Entwicklung Mitte des 19. Jahrhunderts kausal auf organisierte Aktivitäten der jüdischen Minderheit in Europa zurückzuführen. Die Verbindung von Verschwörungsmystik und erklärungsbedürftigen aktuellen Problemen der Zeit ist so wirkungsvoll, dass die fiktive Szene Eigenleben gewinnt, als Realität genommen und literarisch kolportiert wird.

Die Ansprache des Vorsitzenden aus dem Stamme Levi enthält als zentrale Botschaft die Begründung des Anspruchs auf jüdische Weltherrschaft: „Die weisen Männer unseres Volkes leiten den Kampf seit Jahrhunderten, und Schritt um Schritt erhebt sich das Volk Israels von seinem Sturz, und gewaltig ist die Macht geworden, die es offen und geheim ausübt bereits über die Throne und Völker; denn unser ist der Gott der Erde, den Aaron uns tröstend gemacht in der Wüste, das goldene Kalb, vor dem sich beugen die Abtrünnigen! [...] Wenn alles Gold der Erde unser ist, ist alle Macht unser. Dann ist die Verheißung, die Abraham gegeben ward, erfüllt. Das Gold ist das neue Jerusalem – es ist die Herrschaft der Welt. Es ist Macht, es ist Vergeltung, es ist Genuß – also alles, was die Menschen fürchten und wünschen. Das ist das Geheimnis der Kabala, der Lehre von dem Geist, der die Welt regiert, von der Zukunft! Achtzehn Jahrhunderte haben unseren Feinden gehört – das neue Jahrhundert gehört Israel".[12] Schwülstige Diktion und pompöse Phraseologie sind als Stilmittel eingesetzt, sie dienen der Suggestion, wie der Leser sich den Diskurs unter Hohepriestern vorzustellen hat. Die „Enthüllung aus der jüdischen Welt" soll glaubwürdig und authentisch wirken, sie ebnet der trivialliterarischen Fiktion den Weg zum „Dokument". 1881 erscheint die Geschichte auch in eigener Form, als Rede eines „Großrabbiners in geheimer Versammlung", in einer französischen Zeitschrift. Übersetzungen in viele europäische Sprachen folgen. Sie begründen eine Sonderform des Falsifikats über die jüdische Weltverschwörung.

Der Agitator Goedsche hat den Mythos von der jüdischen Weltverschwörung nicht erfunden, aber er hat erheblich dazu beigetragen, die Denkfigur populär zu machen, weil er eine literarische Schablone liefert, die unbegrenzt genutzt werden kann. Es brauchte freilich noch weitere Ingredienzen und es bedurfte mehrerer Hände, um das säkulare „Beweisdokument" über das vermeintliche Streben der Juden nach Weltherrschaft, die „Protokolle der Weisen von Zion" zu fabrizieren. Zum Fond der Verschwörungstheorie steuerte 1797 Abbé Augustin Barruel bei, der die Französische Revolution als Inszenierung von Freimaurern und Philosophen erklärte, wogegen Polizeiminister Fouché die Enthüllungen eines Hauptmanns Jean Baptiste Simonini in Auftrag gab. Zur Schärfung der judenfeindlichen Tendenz des Verschwörungs-Konstruktes tat auch ein angeblicher Brief der jüdischen Gemeinde von Arles an die Juden von Konstantinopel aus dem Jahr 1489 Dienste, nicht weniger trugen etliche esoterische Schriften vom Anfang des 19. Jahrhunderts über das drohende Erscheinen des Antichrist bei, aber auch Alexandre Dumas durch seinen Roman Giuseppe Balsamo, der von einem Komplott der Illuminaten handelt, das Goedsche in die Judenverschwörung des Prager Friedhofs verwandelte.

Das infamste Plagiat, bei dem der ursprüngliche Text gar in sein Gegenteil verdreht wurde, bestand in der Verwendung eines Buches von Maurice Joly, das 1864 in Brüssel erschienen war.[13] Der Dialog zwischen Montesquieu und Machiavelli in der Unterwelt über Liberalismus und Despotie war eine Streitschrift gegen das autoritäre Regime Napoleons III. Von der Zensur nach Erscheinen verboten, war die Schrift Jolys bald vergessen, der Autor kam ins Gefängnis, er beging später Selbstmord. Die Angelegenheit wäre damit erledigt gewesen, hätte nicht sein Text unter ganz neuen Vorzeichen mit entgegengesetzter Tendenz Eigenleben entwickelt.

Das Elaborat wurde unter dem Titel „Die Protokolle der Weisen von Zion" bekannt, wobei trotz philologischer und historischer Forschung und gründlicher juristischer Beweiserhebung die Urheber des Pamphlets – im Gegensatz zu den Verbreitern – im Dunkeln blieben. Die Spuren führen nach Russland und Paris. Der russische Finanzminister Sergej Witte war als Modernisierer, der kurz vor der Jahrhundertwende die russische Wirtschaft durch Aufhebung der tradierten Agrarordnung zu reformieren begann, Ziel heftiger Angriffe des reformbedrohten Landadels. Möglicherweise diente Jolys Satire auf Napoleon III. am Ende des Jahrhunderts Feinden Wittes als Vorlage zu einer Streitschrift. Der Historiker Norman Cohn hat einen solchen Feind in der Person des Russen Elie de Cyon, der als Journalist in Paris lebte, namhaft gemacht und eine weitere Hypothese aufgestellt, nach der ein notorischer Fälscher und politischer Abenteurer, der zeitweise das Pariser Büro der zaristischen Geheimpolizei „Ochrana" leitete, Pjotr Iwanowitsch Ratschkowski, anschließend im Auftrag Wittes den Spieß umdrehte und die antisemitische Fälschung aus der jetzt schon mehrfach verwendeten und veränderten Vorlage fabrizierte. Die Motive bleiben so unklar wie die Beweise für die Entstehungs-Hypothese Norman Cohns[14] fehlen. Es gibt freilich auch keine plausibleren Erklärungen.

Die Entstehungsgeschichte der Schrift ist aber, und dasselbe gilt für die besser belegte Textgeschichte, weitaus weniger relevant als die Wirkungsgeschichte. Fest steht, dass die „Protokolle der Weisen von Zion" mit etlichen Varianten sowohl des Textes wie des Titels kurz vor dem Ende des 19. Jahrhunderts – wohl 1898 – entstanden sind und rasch große Verbreitung fanden.

Den Kern der Verschwörungslegende bildet das Streben einer geheimen jüdischer Verbindung, einer Art Untergrundregierung, nach Weltherrschaft, die insbesondere mithilfe von Liberalismus und Demokratie durch Zersetzung überkommener (autoritärer) Strukturen herbeigeführt werden soll. Essentiell, auch für die Wirkung des Konstrukts, ist die Vermutung, dass die jüdische Geheimgesellschaft als Exponent der Gesamtheit aller Juden agiert. Das stigmatisiert jeden einzelnen Juden als Teil einer gefährlichen Verschwörung und macht das Pamphlet zur schlimmsten Waffe des Antisemitismus.

Die Legende ist – entsprechend der propagandistischen Notwendigkeit, leicht fassliche Welterklärungen zu bieten – einfach gestrickt. Die angebliche jüdische Generalabsicht wird in Schlüsselsätzen verkündet: „In den Händen der gegenwärtigen Regierungen befindet sich eine große Macht, welche die Gedankenbewegung im Volke hervorruft, – die Presse. Sie hat die Aufgabe, auf angeblich notwendige Forderungen hinzuweisen, die Klage des Volkes zum Ausdruck zu bringen, Unzufriedenheit zu äußern und zu erwecken. In der Presse verkörpert sich der Triumph des Geredes von der Freiheit. Aber die Regierungen verstanden es nicht, diese Macht zu benutzen, und so fiel sie in unsere Hände. Durch die Presse kamen wir zu Einfluß und blieben doch selbst im Schatten; dank ihr haben wir Berge von Gold in unsere Hände gebracht, ohne uns darum zu kümmern, daß wir es aus Strömen von Blut und Tränen schöpfen mußten."[15]

Technik und Methode der „jüdischen Verschwörer" werden an einem weiteren Beispiel – auch dies wie der ganze Text im Bekennerton deklamiert – deutlich: „Um die Machthaber zum Mißbrauche ihrer Gewalt zu veranlassen, haben wir alle Kräfte gegen einander ausgespielt, indem wir ihr liberales Streben nach Unabhängigkeit entwickelten. Wir suchten in diesem Sinne jegliche Unternehmenslust zu beleben, wir rüsteten alle Parteien aus, wir machten die herrschende Macht zur Zielscheibe allen Ehrgeizes; aus den Staaten machten wir Kampfplätze, auf denen sich Aufstände abspielen; nur noch wenig Geduld, und die Aufstände und Zusammenbrüche werden eine allgemeine Erscheinung bilden. Unermüdliche Schwätzer haben die Sitzungen der Volksvertretungen und der Staatsverwaltung in Schauplätze für Rednerturniere verwandelt. Freche Zeitungsschreiber, gewissenlose Schmähschriftsteller fallen täglich über die Vertreter der Regierung her. Der Mißbrauch der Macht lockert schließlich die Grundstützen des Staates und bereitet ihren Zusammenbruch vor. Alles wird unter den Schlägen einer aufgepeitschten Masse zertrümmert werden."[16] Antiegalitäre Affekte gegen „die Massen" sind mit antidemokratischen und antiliberalen Motiven (Argwohn gegen Volksvertretung und Presse) amalgamiert und bedienen verbreitete reaktionäre Vorurteile.

Die „Macht der Verschwörer" ist in Drohungen dokumentiert, die das Bild vom Staat im Staat bzw. die unbegrenzte überstaatliche Potenz einer geheimen Weltregierung projizieren: „Wir sind außerdem Meister der Kunst, die Massen und einzelne Persönlichkeiten durch geschickte Bearbeitung in Wort und Schrift, durch gewandte Umgangsformen und allerlei Mittelchen, von denen die Nichtjuden keine Ahnung haben, nach unserem Willen zu leiten. Unsere Verwaltungskunst beruht auf schärfster Beobachtung und Zergliederung, auf solchen Feinheiten der Schlußfolgerung, daß niemand mit uns in Wettbewerb treten kann. Auch in der Anlage unserer staatsmännischen Pläne und in der Geschlossenheit und Macht unserer Geheimbünde kann sich niemand mit uns messen. Nur die Jesuiten könnten allenfalls mit uns verglichen werden; doch wir verstanden es, sie in den Augen der gedankenlosen Massen herabzusetzen, weil sie eine sichtbare Körperschaft bilden, wir selbst aber mit unserer geheimen Körperschaft im Schatten blieben. Ist es übrigens für die Welt nicht gleichgültig, wer sie beherrscht: das Haupt der katholischen Kirche oder unser Gewaltkönig vom Blute Zion? Für uns, das auserwählte Volk, ist das freilich durchaus nicht gleichgültig."[17]

Antimodernistische Affekte werden, in Verbindung mit der Unterstellung ökonomischer Penetration der Welt durch jüdisches Kapital, in Gang gesetzt mit der kuriosen Vorstellung vom letzten Machtmittel der Juden, das sie anwenden wollen, wenn ihre Pläne fehlschlagen sollten: „Sie könnten einwenden, daß die Nichtjuden mit der Waffe in der Hand über uns herfallen werden, sobald sie vor der Zeit entdecken, wie alles zusammenhängt. Für diesen Fall haben wir ein letztes, furchtbares Mittel in der Hand, vor dem selbst die tapfersten Herzen erzittern sollen. Bald werden alle Hauptstädte der Welt von Untergrundbahnen durchzogen sein. Von ihren Stollen aus werden wir im Falle der Gefahr für uns die ganzen Hauptstädte mit allen Einrichtungen und Urkunden in die Luft sprengen."[18]

Das Pamphlet mit der „Rede des Oberrabbiners", jene Nebenfrucht des Romans von Goedsche, war um die Jahrhundertwende in Russland weit verbreitet.[19] Russische Rechtsextremisten ließen sich aus den Magazinen deutscher Antisemiten munitionieren und den deutschen Reaktionären galten die Zustände des Zarenregimes als politisches Ideal. Der 1905 gegründete protofaschistische „Verband des russischen Volkes" mit seinen paramilitärischen Formationen der „Schwarzen Hundert" kämpfte mit antisemitischen Parolen für die Autokratie von Zarenherrschaft und orthodoxer Kirche und suchte mit Ausfällen gegen Intellektuelle und sozialdemagogischen Forderungen breite Volksschichten zu gewinnen. Regierungen und Geheimdienst alimentierten den Verband, weil sie sich davon Schutz vor der Revolution erhofften und die Schwarzhunderter erfreuten sich des Wohlwollens des Zaren. Die Agitation, die Pogrome zur Folge hatte, arbeitete mit Vorwürfen und Schuldzuweisungen an die Juden als Ausbeuter der Arbeiter und Bauern, als Wucherer, Kapitalisten und Revolutionäre, ihnen wurde unterstellt, sie strebten nach Herrschaft und sie stünden mit den Freimaurern im Bunde.

Zum Umkreis des rechtsradikalen „Verbands des russischen Volkes" gehörte der Mann, der die Verbreitung der „Protokolle" erfolgreich ins Werk setzte, Sergej Alexandrowitsch Nilus. 1862 in Moskau als Sohn eines Gutsbesitzers im Gouvernement Orel geboren, hatte er Jura studiert, war kurze Zeit im Staatsdienst gewesen. Er war gebildet und sprach gut deutsch, französisch und englisch. Um die Jahrhundertwende geriet er „in den Sog der damals in Rußland weit verbreiteten mystisch-apokalyptischen Stimmungen und Strömungen"[20] und immer stärker in das Fahrwasser kulturpessimistischer Sektierer. Er stand unter dem Einfluss des Erzpriesters Joan von Kronstadt, der als Antisemit, Wunderheiler, Dämonenaustreiber, Hellseher, Prediger weithin berühmt war.

Nilus befand sich gern auf Pilgerreisen und lebte 1901-1912 im Umfeld des Klosters Optina, wo er sich schriftstellernd im Genre mystischer Erbauungs- und Erweckungsliteratur betätigte. Sein folgenreichstes Buch erschien erstmals 1903 unter dem Titel „Das Große im Kleinen", es war eine Kompilation aus okkulten Traumgeschichten, Skizzen aus dem Klosterleben, Beschreibungen von Wundern. Das Buch war erfolgreich und bald vergriffen. Im Dezember 1905 erschien eine stark veränderte Neuausgabe, die als Anhang erstmals den Text der „Protokolle der Weisen von Zion" enthielt.

Inzwischen war der Verfasser anscheinend auch Akteur einer Hofintrige geworden. Um den Einfluss fremder Scharlatane bei Hof zu brechen, sollte Nilus als Konkurrent des französischen Martinisten Philippe aufgebaut werden, dazu gehörte auch ein Heiratsprojekt mit der ehemaligen Hofdame Elena Alexandrowa Oserowa, einer Vertrauten der Zarin. Nilus bereitete sich auf den Priesterstand vor, eine Karriere als geistlicher Berater und Beichtvater des Zaren vor Augen. Die Verweigerung der Priesterweihe durch den Kazaner Erzbischof nach Enthüllungen über das Vorleben Nilus' beendete den Traum, nicht aber die schriftstellerische Wirksamkeit, die neben Heiligenviten und anderer frommer Prosa 1911 eine dritte Auflage des Buches „Das Große im Kleinen" zeitigte, in der die apokalyptische Tendenz und der antisemitische Charakter durch die erhebliche Erweiterung des Teiles, der die Protokolle enthielt, zum Ausdruck kamen.

Nilus' Schreiben und Treiben nahm immer wahnhaftere Züge an, ist aber weiter nicht mehr von Belang, da sich inzwischen sein Werk, genauer der antisemitische Teil desselben, verselbständigt und auch den Weg in den Westen gefunden hatte. Nilus' Sohn Sergej konnte am Ende des Ersten Weltkrieges nach Deutschland gelangen und fand dort Verbindungen zur deutschen Rechten. Der Vater starb im Januar 1929 an einem Herzanfall. Revolution,

Bürgerkrieg und Terror hatte Nilus trotz mehrmaliger Verhaftung und einiger Gefängnisaufenthalte einigermaßen überstanden.

Wann und unter welchen Umständen Nilus in den Besitz der „Protokolle" gelangte, steht ebenso wenig fest, wie die genauen Umstände ihrer Entstehung bekannt sind. Die obskure Herkunft des Textes und die trüben Quellen haben zahlreiche Autoren zu Spekulationen verführt, die wenig Licht in das Dunkel brachten, aber eine ständig wachsende Literatur hervorbringen, und nicht wenige Autoren sind dabei der Faszination des obskuren Sujets erlegen, das seine Wirkung aus der Verwischung der Grenzen von Fiktion und Realität bezieht.[21]

Im deutschen Sprachraum sind die Protokolle im Juli 1919 aufgetaucht, publiziert im völkischen Verlag „Auf Vorposten", herausgegeben (im Auftrag des „Verbands gegen Überhebung des Judentums e.V.") von Gottfried zur Beek, der mit richtigem Namen Ludwig Müller von Hausen hieß und gleichzeitig der Verleger war. Das Buch erreichte bis 1923 acht Auflagen, die neunte erschien 1929 im Parteiverlag der NSDAP. Im Vorwort von 1929 hieß es „das kommende nationalsozialistische Großdeutschland wird dem Judentum die Rechnung präsentieren, die dann nicht mehr mit Gold zu bezahlen ist".[22]

Beek/Müller ging in seiner Einführung ausführlich auf die Fälschungsvorwürfe ein, erklärte das Buch von Joly als Vorläufer im gleichen Geist, es sei „tatsächlich ein Vorgänger der Geheimnisse der Weisen von Zion und gestattet uns einen ausgezeichneten Einblick in die jüdische Verschwörerkunst"[23]. Im Übrigen sei Joly selbst Jude. Die Anklänge an Goedsche alias Retcliffe wurden abgetan, da nicht wörtlich zu belegen. Beek/Müller führte aber zum Beweis der „Echtheit" einen Zeugen ein, der die Protokolle „schon vor 25 Jahren in hebräischer Sprache in Odessa gelesen" habe und brachte, als Beweis der Seriosität, die Sache in Verbindung mit Theodor Herzl und dem Baseler Zionistenkongress von 1897, zu allem Überfluss aber auch noch mit den Bestrebungen der Ernsten Bibelforscher (Zeugen Jehovas).

Parallel zu dieser Ausgabe erschien 1924 im antisemitischen

Hammer-Verlag eine von Theodor Fritsch besorgte Edition, in deren Vorrede der Herausgeber voll Biedersinn zur Frage der Echtheit erklärte, „der arglose, naive und vertrauensselige Deutsche wird es bezweifeln. In der Geradheit seiner Seele kann er sich nicht vorstellen, daß soviel List, Tücke und Bosheit in Menschenhirnen wohnen könnte"[24]. Als abschließenden Echtheitsbeweis führte Fritsch schließlich an, er könne sich nicht vorstellen, dass ein „arischer Kopf" ein solches „System spitzbübischer Niedertracht" überhaupt ersinnen könne. Und im Fettdruck beschloss Fritsch mit der Nutzanwendung die Edition: „Das Endergebnis aus den zionistischen Protokollen aber ist dies: Wenn es eine Tatsache ist, daß – wie die Protokolle rühmend verkünden – die jüdische Internationale heute die Völker beherrscht – seit Jahrzehnten beherrscht, – wenn sie mit allen Mitteln der List, des Truges, der Massenbetörung und der Finanz-Machenschaften die Schicksale der Völker lenkt – wenn die Fürsten und Staatsmänner nur Drahtpuppen in ihren Händen waren: so ist es auch unabweisbare Tatsache, daß alle großen politischen Geschehnisse der letzten Jahrzehnte ein Werk der Juden sind und nur mit deren Willen und Einverständnis sich vollzogen haben – auch das furchtbare Verbrechen des Weltkrieges! – Sie allein sind die Verantwortlichen für die furchtbare Notlage der Völker! Und für alles aus der heute geschaffenen politischen und wirtschaftlichen Lage entspringende weitere Elend müssen wir die wirklichen Machthaber als die allein Schuldigen zur Verantwortung ziehen: den geschworenen Feind der ehrenhaften Menschheit – das verbrecherische, international verbündete Judentum."[25] Im „Deutschen Volksverlag Dr. Ernst Boepple" (eine antisemitisch-völkische Filiale des Münchener J. F. Lehmanns Verlags) veröffentlichte Alfred Rosenberg 1923 einen Traktat über die Protokolle, deren „Original" er mit Basel 1897 datierte. Auch Rosenbergs Schrift erreichte rasch viele Auflagen, im Herbst 1933 war das 25. Tausend erreicht.[26]

Keine andere Fälschung hatte größere Wirkung als das Machwerk über die jüdische Weltverschwörung, weil das Publikum an die griffige Welterklärung glauben wollte. Die Mörder des deutschen Außenministers Walter Rathenau kannten die Geschichte und glaubten, ihr Opfer sei einer „der 300 Weisen von Zion". Das war 1922. Als die Nationalsozialisten an die Macht gekommen waren, wurden die „Protokolle" offizieller Lehrstoff in den deutschen Schulen, ein Erlass des Reichsministers für Wissenschaft, Erziehung und Volksbildung vom 13. Oktober 1934 ordnete dies an.[27] Ob echt oder falsch, das kümmerte die Antisemiten nicht, diese Frage war ihnen angesichts der propagandistischen Wirkung zweitrangig. Die Argumente und Beweise gegen das Pamphlet waren nämlich längst Bestandteil seiner Verbreitung geworden. Mit den Methoden, die später auch die Leugner von Auschwitz anwenden sollten, paranoide Phantasie und Realitätsverweigerung, wurde die Verschwörungstheorie der Protokolle mit immer neuen Wahnvorstellungen bekräftigt.

Widerlegungen nutzten von Anfang an nichts, ja sie trugen zum öffentlichen Erfolg der Legende bei, durch Publizität und die Bekräftigung der Vermutung, „irgend etwas müsse an der Geschichte ja wohl dran sein". Das zeigte sich erstmals anlässlich der Verbreitung der Protokolle in Großbritannien. Im Juli 1920 waren sie von der konservativen Zeitung „Morning Post" publiziert worden, eine Buchausgabe folgte noch im gleichen Jahr.[28] Nachdem auch die seriöse „Times" sich des Falles angenommen und eine Untersuchung der Herkunft der Protokolle verlangt hatte, fiel ihrem Istanbuler Korrespondenten Gravis ein Exemplar der Vorlage, des Buches von Joly aus dem Jahr 1864, in die Hand, und Gravis schrieb im August 1921 eine Artikelserie, in der die Protokolle als Fälschung entlarvt wurden.[29] Zu diesem Zeitpunkt waren bereits hunderttausende Exemplare auf dem Markt. In den USA stellte der Automobilfabrikant Henry Ford nicht nur seine Überzeugungen, sondern auch seine finanziellen und publizistischen Möglichkeiten in den Dienst antisemitischer Propaganda und half die Protokolle zu verbreiten. Als er sich 1927 – unter öffentlichem Druck – davon distanzierte, waren sie längst weltweit in vielen Sprachen publiziert.[30]

Zu aufklärerisch hatte Binjamin Segel seiner Studie über

die Protokolle den Untertitel „Eine Erledigung" gegeben. Das gründlich recherchierte Buch erschien 1924 in Berlin, es hatte freilich schon deshalb wenig Wirkung, weil es in einem jüdischen Verlag publiziert wurde und von den Antisemiten als eine Art Schadensbegrenzung im jüdischen Interesse betrachtet wurde. Der Verfasser hatte allerdings ahnungsvoll im Vorwort geschrieben: „Wir sagten uns, es ist überflüssig, gegen dieses dumme Zeug anzukämpfen, das wird über kurz oder lang unter dem Hohnlachen der ganzen Welt zusammenbrechen. Wir haben uns getäuscht. Wir haben die Dummheit und Leichtgläubigkeit der Welt sehr erheblich unterschätzt. Mit diesen Protokollen hat gleichsam die Geschichte das Experiment gemacht, was man alles in einem aufgeklärten Zeitalter den Massen zumuten darf, die sich rühmen, die Vertreter von ‚Bildung und Besitz' zu sein."[31]

1933 wollte es ein Schweizer Gericht, auf Antrag der israelitischen Kultusgemeinde Bern und des schweizerischen israelitischen Gemeindebundes, genau wissen. Juristische Grundlage der Anzeige und der Verhandlungen in zwei Instanzen war ein Gesetz des Kantons Bern gegen Schundliteratur, und Anlass der Klage war eine Kundgebung Schweizer Nationalsozialisten am 13. Juni 1933, bei der antisemitisches Propagandamaterial verkauft worden war, darunter die Protokolle in der Ausgabe von Theodor Fritsch.

Der Prozess begann im November 1933 in Bern. Angeklagt waren Mitglieder der rechtsextremen Schweizer Nationalen Front und des Bundes nationalsozialistischer Eidgenossen. Im Mittelpunkt standen die „Protokolle". Die Kläger hatten insbesondere auf den volksverhetzenden Kommentar des Herausgebers Fritsch und dessen Schlussfolgerungen abgehoben: „Eines aber ergibt sich als unabweisbare Forderung aus diesen ‚Protokollen': Das Judentum darf nicht länger unter uns geduldet werden! Es ist eine Ehrenpflicht der gesitteten Nationen, dieses räudige Geschlecht auszuscheiden, da es schon durch seine Anwesenheit alles verpestet, die Völker geistig und seelisch krank macht, gleichsam die geistige Luft vergiftet, in der wir atmen".[32] Die Vertreter der Kläger, Rechtsanwalt Georges Brunschvig und Professor H. Matti stellten Antrag auf Prüfung der Echtheit der Protokolle[33]. Sachverständige wurden beauftragt, Zeugen geladen, Expertisen angefertigt, Beweise erhoben. Das nationalsozialistische Deutschland steuerte zur Unterstützung der Angeklagten als Experten den Oberstleutnant a. D. Ulrich Fleischhauer bei, der „in dankbarer Erinnerung den verstorbenen Vorkämpfern Theodor Fritsch und Dietrich Eckhart" ein ebenso umfangreiches wie neue Fälschungen und Verdrehungen enthaltendes „Sachverständigengutachten" vorlegte. Fleischhauer war ein Funktionär des offiziösen antisemitischen „Welt-Dienstes" in Erfurt und konnte daher zur Wahrheitsfindung nichts beitragen.[34]

Unvoreingenommene Gutachter und zeitgenössische Zeugen wie der französische Graf Alexandre du Chayla, der zwölf Jahre in Russland gelebt und Sergej Nilus gekannt hatte, trugen zur Überlieferungs- und Entstehungsgeschichte die Fakten bei, die bis heute unsere Kenntnis der Geschichte der „Protokolle" im Wesentlichen bestimmen. Das Gericht kam in erster Instanz 1935 zu dem Ergebnis, dass die Protokolle als Fälschung dem Genre der „Schundliteratur" zuzurechnen seien, verurteilte die Angeklagten Schweizer Nationalsozialisten zu einer Geldstrafe, und die Vernunft hatte gesiegt.

Freilich nicht auf Dauer, denn 1937 hob das Berner Obergericht das Urteil teilweise wieder auf, weil die Berufungsinstanz zum Schluss gekommen war, der Schuldvorwurf sei nicht aufrechtzuerhalten, weil die Komponente der „Unzucht" fehle, um die Protokolle als Schundliteratur zu klassifizieren. Die Antisemiten feierten diese formaljuristische Erkenntnis als Sieg, an der Frage der Echtheit waren sie ja ohnedies nie interessiert gewesen.

Der Siegeszug der „Protokolle" war längst nicht mehr aufzuhalten und er vollzog sich auch ideologieübergreifend. Das Konstrukt der jüdischen Weltverschwörung diente schließlich sogar in der Sowjetunion als Propagandavorwurf[35], es taugt der arabisch-islamischen Welt als Waffe gegen Israel, die Protokolle werden in Japan gelesen: Sie befriedigen offenbar zeitlose Bedürfnisse nach

Welterklärung jenseits von Aufklärung und Vernunft. Arnold Zweig hat die Protokolle der Weisen von Zion das „Kernstück der völkischen Verfolgungspsychose" genannt.[36] Die Rezeption auf der Rechten mit den sich selbst bestätigenden Vermutungen und der jeden Fälschungsvorwurf einbeziehenden Gewissheit einer quasi höheren Echtheit des Textes bestätigt den Befund paranoider und psychotischer antisemitischer Demagogie und Selbsteinschätzung. „Was viele Juden unbewußt tun mögen ist hier bewußt klar gelegt", schreibt der Verfasser von „Mein Kampf" und preist die Protokolle als das Beweisstück schlechthin für die konstitutionelle Schlechtigkeit der Juden und ihr Streben nach Weltherrschaft: Mit „geradezu grauenerregender Sicherheit" sei das Wesen und die Tätigkeit des Judenvolkes aufgedeckt, meint Hitler, der in demagogischer Umkehr der Realität den immer wieder erbrachten Nachweis der Fälschung als Beweis für die tatsächliche Authentizität des Dokuments konstatiert.[37]

Das geheimnisvolle Dunkel der Entstehung der „Protokolle" hat über den rationalen Forscherdrang der Historiker und Sozialwissenschaftler hinaus Autoren animiert. Danilo Kiš, serbischjüdischer Schriftsteller, lässt im „Buch der Könige und Narren" Sergej Nilus als frommen und verehrungswürdigen Eremiten auftreten[38] und Umberto Eco schildert im „Foucaultschen Pendel" Nilus und die Motive seiner Hintermänner: „Nilus war ein wandernder Mönch, der in talarähnlichen Gewändern durch die Wälder zog, ausgerüstet mit einem langen Prophetenbart, zwei Frauen, einer kleinen Tochter und einer Assistentin oder Geliebten oder was auch immer, die alle an seinen Lippen hingen. Halb Guru, einer von denen, die dann mit der Kasse durchbrennen, halb Eremit, einer von denen, die andauernd schreien, das Ende sei nah. Und tatsächlich war seine fixe Idee die Verschwörung des Antichrist. Der Plan seiner Förderer war, ihn zum Popen ordinieren zu lassen, auf daß er dann durch Heirat (eine Frau mehr, eine weniger) mit Elena Alexandrowna Oserowa, einer Hofdame der Zarin, zum Beichtiger des Herrscherpaars würde."[39]

Eco hat sich darüber hinaus erkenntnistheoretisch und literaturwissenschaftlich mit dem Phänomen der „Protokolle" auseinandergesetzt. In seinen Vorlesungen an der Universität Harvard über Erzähltheorie betrachtet Eco die literarischen Wurzeln der Fälschung (wobei er im Wesentlichen dem Standardwerk von Norman Cohn folgt); die Entdeckung der Verwendung zweier trivialliterarischer Produktionen reklamiert er dabei für sich, nämlich das Buch des Abbé Barruel und den Romanautor Eugène Sue, dessen Genre jesuitische Weltverschwörungen waren und dessen „Die Geheimnisse des Volkes" wiederum in Jolys Satire plagiiert worden sind.[40]

Wichtiger als die tatsächliche oder vermeintliche Entdeckung weiterer Bausteine des Falsifikats ist allerdings Ecos Frage „wie begegnen wir solchen Einbrüchen des Romans ins Leben, nachdem wir gesehen haben, welche historische Tragweite das Phänomen haben kann?"[41] Es gibt natürlich keine Antwort darauf, allenfalls die Mahnung zu aufklärerischer Wachsamkeit, wenn bösartige Mythen in den Köpfen von Fanatikern zur Realität werden, wenn Versatzstücke des Schundromans zu Elementen politischer Indoktrination werden und schließlich zum Bestandteil von Welterklärungsmodellen, die wirksam sind, nicht trotz, sondern wegen ihrer Abstrusität.

## Judenfeindschaft in Polen

Der weitaus größte Teil der europäischen Judenheit lebte auf polnischem Boden und bildete mit der frommen Lebenswelt des „Ostjudentums" einen deutlichen Gegensatz zum Westen, der von den Ideen der Assimilation und der Emanzipation im Zeichen von Aufklärung und Toleranz geprägt war. Die um Integration in die Gesellschaft der westeuropäischen Nationalstaaten bemühten Juden hegten gegenüber den „Ostjuden" Emotionen, die mit Reserve und Herablassung charakterisiert werden können, und pflegten die Distanz, die Sprache, Religiosität und sozialer Status vorgaben, auch gegenüber jüdischen Migranten, die im Westen (vornehmlich in den USA) oder als Zionisten auf der Durchreise eine bessere Zukunft erhofften.

Die jüdische Bevölkerung, die sich auf dem Boden des Königreichs Polen, dann der polnisch-litauischen Adelsrepublik angesiedelt hatte und schließlich unter der Herrschaft des russischen Zaren lebte, war im späten Mittelalter aus dem Westen gekommen, auf der Flucht vor den Kreuzfahrern und den Pogromen nach den Pestepidemien im 13. und 14. Jahrhundert. Im polnischen Reich waren die Juden als Siedler willkommen, als Gewerbetreibende, als Steuerpächter, Münzmeister, als Händler im Warenaustausch zwischen Stadt und Land. Das durch religiöse Toleranz bestimmte „Goldene Zeitalter" des Judentums endete Mitte des 17. Jahrhunderts. Vom katholischen Klerus geschürte religiöse Judenfeindschaft, die sich durch Ritualmordlegenden, Gottesmordvorwurf und das übrige Repertoire antijudaistischer Anschuldigungen äußerte und in Pogromen kulminierte, erschwerte das Leben der jüdischen Minderheit. Zum Ressentiment, das den nationalistischen Gegensatz von katholisch und polnisch versus jüdisch und fremd kultivierte, kamen soziale Vorbehalte, die etwa durch die Tatsache gefördert wurden, dass Juden oft als Schankwirte tätig waren und ihnen der weit verbreitete Alkoholismus der polnischen Bevölkerung zur Last gelegt wurde.

Die Entstehung und Verbreitung des modernen Antisemitismus in Polen ging Hand in Hand mit der Ideologie eines polnischen Nationalstaates, der das Joch russischer, preußischer und österreichischer Fremdherrschaft abschütteln und sich als ethnisch homogene Gemeinschaft etablieren würde. Der niedere katholische Klerus spielte durch seine judenfeindliche Agitation unter der Landbevölkerung eine verhängnisvolle Rolle bei der Implementierung der Denkfigur von Juden als Schädlingen am polnischen Volkskörper. Obwohl die polnische sozialistische Partei sich gegen den Antisemitismus engagierte, waren die Juden in Polen mit pogromistischer Gewalt, Boykottdrohungen und Diskriminierung insbesondere im russischen Herrschaftsgebiet konfrontiert.[42]

Nach dem Ersten Weltkrieg entstand mit dem Ende der Zarenherrschaft ein neues judenfeindliches Konstrukt, das Stereotyp der „Judenkommune", das die Juden als Kommunisten und Freunde der Sowjetherrschaft denunzierte und über das Ende des Zweiten Weltkrieges hinaus Wirkung hatte, aber auch die Haltung der polnischen Bevölkerung angesichts des Judenmords durch die deutsche Okkupationsmacht beeinflusste. Im Polen der Zwischenkriegszeit lebten etwa drei Millionen Juden, die rund zehn Prozent der Bevölkerung ausmachten. Unter der Präsidentschaft Marschall Pilsudskis wurde der polnische Antisemitismus politisch offen artikuliert von den Nationaldemokraten, blieb latent in der Gesellschaft vorhanden, war in der Volksfrömmigkeit als Antijudaismus präsent, in Universitäten und im Militär mit steigender Tendenz bemerkbar, blieb aber im Allgemeinen unterhalb der Schwelle existentieller Bedrohung. Das änderte sich nach der Ära Pilsudski Mitte der 1930er Jahre. Antisemitismus entwickelte sich zum politischen Konsens, der sich nach deutschem Vorbild durch Wirtschaftboykott, mit einem akademischen Numerus clausus und „Arierparagraphen" in Berufsverbänden zeigte. Gewaltexzesse in polnischen Städten gegen Juden zeugten 1936 von der Stimmung der Mehrheitsgesellschaft.

Unter nationalsozialistischer Okkupation wurde Polen zum Hauptschauplatz des Völkermords an den europäischen Juden. Drei Millionen polnischer Juden waren Opfer des Genozids. Selbst in die Rolle passiven Erduldens der Besatzungsherrschaft gezwungen, blieb die polnische Bevölkerung vielfach teilnahmslos gegenüber den Leiden der Juden, ja, sie beteiligte sich gar an der Diskriminierung und Verfolgung wie im Pogrom von Jedwabne 1941. Das Ereignis löste um 2000, nach dem Erscheinen des Buches „Nachbarn", heftige Debatten über die fehlende Solidarität mit den Juden aus.[43] Der Holocaust polarisierte mehr als ein halbes Jahrhundert danach die polnische Öffentlichkeit, die in zwei Lager geteilt entweder auf dem eigenen nationalen Martyrium unter deutscher Herrschaft beharrt und jeden Anteil am jüdischen Schicksal leugnet oder selbstkritisch ein Geschichtsbild fordert, das dem jüdischen Anteil an der Vergangenheit Polens und dem Verhältnis zwischen Mehrheit und Minderheit gerecht wird.[44] Der kleine Rest der Judenheit blieb auch nach dem Holocaust diskriminiert. Mehrheitlich verließen die Juden in mehreren Wellen nach den Pogromen 1945/46, nach antisemitischen Ressentiments im kommunistischen Regime 1956 und nach einer Antizionismus-Kampagne 1968 das Land. Die Traditionslinien im polnisch-nationalistischen Selbstverständnis sind noch wirksam und manifestieren sich vielfach in der Ablehnung von Juden.[45] Bis zur Gegenwart ist auch ein vom niederen katholischen Klerus geförderter traditioneller religiöser Antijudaismus lebendig, der sich am lautstärksten im populären Medium „Radio Maryja" manifestiert.[46]

## Anmerkungen

1 Peter Pulzer, Die Entstehung des politischen Antisemitismus in Deutschland und Österreich 1867-1914, Gütersloh 1966. (Neuausgabe Göttingen 2004.)
2 Bruce F. Pauley, From Prejudice to Persecution. A History of Austrian Anti-Semitism, Chapel Hill/London 1992; Doris Sottopietra, Variationen eines Vorurteils. Eine Entwicklungsgeschichte des Antisemitismus in Österreich, Wien 1997.
3 Daniel Gerson, Die Kehrseite der Emanzipation in Frankreich. Judenfeindschaft im Elsass. 1778-1848, Essen 2006; Michel Wieviorka, La tentation antisémite. Haine des juifs dans la France d'aujourd'hui, Paris 2006; Michel Winock, La France et les juifs. De 1789 à nos jours, Paris 2004.
4 Pierre Birnbaum, L'affaire Dreyfus. La République en péril, Paris 1994; George Whyte, The Dreyfus Affair. A Chronological History, New York u. a. 2005; Vincent Duclert, Alfred Dreyfus. L'Honneur d'un patriote, Paris 2006.
5 Vincent Duclert, Die Dreyfus-Affäre. Militärwahn, Republikfeindschaft, Judenhaß, Berlin 1994; Julius H. Schoeps, Hermann Simon (Hrsg.), Dreyfus und die Folgen, Berlin 1995.
6 Die Judenpogrome in Rußland, hrsg. im Auftrage des Zionistischen Hilfsfonds in London von der zur Erforschung der Pogrome eingesetzten Kommission, 2 Bände, Köln und Leipzig 1910.
7 L. Judavics-Paneth, Pogrom-Prozesse. Der Pogrom in Kischinew, Berlin 1911.
8 Edward H. Judge, Ostern in Kischinjow. Anatomie eines Pogroms, Mainz 1995.
9 Heinz-Dietrich Löwe, The Tsars and the Jews: Reform, Reaction and Anti-Semitism in Imperial Russia 1772-1917, London 1993.
10 Wolfgang Benz, Die Protokolle der Weisen von Zion. Die Legende von der jüdischen Weltverschwörung, München 2007; Jeffrey L. Sammons (Hrsg.), „Die Protokolle der Weisen von Zion". Die Grundlage des modernen Antisemitismus – eine Fälschung. Text und Kommentar, Göttingen 2011[6].
11 Volker Neuhaus, Der zeitgeschichtliche Sensationsroman in Deutschland 1855-1878. „Sir John Retcliffe" und seine Schule, Berlin 1980, S. 24.
12 Biarritz. Historisch-politischer Roman in acht Bänden von Sir John Retcliffe, Bd. 1, Berlin o. J. (von Ernst Goetz durchgesehene Ausgabe 1903-1908), S. 154.

13 Nachweise bei Béla Rásky, Plagiierte Höllendialoge. Die Fälschungs- und Wirkungsgeschichte der „Protokolle der Weisen von Zion", in: Jüdisches Museum der Stadt Wien (Hrsg.), Die Macht der Bilder. Antisemitische Vorurteile und Mythen, Wien 1995, S. 264 f.

14 Norman Cohn, Warrant for Genocide. The myth of the Jewish world – conspiracy and the Protocols of the Elders of Zion, Chico 1981 (erstmals 1967). Das Buch (deutsche Ausgabe: Die Protokolle der Weisen von Zion. Der Mythos von der jüdischen Weltverschwörung, Baden-Baden, Zürich 1998) ist immer noch die gründlichste und daher unentbehrliche Studie. Eine neuere Arbeit, Hadassa Ben-Itto, „Die Protokolle der Weisen von Zion" – Anatomie einer Fälschung, Berlin 1998 ist dagegen in jeder Beziehung unzulänglich. S. a. Eva Horn, Michael Hagemeister (Hrsg.), Die Fiktion von der jüdischen Weltverschwörung. Zu Text und Kontext der „Protokolle der Weisen von Zion", Göttingen 2012; Richard Landes, Steven T. Katz (Hrsg.), The Paranoid Apocalypse: A Hundred-Year Retrospective on „The Protocols of the Elders of Zion", New York 2011.

15 Gottfried zur Beek (Hrsg.), Die Geheimnisse der Weisen von Zion, 10. Auflage, München 1930, S. 27.

16 Ebenda, S. 27 f.

17 Ebenda, S. 32.

18 Ebenda, S. 38.

19 Vgl. Walter Laqueur, Deutschland und Rußland, Berlin 1965, S. 109 f.

20 Michael Hagemeister, Wer war Sergej Nilus? Versuch einer bio-bibliographischen Skizze, in: Ostkirchliche Studien 40 (1991), S. 49-63, zit. S. 53.

21 Michael Hagemeister, Sergej Nilus und die „Protokolle der Weisen von Zion". Überlegungen zur Forschungslage, in: Jahrbuch für Antisemitismusforschung 5 (1996), S. 127-147; s. a. ders., Die „Protokolle der Weisen von Zion" und der Basler Zionistenkongress von 1897, in: Heiko Haumann (Hrsg.), Der Traum von Israel. Die Ursprünge des modernen Zionismus, Weinheim 1998, S. 250-273; ders., Der Mythos der „Protokolle der Weisen von Zion", in: Ute Caumanns/ Mathias Niendorf (Hrsg.), Verschwörungstheorien: Anthropologische Konstanten – historische Varianten, Osnabrück 2001, S. 89-101.

22 Die Geheimnisse der Weisen von Zion, hrsg. von Gottfried zur Beek, 10. Aufl. München 1930.

23 Ebenda, S. 15.

24 Die Zionistischen Protokolle. Das Programm der internationalen Geheim-Regierung. Aus dem Englischen übersetzt nach dem im Britischen Museum befindlichen Original. Mit einem Vor- und Nachwort von Theodor Fritsch, Leipzig 1924, S. 3.

25 Ebenda, S. 79.

26 Alfred Rosenberg, Die Protokolle der Weisen von Zion und die jüdische Weltpolitik, München 1923 (10. Aufl. 1933).

27 Vgl. Hans Sarkowicz, Die Protokolle der Weisen von Zion, in: Karl Corino (Hrsg.), Gefälscht! Betrug in Politik, Literatur, Wissenschaft, Kunst und Musik, Frankfurt/M. 1990, S. 67.

28 The Jewish Peril. Protocols of the Learned Elders of Zion, London 1920.

29 Colin Holmes, New light on the „Protocols of Zion", in: Patterns of Prejudice 11 (1977), Nr. 6, S. 13-12.

30 Robert Singerman, The American Career of the Protocols of the Elders of Zion, in: American Jewish History 71 (1981), S. 48-78.
31 Binjamin Segel, Die Protokolle der Weisen von Zion kritisch beleuchtet. Eine Erledigung. Berlin 1924, S. XII. Vgl. auch das mit ähnlichem aufklärerischen Anspruch für die USA geschriebene Buch: Herman Bernstein, The Truth about „The Protocols of Zion". A complete Exposure, New York 1935.
32 Die zionistischen Protokolle, S. 77.
33 Urs Lüthi, Der Mythos von der Weltverschwörung. Die Hetze der Schweizer Frontisten gegen Juden und Freimaurer – am Beispiel des Berner Prozesses um die „Protokolle der Weisen von Zion", Basel 1992; vgl. Emil Raas/Georges Brunschvig, Vernichtung und Fälschung. Der Prozeß um die erfundenen „Weisen von Zion", Zürich 1938.
34 Vgl. Ulrich Fleischhauer, Die echten Protokolle der Weisen von Zion, Erfurt 1935; vgl. Hans Jonak von Freyenwald (Hrsg.), Der Berner Prozeß um die Protokolle der Weisen von Zion. Akten und Gutachten, Erfurt 1939. S. a. Stephan Vász, Das Berner Fehlurteil, Erfurt 1935.
35 Vgl. Yaacov Tsigelman, „The Universal Jewish Conspiracy" in Soviet Anti-Semitic Propaganda, in: Theodore Freedman (Hrsg.), Anti-Semitism in the Soviet Union: Its Roots and Consequences, New York 1984, S. 394-421.
36 Arnold Zweig, Bilanz der deutschen Judenheit. Ein Versuch, Amsterdam 1934, Neudruck Leipzig 1991, S. 83f.
37 Adolf Hitler, Mein Kampf, München 1925, Ausgabe 1937 (248.-251. Auflage), S. 337.
38 Danilo Kiš, Enzyklopädie der Toten, Frankfurt/M. 1988, S. 141 ff.
39 Umberto Eco, Das Foucaultsche Pendel, München 1988, S. 565.
40 Umberto Eco, Im Wald der Fiktionen. Sechs Streifzüge durch die Literatur, München 1994, S. 155 ff.; ein Vorabdruck erschien unter dem Titel „Eine Fiktion, die zum Alptraum wird. Die Protokolle der Weisen von Zion und ihre Entstehung" in der Frankfurter Allgemeinen Zeitung am 2.7.1994.
41 Ebenda.
42 Frank Golczewski, Polnisch-jüdische Beziehungen 1881-1922. Eine Studie zur Geschichte des Antisemitismus in Europa, Wiesbaden 1991.
43 Jan T. Gross, Nachbarn. Der Mord an den Juden von Jedwabne, München 2001; ders., Fear. Anti-Semitism in Poland After Auschwitz. An Essay in Historical Interpretation, New York 2006.
44 Joshua D. Zimmerman (Hrsg.), Contested Memories. Poles and Jews during the Holocaust and its Aftermath, New Brunswick, New Jersey and London 2003; Joanna Beata Michlic, Poland's Threatening Other. The Image of the Jew from 1880 to the Present, Lincoln and London 2006.
45 Theodore R. Weeks, From Assimilation to Antisemitism. The "Jewish Question" in Poland, DeKalb 2006.
46 Thomas Rautenberg/Joanna Diduszko-Kuśmirska, Radio Maryja – eine unheilige Allianz zwischen Kirche und Medien, in: Jahrbuch für Antisemitismusforschung 14 (2005), S. 293-300.

## 5. Erster Weltkrieg und Weimarer Republik: Antisemitismus auf dem Weg zur Staatsdoktrin in Deutschland

Im Ersten Weltkrieg wurden die antijüdischen Vorbehalte in Deutschland neu aufgeladen. Ungeachtet der Tatsache, dass das deutsche Judentum die Kriegsbegeisterung des Sommers 1914 ungeteilt mitmachte und dass die Zahl der jüdischen Freiwilligen überdimensional groß – gemessen am jüdischen Bevölkerungsanteil – war, machte das Gerücht von der „jüdischen Drückebergerei" die Runde und als zweites antisemitisches Stereotyp war die Überzeugung landläufig, dass Juden als die „geborenen Wucherer und Spekulanten" sich als Kriegsgewinnler an der Not des Vaterlandes bereicherten. In zahlreichen Publikationen wurden diese Klischees verbreitet, so etwa in einem Flugblatt, das im Sommer 1918 kursierte, auf dem die jüdischen Soldaten lasen, wovon ihre nichtjüdischen Kameraden und Vorgesetzten trotz der vielen Tapferkeitsauszeichnungen und Beförderungen und trotz der 12 000 jüdischen Kriegstoten bei insgesamt 100 000 jüdischen Soldaten überzeugt waren: „Überall grinst ihr Gesicht, nur im Schützengraben nicht".[1]

Nachdem sich seit Ende 1915 die antijüdischen Eingaben und Denunziationen häuften, befahl der preußische Kriegsminister im Oktober 1916 eine statistische Erhebung über die Dienstverhältnisse der deutschen Juden im Kriege. War diese Anordnung zur „Judenzählung" an sich schon eine antisemitische Ungeheuerlichkeit, so machte die Tatsache, dass die Ergebnisse nicht veröffentlicht wurden, die Angelegenheit vollends zum Skandal. Wenn die „Judenzählung", wie behauptet wurde, amtlich die Unhaltbarkeit der Beschwerden beweisen sollte, so sanktionierte sie, weil das Resultat geheim blieb, die antisemitischen Ressentiments mit lang anhaltender Wirkung, von der die NSDAP und andere Rechtsparteien die ganze Weimarer Republik hindurch profitieren konnten. Trotz eines Aufklärungsfeldzugs des „Reichsbunds jüdischer Frontkämpfer", der bis 1933 die Öffentlichkeit auf den tatsächlichen Einsatz der deutschen Juden im Weltkrieg aufmerksam machte, blieb eine große und zunehmend einflussreiche Zahl von Deutschen davon überzeugt, „die Juden" seien Drückeberger und hätten den Krieg vor allem zu unsauberen Geschäften benutzt.[2]

## Der Miesbacher Anzeiger

Symptomatisch für die Stimmung gegenüber Juden nach dem Ersten Weltkrieg war die Provinzpresse. Der Miesbacher Anzeiger, 1874 vom lokalen Buchdrucker der oberbayerischen Kreisstadt gegründet, erschien seit 1904 täglich und vertrat bis etwa 1900 liberale, dann konservative Positionen. 1919 verpachtete die Witwe des Herausgebers, Kreszenz Mayr, das Blatt an den Redakteur Klaus Eck (1881-1929), der es bis Juli 1922 leitete. Eck stammte aus kleinbürgerlichen Verhältnissen, war Holzknecht und Landarbeiter gewesen, ehe er als Autodidakt 1909 in die Redaktion des Miesbacher Anzeigers eintrat. Politisch gehörte Eck ursprünglich zur Bayerischen Volkspartei, und zwar zum extrem föderalistischen und reaktionären Flügel.

Eck brachte den Miesbacher Anzeiger auf Rechtskurs mit antisozialistischer und antisemitischer Tendenz. Das unter bayerischen Kleinbürgern und Bürgern weit verbreitete Trauma der Novemberrevolution 1918 und der Wirren der Münchner Räterepublik 1919 wurde durch die Beschwörung bayerischer Eigenart unter Verurteilung fremder Einflüsse – Kommunismus und Sozialismus und des Judentums – bestätigt unter Schuldzuweisungen an die Berliner Reichsregierung wegen ihrer republikanischen, demokratischen und zentralistischen Positionen. Prominenter, wenngleich anonymer Autor des Miesbacher Anzeigers war der Schriftsteller Ludwig Thoma. Von Juli 1920 bis August 1921 veröffentlichte das Blatt 149 Artikel

Thomas (und einige wenige weitere, die der Autor mit seinem Namen zeichnete), in denen er grobschlächtig und beleidigend seine im Ersten Weltkrieg vom liberalen Zeitkritiker zum reaktionären Chauvinisten gewandelte Gesinnung verkündete.[3] Die Beleidigung republikanischer Politiker wie Erzberger, Geßler oder Rathenau und der Sozialdemokratie in toto bildete meist in Verbindung mit antisemitischen Stereotypen das Repertoire. Die Nationalfarben der Weimarer Republik wurden von Thoma im Miesbacher Anzeiger als „Schabbes-Flagge" denunziert. Eine „systematische Hetze der jüdischen Presse" wurde unterstellt und Ostjuden wurden generell in pejorativen Zusammenhang (Unsauberkeit, Schachermentalität usw.) gebracht. Berlin, hieß es in der Steigerung von antipreußischem Affekt und Judenhass, sei eine „Mischung von galizischem Judennest und New Yorker Verbrecherviertel".

In derber Polemik, die vor Obszönitäten nicht zurückschreckte, griff Thoma Demokraten und Republikaner und vor allem jüdische Intellektuelle und Politiker an, beschwor bayerische Wesensart und die „gute alte Zeit", empfahl gewalttätiges Brauchtum als Heilmittel gegen die ungeliebten neuen Zustände. So brüstete sich Thoma in einem Artikel „Anti-arisch" im April 1921 mit einer Satire gegen den ermordeten jüdischen Ministerpräsidenten Bayerns „der Hinrichtung des Eisner", in einem anderen beschimpfte er den Berliner Zeitungsverleger Rudolf Mosse mit den Worten, er und seinesgleichen seien „aus den galizischen Judenvierteln, wo man stinkenden Mist in Wohnlöchern züchtet" eingewandert. Jüdische Intellektuelle und Politiker wie Maximilian Harden, Siegfried Jacobsohn, Karl Kraus, Erich Mühsam, Bela Kun hätten „das Feuer des Rassenhasses" angefacht, sie seien die Brandstifter. Thoma behauptete „das Berliner Tageblatt züchtet an einem Tag mehr Antisemitismus als die Hakenkreuze an jeder Straßenecke"[4].

Die Identität des Verfassers der judenfeindlichen Hass-Tiraden war ein offenes Geheimnis.[5] Ludwig Thoma, der sich außerhalb des Miesbacher Anzeigers nie antisemitisch äußerte, dementierte seine Verfasserschaft und in Gerichtsverfahren bekannte sich deshalb der Redakteur Eck als Autor der inkriminierten

Artikel. Die Auflage wurde durch die antisemitischen Tiraden Thomas erheblich gesteigert. Die normale Auflage bis zum Ende des Ersten Weltkriegs betrug 4-5000 Exemplare. In den Jahren 1920 bis 1923 stieg die Auflage auf etwa 18 000, das Blatt wurde auch überregional wahrgenommen, gekauft und zitiert. Die Wirkung des Miesbacher Anzeigers beruhte vor allem auf den politischen Streitigkeiten zwischen Bayern und dem Reich mit dem Höhepunkt im Herbst 1923, in denen schlichte und pauschale Schuldzuweisungen an Sozialisten und Juden für alle politischen Folgen des verlorenen Weltkriegs und der neuen Zustände Konjunktur hatten. Danach sank die Bedeutung des Blattes wieder auf das Niveau einer anspruchslosen Heimatzeitung in der oberbayerischen Provinz.

Die Zeit zwischen dem Ersten Weltkrieg und dem Ende der Weimarer Republik brachte für die deutschen Juden zwar den Höhepunkt ihrer kulturellen Assimilation, zugleich aber schon den Beginn der sozialen Dissimilation. Antisemitische Propaganda, die Schuldige für die als schmachvoll empfundenen Folgen des Kriegs suchte, die Ängste deklassierter Kleinbürger, verletzter deutscher Nationalstolz machten „den Juden" zum Schuldigen. Im Programm der völkischen und nationalistischen Parteien der Nachkriegszeit, vor allem der NSDAP ab 1920 und in der Deutschnationalen Volkspartei bildete Antisemitismus das ideologische Bindemittel, mit dem Existenzängste und Erklärungsversuche für wirtschaftliche und soziale Probleme konkretisiert wurden, um republik- und demokratiefeindliche Anhänger zu gewinnen. Ergebnis der antisemitischen Agitation waren der Mord an Außenminister Rathenau 1922 und Attentate auf andere demokratische Politiker jüdischer Herkunft.

## Eine jüdische Karriere in Deutschland: Walther Rathenau

Walther Rathenau, seit Januar 1922 Außenminister des Deutschen Reiches, wurde am 24. Juni 1922 auf dem Weg ins Amt im Berliner Grunewald von Rechtsextremisten der „Organisation

Consul" erschossen, weil er Jude war. Schon längst war er einer der meistgehassten Politiker, dem Drohverse gewidmet waren wie „Der Rathenau der Walther, erreicht kein hohes Alter" oder noch derber, gehässiger und deshalb weit verbreitet „Schlagt tot den Walther Rathenau, die gottverdammte Judensau". Der Industrielle hatte im Ersten Weltkrieg im preußischen Kriegsministerium die Kriegsrohstoffabteilung aufgebaut, die mit der Bewirtschaftung von Ressourcen einen erheblichen Beitrag zur modernen Kriegsführung leistete. Als Sachverständiger wirkte Rathenau, der glühender Patriot und gleichzeitig sozialpolitisch engagiert war, im November 1918 am Stinnes-Legien-Abkommen mit, das die Tarifpartnerschaft zwischen Arbeitgebern und Gewerkschaften begründete. Als Mitglied der linksliberalen Deutschen Demokratischen Partei stand er auf dem Boden der Weimarer Republik, war 1920 Mitglied der Sozialisierungs-Kommission und nahm im Juli 1920 an der Reparationskonferenz in Spa teil, auf der die von der politischen Rechten bekämpfte „Erfüllungspolitik" geboren wurde. Das Schimpfwort „Erfüllungspolitiker" galt auch dem Wiederaufbauminister Rathenau (Mai bis Oktober 1921) und dem Architekten des deutsch-sowjetischen Vertrages von Rapallo, der den Höhepunkt von Rathenaus politischem Wirken als Außenminister bezeichnete. Sechs Wochen nach Rapallo wurde Rathenau ermordet und gilt seither als einer der Märtyrer der Weimarer Republik. Als Demokrat und Republikaner war Rathenau eine Symbolfigur, die für Hoffnungen des deutschen Judentums stand.[6]

Walther Rathenau, 1867 geboren als Sohn des AEG-Gründers Emil Rathenau, hochassimilierter deutscher Jude, der ohne Taufe Karriere machte als Publizist, Unternehmer und Politiker, war eine der schillerndsten Gestalten der deutsch-jüdischen Geschichte. Er war nicht nur als Industrieller, sondern auch als Literat einflussreich. Rathenaus Schriftstellerei basierte auf ehrgeizigem Mitteilungsdrang, Sendungsbewusstsein und dem Bedürfnis nach Tiefgründigkeit. Sein Philosophieren war Huldigung an den Zeitgeist, sein Stil maniriert, sein Streben nach Transzendenz banal. Befreundet war er vorübergehend mit Maximilian Harden und dauerhaft mit Harry Graf Kessler.[7]

Irritierend ist die gedankliche Nähe des Intellektuellen Rathenau zu völkischen, sozialdarwinistischen und rassistischen Autoren wie Arthur Graf Gobineau, Julius Langbehn oder Houston Stewart Chamberlain. Letzterer, als enragierter Antisemit, denunzierte dann im Ersten Weltkrieg zur Zeit der berüchtigten Judenzählung Rathenau. Erstaunlich auch die freundschaftliche Beziehung Rathenaus zum völkisch-rassistischen Schriftsteller Hermann Burte, dessen Bestseller „Wiltgeber" (1912) ihn zu Korrespondenz und persönlichem Kontakt animierte. Zu Rathenaus seltsamen Freunden gehörte auch Wilhelm Schwander, ein exaltierter Publizist, der sich als wüster Antisemit und Germanomane in der Zeitschrift „Volkserzieher" austobte. Natürlich verkehrte Rathenau nicht nur mit dubiosen Gestalten dieses Genres, sondern z. B. auch im elitären Forte-Kreis, dem außer Gustav Landauer auch der Philosoph Martin Buber, der Psychoanalytiker Bjerre oder der Literat Upton Sinclair angehörten. Rathenau mühte sich sehr, in solchen Zirkeln mitzuwirken, um sich seinen Rang als Publizist und Intellektueller bestätigen zu lassen. Erstaunlich, wie viel Zeit er für seine Neigungen fand, denn immerhin war er einer der bedeutendsten deutschen Unternehmer, saß in unzähligen Vorständen und Aufsichtsräten, hatte neben den politischen auch künstlerische Ambitionen, war erfolgreich als Schriftsteller, führte ein reges gesellschaftliches Leben und war dabei sehr einsam.

Am Ende des Ersten Weltkrieges galt Rathenau unter Standesgenossen, d. h. im Unternehmertum, als „Staatssozialist". Mit den Chauvinisten der Vaterlandspartei teilte er patriotische Positionen. In Zeitungsartikeln klärte er die Bevölkerung über den Ernst der Situation auf, er veröffentlichte Anfang Oktober 1918 aber auch einen Aufruf zum Durchhalten und er brach wenige Tage später mit Ludendorff, nachdem der bewunderte Feldherr den sofortigen Waffenstillstand verlangt hatte. Rathenau wollte dagegen eine Volkserhebung proklamieren. Von solchen Wahnvorstellungen waren allerdings auch liberale und sozialdemokratische Politiker befallen. Sie alle fürchteten eine Revolution, Hungeraufstände und Bürgerkrieg. Die Idee einer leveé en masse für bessere Friedensbedingungen war aber keine realistische Option im Herbst 1918, das musste auch Walther Rathenau wissen, dessen patriotische Emotionen gelegentlich die Oberhand über rationale Einsichten gewannen.

Der hochbegabte und ehrgeizige, aber auch halbherzig-zaghafte, visionäre und hysterische Walther Rathenau gehört zu den bedeutendsten Gestalten des deutschen Judentums, in der sich alle Probleme der Emanzipation spiegeln. Im März 1897 war in Maximilian Hardens „Zukunft" der Aufsatz eines W. Hartenau „Höre Israel", erschienen, der einen Sturm der Entrüstung auslöste. Unter dem leicht entschlüsselbaren Pseudonym agierte der knapp dreißigjährige Walther Rathenau. Dessen Essay begann mit dem Satz „Von vorneherein will ich bekennen, daß ich Jude bin", woran sich die rhetorische Frage anschloss, ob es einer Rechtfertigung bedürfe, wenn er in anderem Sinne schreibe als dem „der Judenverteidigung". Tenor des kurzen Aufsatzes war eine Anklage gegen das deutsche Judentum aus völkischer und rassistischer Position, die in der Forderung nach vollkommener Assimilation (ohne Taufe) gipfelte. Im Nachlass Rathenaus findet sich ein Entwurf, in dem der Autor noch eindeutiger seinem Bekenntnis, Jude zu sein, die rhetorische Frage anschließt „Bedarf es einer Erklärung, daß ich zum Antisemitismus neige?"

Rathenau hat den Artikel fünf Jahre später in seine Anthologie „Impressionen" (Leipzig 1902) aufgenommen, sich damit als Verfasser bekannt und die Anfeindungen aus allen jüdischen Lagern, von den Zionisten bis zu den jüdisch-deutschen Patrioten des Central-Vereins in Kauf genommen. Es entstand die Legende, sein Vater, der AEG-Chef Emil Rathenau, habe alle erreichbaren Exemplare aufkaufen und vernichten lassen. Später hat der Verfasser eingeräumt, der Text sei in unglücklichster Stimmung seiner trübsten Zeit entstanden. Rathenau bediente sich in „Höre Israel" eines ausgesprochen rassistischen und sozialdarwinistischen Vokabulars, als er die „Kulturfrage" der sozialen

Existenz des deutschen Judentums erörterte: Er nannte die Juden einen „abgesondert fremdartigen Menschenstamm" und, noch drastischer, „Auf märkischem Sand eine asiatische Horde" oder „kein lebendes Glied des Volkes, sondern ein fremder Organismus in seinem Leibe". Solche Metaphorik kannten die Zeitgenossen im letzten Drittel des 19. Jahrhunderts aus den Traktaten des sich formierenden Antisemitismus. Rathenau forderte „die bewußte Selbsterziehung" der jüdischen „Rasse" (die er auch mit geläufigen Attributen wie Materialismus oder Ghettoschwüle charakterisierte) als Metamorphose der Aneignung germanischer Tugenden.

Rathenaus Essay spiegelt vor allem die depressiven und autoagressiven Züge des Autors, dessen Prominenz (zusammen mit der Mentoren-Rolle, die Maximilian Harden dabei spielte) die Schrift zum Skandalon machte. Der Aufsatz steht aber ebenso für das Bedürfnis eines patriotischen deutschen Judentums nach vollkommener Assimilation.[8] Sie schien mit seiner politischen Rolle als Minister der Weimarer Republik symbolisiert. Sein Tod zeigte die Grenzen der Assimilation.

## Der Fall Gumbel

Der Hochschullehrer und politische Publizist Emil Julius Gumbel (1891-1966) war wie wenige Juden in der Weimarer Republik Objekt öffentlicher antisemitischer Diffamierung durch Konservative und Rechtsextremisten. Sein Engagement als Pazifist bot die Handhabe. Der Sohn eines Münchner Privatbankiers beendete im Juli 1914 das Studium der Mathematik und Nationalökonomie und zog als Freiwilliger in den Ersten Weltkrieg. Zum Pazifisten gewandelt, schloss er sich 1915 dem Bund Neues Vaterland, der späteren Deutschen Liga für Menschenrechte, an. Als entschiedener Republikaner und Propagandist der Aussöhnung mit Frankreich machte er sich mit Publikationen über Fememorde, rechtsradikale Geheimbündelei und die Schwarze Reichswehr Feinde. Die gleichen Themen behandelte er als Vortragsredner bei pazifistischen Vereinigungen und Veranstaltungen auch im Ausland und in Artikeln, die in der Zeitschrift „Die Menschenrechte" und gelegentlich in der „Weltbühne", aber auch in Tageszeitungen erschienen. Die Wirkung beruhte auf der ebenso schmucklosen wie akribischen Kompilation von Fakten.

Anfang 1923 hatte er sich in Heidelberg als Privatdozent für Statistik etabliert; trotz seines internationalen Renommees, das er durch wissenschaftliche Veröffentlichungen erwarb, verlieh ihm die Universität den Titel eines außerordentlichen Professors nur widerwillig und erst 1930. Bereits 1924 hatte sich ein akademischer Untersuchungsausschuss mit Gumbel befasst, weil er bei einer Versammlung von Kriegsgegnern die Gemüter von Nichtanwesenden durch eine missverständliche Formulierung erregt hatte. Die Kommission, der Karl Jaspers angehörte, fand keine formalen Anhaltspunkte, ihm die Venia legendi zu entziehen, aber ihr veröffentlichter Beschluss war eine Art moralischer Hinrichtung. Seinen Höhepunkt erreichte der Skandal im Mai 1932 nach zahllosen nationalistischen Krawallen in Heidelberg und rechtsextremistischen Diffamierungen des mittlerweile prominenten Pazifisten und radikalen Demokraten, für den auch Albert Einstein Partei ergriff. Die Universität reagierte auf den Druck der Rechten und entließ den unbequemen Hochschullehrer im August 1932.

Gumbel ging, noch vor Hitlers Machtantritt, ins Exil und folgte Einladungen der Universitäten Paris und Lyon. Er legte Wert auf die Feststellung, aus politischen Gründen emigriert zu sein und nicht als Jude, d. h. wegen seiner Zugehörigkeit zu einer religiös, kulturell oder „rassisch" definierten Minderheit. Gleichwohl sahen ihn die Nationalsozialisten in ihrer Propaganda immer als Inkarnation des jüdischen Hochschullehrers. Sein Name stand 1933 auf der ersten Ausbürgerungsliste der nationalsozialistischen Reichsregierung. Stationen des Exils ab 1940 waren die New School for Social Research in New York und andere amerikanische Hochschulen. Als Gastprofessor kam Gumbel in den fünfziger Jahren noch einmal nach Berlin und später nach Hamburg. Neu entdeckt und gewürdigt wurde der unbequeme und streitbare Pazifist aber erst nach seinem Tod.[9]

# Ein Antisemitentag in Wien

Organisierte Judenfeindschaft äußerte sich in Veranstaltungen wie dem „Antisemitentag". Vom 11. bis 13. März 1921 versammelten sich in Wien Judenfeinde aus Österreich, Ungarn und Deutschland, nicht nur um an der Erlösung des Volks der Arier aus der „ihm vom Judenthume aufgezwungenen Knechtschaft" zu arbeiten und das Elend der Gegenwart zu lindern, sondern um die Verlierer des Ersten Weltkriegs wieder zu lichten Höhen zu führen. Unter stürmischem Beifall begrüßte der Initiator und Vorsitzende des Antisemitentags, Dr. Jerzabek, die Versammlung und versprach den „hehren Augenblick, an dem wir jubelnd ausrufen dürfen: ‚Deutscher Aar! Gesprengt ist die Kette, die dich bisher gefangen hielt.'"[10] Es handelte sich also, in der üblichen Diktion aus patriotischer Larmoyanz und chauvinistischem Pathos, um ein Treffen ultranationalistischer Ideologen, die seit dem Zusammenbruch der Monarchie und der Revolution 1918 die Welt nicht mehr verstanden, alldeutsch und völkisch dachten und in „den Juden" die Schuldigen an allem Unglück sahen. „Nur der Kräfte lähmenden Zersetzung, die das Deutsche Volk durch das Judengift erfahren hat, verdankt die Entente den Sieg"[11] versicherte der Begrüßungsredner Jerzabek einem Auditorium, das diesen Glauben voll und ganz mit ihm teilte.

Dr. med. Anton Jerzabek (1867-1939) konnte auf eine politische Karriere zurückblicken, die ihn als Mitglied und Exponenten des rechten Flügels der Christlichsozialen Partei 1911 in den Reichsrat geführt hatte. 1918/19 war er Mitglied der Provisorischen Nationalversammlung und 1920-1930 Abgeordneter zum Nationalrat. Jerzabek, der als Regimentsarzt und Oberstadtarzt in Wien tätig gewesen war, hatte am Ersten Weltkrieg teilgenommen und Autorenruhm mit einer Schrift über „Sanitätshilfsdienst und Samariterwesen" erworben. Jerzabek gründete 1919 den „Antisemitenbund", der sich als überparteiliches Sammelbecken allen Judenfeinden anbot und sich als „Schutzverein" zur Abwehr jüdischen Machstrebens verstand. Der Antisemitenbund hatte

Ortsgruppen in Österreich und korrespondierte mit dem „Verband gegen die Überhebung des Judentums" in Berlin, mit dem „Verein der Erwachenden Ungarn" und dem Christlich-Sozialen Verband in Budapest, der Christlich-Sozialen Landespartei in Preßburg, dem „Deutsch-Arischen Preß-Verein in der Tschechei", dem Tiroler Antisemitenbund und anderen Vereinen ähnlicher Qualität, die Vertreter nach Wien zum Antisemitentag entsandten.

Man zerbrach sich drei Tage lang den Kopf über „den Stand der Judenfrage" und allerlei Missstände wie „die Verjudung der Hochschulen", den „jüdischen Einfluß auf die Pflichtschulen", den „Kampf des Judentums um die Weltherrschaft", die schmerzlich empfundene angebliche Dominanz der Juden in Kunst und Literatur, Presse usw. Ein Arbeitsplan wurde beraten, wie den vielen festgestellten Übeln abzuhelfen sei, und ein Weltkongress der Antisemiten wurde beschlossen, der noch im Herbst 1921, nach gehöriger Vorbereitung durch den „Verein der Erwachenden Ungarn", in Budapest zusammentreten sollte. Ein Zentralbüro würde ins Leben treten, um die Beziehungen zum antisemitischen Ausland zu vertiefen und in allen österreichischen Landeshauptstädten sollten zugleich weitere Antisemitentage abgehalten werden. Was auch irgendein Wirrkopf im Namen seiner Vereinigung oder auf eigene Gefahr beantragte, wurde beschlossen; zu guter Letzt wurde der Vorsitzende ermächtigt, ein „Komitee zur Pflege des Meinungsaustausches" zu bilden.

Dokumentiert wurden die Verhandlungen des Antisemitentages in der Verbandsgazette des Antisemitenbundes „Der eiserne Besen", die mit dem Untertitel „Ein Blatt der Notwehr" in Wien und später in Salzburg erschien. In Diktion und Ausdrucksweise war der „eiserne Besen" ein Vorläufer des berüchtigten Hetzblatts „Der Stürmer", das Julius Streicher ab 1923 in Nürnberg herausgab.

Das Ganze war bis dahin eher komisch: Ein kleines Grüppchen von Fanatikern hatte sich mit der gebotenen Feierlichkeit wichtig genommen, Reden waren gehalten und protokolliert worden, Botschaften wurden versandt, wie es unter Gleichgesinnten vorkommt. Dass es sich um Judenfeinde handelte, die ihren Hass zum politischen Programm stilisierten, machte die Veranstaltung aber zu einem unerfreulichen Ereignis, das freilich keine besondere Dimension hatte, obwohl die Presse darüber berichtete, als handele es sich um einen ernst zu nehmenden Kongress. 40 000 Teilnehmer seien es gewesen, ist gelegentlich in der Fachliteratur zu lesen. Das wäre freilich ein Fanal gewesen. Der Festsaal der Wiener Bäckergenossenschaft, in dem die Antisemiten tagten, hätte aber so vielen nicht Raum bieten können und das Missverständnis klärt sich, wenn man in der internen Berichterstattung von 62 Teilnehmern liest, die insgesamt 400 000 Mitglieder der Vereine und Bünde vertraten, in deren Namen die Herren in Wien agierten. Der aus München angereiste Nationalsozialist Hermann Esser etwa saß dann zugleich für alle Abonnenten des Völkischen Beobachters in Wien, denn in dieser Eigenschaft wurde er begrüßt.

Der Vertraute Hitlers überbrachte die Grüße der „radikaljudenfeindlichen reichsdeutschen Nationalsozialisten" und erklärte unter stürmischem Beifall, „daß eine wesentliche Vorstufe zur Lösung der Judenfrage" im „Anschluß Deutschösterreichs und aller deutschsprechenden Gebiete" an das Deutsche Reich bestehe. Das war einige Tage später im „Völkischen Beobachter" so zu lesen.[12]

Die dreitägige Veranstaltung endete am Abend des 13. März mit dem Aufruhr des aufgepeitschten Pöbels auf den Straßen Wiens. Die Abschlusskundgebung des Antisemitentages fand in der Volkshalle des Rathauses statt. Da der Raum nicht Platz bot für die Formationen der christlichsozialen und deutschnationalen Vereinigungen, die aus den Bezirken zum Rathaus marschierten, wurde um 17.00 Uhr eine Versammlung unter freiem Himmel vor dem Rathaus improvisiert, die etwa 5000 Patrioten im Zeichen des Antisemitismus vereinte. Zu den Anhängern des Dr. Jerzabek gesellten sich der Nationalverband deutschösterreichischer Offiziere, die Frontkämpfervereinigung, die Nationalsozialistische Partei, die Gewerkschaft der völkischen

Postler, die Gewerkschaft deutscher Eisenbahner, und andere, die sich an verschiedenen Aufmarschplätzen formiert hatten, von denen aus sie zum Rathaus strömten.

An fünf Punkten vor dem Rathaus wurden Reden gehalten, dann bildete sich mit Musik an der Spitze ein Zug in Viererreihen, der sich über die Ringstraße Richtung Parlament in Bewegung setzte. Dort sang man entblößten Hauptes „Deutschland, Deutschland über alles". Zahlreiche Polizeikräfte bildeten einen Kordon zwischen den patriotischen Judenfeinden und ihren politischen Gegnern, die vor dem Burgtheater die Internationale anstimmten. An der Babenbergerstraße verloren die Organisatoren die Kontrolle über den Zug, dem sich Krawallmacher und aufsässiger Mob angeschlossen hatten. Die Menge randalierte gegen die Polizei, stürmte Straßenbahnwagen mit dem Ruf „Juden hinaus", zerschlug die Fenster von Kaffeehäusern, jagte Passanten, prügelte Personen, die man für Juden hielt. Sicherheitskräfte verhinderten das Eindringen des pogromsüchtigen Pöbels in die Leopoldstadt. Der Spuk dauerte, bis die Polizei den Zug zerstreut hatte, etwa zweieinhalb Stunden; 25 Personen wurden wegen polizeiwidrigen Verhaltens und öffentlicher Gewalttätigkeit verhaftet.

Die Zeitungen berichteten über den Antisemitentag und die anschließenden Ausschreitungen. Die Neue Freie Presse schrieb über die „tiefbedauerlichen Vorgänge, die nicht scharf genug verurteilt werden können" und verwies auf den außenpolitischen Schaden des Krawalls: „Die Veranstalter der Rathausversammlung mußten wissen, daß ihre Brandreden auf der abendlich dunklen Straße jenen abscheulichen Widerhall finden würden." Der Wiener Neuen Freien Presse war es wichtig zu betonen, dass das „wüste Treiben der Straßenbahnstürmer, der Fensterscheibenzerschmetterer, der Helden vom geschwungenen Stock und vom Schlagring, die einen verschwindenden Teil der Bevölkerung darstellen, überall das peinlichste Aufsehen und die schärfste Mißbilligung hervorgerufen hat".[13]

17 Jahre später, im März 1938, spielten sich wieder Szenen ab, deren Anlass Judenfeindschaft war. Zum Auftakt des „Anschlus-

ses" wurden Juden auf den Straßen gedemütigt und verhöhnt, johlende und gewalttätige Barbaren, in die sich der tonangebende Teil der Bevölkerung verwandelt hatte, wurden zu Tätern, die antisemitische Ideologie in der Praxis auf der Straße agierten. Die Ideologie der Judenfeindschaft war jetzt Staatsdoktrin. Die Antisemiten waren an der Macht. Die Ereignisse im März 1921 waren ein Vorspiel gewesen.[14]

## Anmerkungen

1 Andrea Tyndall, The 1916 German Judenzählung, Action and Reaction, University of North Carolina at Greensboro 1986.
2 Jacob Rosenthal, Die Ehre des jüdischen Soldaten. Die Judenzählung im Ersten Weltkrieg und ihre Folgen, Frankfurt/M./New York 2007.
3 Gertrud Maria Rösch, Ludwig Thoma. Der zornige Literat, Regensburg 2012.
4 „Antisemitismus" in: Miesbacher Anzeiger, 17.7.1920.
5 Ludwig Thoma, Sämtliche Beiträge aus dem „Miesbacher Anzeiger" 1920/21. Kritisch ediert und kommentiert von Wilhelm Volkert, München 1989.
6 Ernst Schulin, Walther Rathenau. Repräsentant, Kritiker und Opfer seiner Zeit, Göttingen 1977; neuerdings Wolfgang Brenner, Walther Rathenau. Deutscher und Jude, München 2005; Christian Schölzel, Walther Rathenau. Eine Biographie, Paderborn 2006; Lothar Gall, Walther Rathenau. Portrait einer Epoche, München 2009.
7 Harry Graf Kessler, Walther Rathenau. Leben und Wirken, Dresden 1927.
8 Shulamit Volkov, Walther Rathenau. Ein jüdisches Leben in Deutschland 1867-1922, München 2012.
9 Wolfgang Benz, Emil Julius Gumbel. Die Karriere eines deutschen Pazifisten, in: Ulrich Walberer (Hrsg.), 10. Mai 1933. Bücherverbrennung in Deutschland und die Folgen, Frankfurt/M. 1983, S. 160-198; Christian Jansen, Emil Julius Gumbel. Portrait eines Zivilisten, Heidelberg 1991.
10 Der eiserne Besen. Ein Blatt der Notwehr, 20.3.1921.
11 Ebenda.
12 Völkischer Beobachter 20.3.1921 und 24.3.1921.
13 Neue Freie Presse (Wien), 14.3.1921; s. a. Volks-Zeitung (Wien), 14.3.1921.
14 Frank Stern/Barbara Eichinger (Hrsg.), Wien und die jüdische Erfahrung 1900-1938. Akkulturation – Antisemitismus – Zionismus, Wien/Köln/Weimar 2009.

# 6. Ausgrenzung und Diskriminierung: Juden im Nationalsozialismus

1933 erschien eine Broschüre mit dem Titel „Juden sehen Dich an". Zu verantworten hatte sie Dr. Johann von Leers (1902-1965), einer der fleißigsten judenfeindlichen Propaganda-Autoren des Dritten Reiches mit Schriften wie „14 Jahre Judenrepublik" (1933), „Die Kriminalität des Judentums" (1936), „Judentum und Gaunertum" (1940), „Juden hinter Stalin" (1941), „Kräfte hinter Roosevelt" (1942), „Die Verbrechernatur der Juden" (1944). Nach dem Studium der Rechtswissenschaft und der Promotion 1926 war er als Attaché ins Auswärtige Amt eingetreten. Die Ausbildung zum Diplomaten musste er 1928 abbrechen, da sein offen zur Schau getragener aggressiver Antisemitismus damals noch nicht karrierefördernd war. 1929 trat er der NSDAP bei und betätigte sich als Propagandist der Bewegung, vor allem als Journalist der Goebbels-Zeitung „Der Angriff". 1936 wurde er Mitglied der SS, 1940 wurde er Ordentlicher Professor für Geschichte (insbesondere des Bauerntums und Handwerks) in Jena.

Leers' Weltbild war von Verschwörungsphantasien und Blut- und-Boden-Mythen bestimmt; in monotoner Obsession verkündete er Ritualmordlegenden, die Vorstellung eines einflussreichen „Weltjudentums" und die Überzeugung vom kriminellen Charakter „der Juden". Damit war von Leers einer der Protagonisten der antisemitischen Staatsdoktrin des NS-Staats. 1945 wurde er interniert, konnte 1946 aus dem Lager fliehen und entkam nach Südamerika. 1950 ließ er sich in Buenos Aires nieder, betätigte sich weiterhin als Nationalsozialist, schrieb unter vielen Namen für rechtsextreme Blätter auch in der Bundesrepublik. Seit 1956 lebte er in Kairo, trat zum Islam über, stand zeitweise in Diensten der antiisraelischen Propaganda Ägyptens. Er starb 1965.

## „Juden sehen Dich an"

Das schmale Buch „Juden sehen Dich an" aus der Feder von Leers', das 1933 in Berlin erschien, dem ab der 3. Auflage eine wortreiche Widmung an den Antisemiten Julius Streicher als „furchtlosem und treuem Kämpfer" gegen „den Verderber Deutschlands" und frühen Weggefährten Hitlers vorangesetzt ist[1], bildet eine der Inkunabeln nationalsozialistischer Judenfeindschaft. Sowohl die Argumentation durch eintönige Beschwörung stereotyper Judenbilder als auch die Methode der Beweisführung durch Kombination von Behauptung, Zitat, Konnotation und Assoziation machten Schule und waren Vorbild und Muster antisemitischer Agitation im Dritten Reich.

Die als negativer Topos verwendete Metapher vom „Ewigen Juden", die später den Titel der Ausstellung (1937) und dann des Filmes (1940) bildet, findet sich auch in der Schrift „Juden sehen Dich an". Der Autor mutmaßt, dass die den Juden zugeschriebene Eigenschaft des Betrügens „eine tiefe sittliche Erkrankung des jüdischen Volkskörpers" sei. Viele „ernste Forscher" würden diese Eigenschaft auf das Fehlen eines Siedlungsraumes zurückführen. Es werde notwendig sein, „die von Land zu Land ziehenden jüdischen Massen, die die Zersetzung wie die Judenfeindschaft stets in neue Länder tragen, irgendwo auf eigenem Grund unter verständiger Kontrolle anzusiedeln". Das war keineswegs eine Sympathiebekundung für den Zionismus, denn die Ressourcen Palästinas reichten nach Meinung von Leers nicht aus. Seit langem gängige Vorstellungen von einer Ansiedlung der Juden in Übersee aufgreifend machte von Leers deutlich, dass es nicht um ein philanthropisches Kolonisationsprojekt ging, sondern um Deportation und Ghettoisierung in weiter Ferne ohne Selbstbestimmung der deportierten Juden. Madagaskar war seit dem 19. Jahrhundert ebenso wie andere unwirtliche Gebiete in solchem Zusammenhang immer wieder erwähnt worden. Auch von Leers nannte die Insel vor Ostafrika, als er empfahl, nicht zu lange mit einer solchen Lösung zu warten: „Darum – man gebe Ahasver ein wirklich eigenes Heim! Macht er einen Garten und ein Ackerfeld daraus, so erhalte man es ihm auch – macht er eine Schieberhöhle daraus, so sperre man ihn endgültig ein. Aber geben muss man ihm diese Gelegenheit!"

Der deklamatorische Charakter der Forderung ist nicht nur deshalb evident, weil Deutschland über kein überseeisches Territorium verfügte, auf dem die pseudozionistischen Projektionen des Johann von Leers hätten Niederschlag finden können, der hasserfüllte Ton des ganzen Pamphlets (in dem mehrfach betont wird, keiner der angeprangerten Juden sei nach dem nationalsozialistischen Machterhalt hingerichtet worden) spricht gegen jede auch nur einigermaßen menschenfreundliche Absicht. Von Leers' Pamphlet ist ein getreues Abbild der offiziellen Haltung gegenüber der jüdischen Minderheit zu Beginn der nationalsozialistischen Herrschaft: In der „Kampfzeit der Bewegung" hatte die Schuldzuweisung an die Juden und deren Diffamierung einen erheblichen Anteil an der Propaganda und den Kampagnen der NSDAP, die vorhandene Abneigung im Publikum bediente und instrumentalisierte. Als Regierungspartei hielt die NSDAP das Rad im Schwung, forderte die Entfernung der Juden aus dem öffentlichen Leben, stigmatisierte sie nach Kräften, demütigte sie individuell und als Gruppe, sprach Boykotte und Berufsverbote aus. Aber einen Plan, wie mit den Juden nach ihrer Diskriminierung und Entrechtung dann verfahren werden sollte, gab es noch nicht.

Die Broschüre „Juden sehen Dich an" war ein Muster nationalsozialistischer antisemitischer Agitation, das auch in den beiden Propaganda-Großprojekten unter dem Titel „Der ewige Jude" der Ausstellung 1937 und dem Film 1940 angewendet wurde. Von Leers zeigt ein auf die Wirkung von Bildern rechnendes Panoptikum mit sechs Abteilungen, die durch die Schlagworte „Blutjuden", „Lügenjuden", „Betrugsjuden", „Zersetzungsjuden", „Kunstjuden", „Geldjuden" gekennzeichnet sind.

Von Leers bietet lediglich Denunziation, keine Definitionen, er listet Prominente, beginnend mit Karl Marx, Rosa Luxemburg, Karl Liebknecht, Bela Kun und Leo Trotzki auf, um den politischen Einfluss des „internationalen Judentums" darzustellen, das stets bei der Unterdrückung der nichtjüdischen Völker zusammengearbeitet habe. „Kapitalistische und kommunistische Juden decken sich gegenseitig, sitzen in denselben Freimaurerlogen zusammen".[2] Grundmotiv des Autors ist ein mit Judenhass amalgamierter Antibolschewismus, der die Sozialdemokratie (als angeblich zugleich marxistische und jüdische politische Erscheinung) einschließt und auf völkischen Überzeugungen gründet. „Dem Juden" als metaphorischem Feind stellt Leers den Führer der NSDAP als Retter und Erlöser gegenüber: „Vor dieser Ausrottung durch Blutjuden im furchtbarsten Bolschewismus hat Adolf Hitler und die nationalsozialistische Bewegung – der bürgerliche Nationalismus wäre dazu gar nicht in der Lage gewesen – das Deutsche Volk bewahrt und damit sich um die ganze Welt ein unsterbliches Verdienst erworben".[3]

Das Pamphlet atmet noch ganz den Geist der NSDAP-Kundgebungen der zwanziger Jahre und versteht sich als Abrechnung mit der Weimarer Republik, den „November-Verbrechern" und der „Systemzeit". Ob der Autor es nicht besser wusste oder ob er zwei Politiker der Zentrumspartei, exponierte Katholiken und Demokraten, auf die in seinem Verständnis bösartigste Weise, nämlich als Juden stigmatisieren wollte, bleibt ungeklärt. In die Galerie der „Blutjuden" hat er jedenfalls auch den 1921 von Rechtsextremisten ermordeten Zentrumspolitiker und ehemaligen Reichsfinanzminister Matthias Erzberger (als „Zerstörer des Reiches") und den 1933 aus dem Amt gejagten Oberbürgermeister Konrad Adenauer (diffamiert als „Großprotz von Köln") aufgenommen.

Das zweite Kapitel („Lügenjuden") folgt der These, die Lüge sei „eine alte jüdische Waffe", angewendet durch die sozialdemokratische, kommunistische und bürgerliche Presse, die sich in jüdischer Hand befinde und die öffentliche Meinung lenke. Erst mit der Kanzlerschaft Adolf Hitlers sei dem Judentum das Lügenmaul durch Presseverbote verschlossen worden. Vorgeführt werden der Nobelpreisträger Albert Einstein, der Schriftsteller Lion Feuchtwanger („schrieb schlechte Romane, hetzte in

Amerika gegen Adolf Hitler und log"), der Chefredakteur des SPD-Zentralorgans „Vorwärts" Friedrich Stampfer („hetzte und log gegen Adolf Hitler"), der Schriftsteller Emil Ludwig („schrieb verlogene Bücher"), Theodor Lessing („Lügner und Hetzer im Hintergrund"), Theodor Wolff, Rudolf Hilferding.

Die Beweisführung im folgenden Abschnitt „Betrugsjuden" exemplifiziert die Behauptung, die Verbindung des Judentums zum Verbrechertum sei Jahrtausende alt mit Hinweisen auf die Gaunersprache, die hebräischen Ursprungs sei, und mit Diffamierungen der jüdischen Religion, die angeblich betrügerische Geschäfte erlaube und diese gegenüber Nichtjuden sogar vorschreibe, bewegt sich der Autor in ausgefahrenen Geleisen. „Das im Betrug besonders geschulte Ostjudentum" habe nach dem Ersten Weltkrieg Deutschland überschwemmt, „Deutschland drohte an der Giftwolke der jüdischen Korruption zu ersticken". Zum Beweis karikiert Johann von Leers die sozialdemokratischen Politiker Heilmann und Weismann, die Unternehmer Julius Barmat, Heinrich Sklarz, Iwan Kutisker, Katzenellenbogen und die Brüder Sklarek, die in Korruptions- und Betrugsaffären der Weimarer Republik verwickelt waren. Die politische Skandalisierung der Affären hatte den doppelten Zweck, jüdische Einwanderer als betrügerische Parvenüs und Parasiten zu stigmatisieren und die Weimarer Demokratie zu delegetimieren.[4]

Die „Zersetzungsjuden", denen das vierte Kapitel gewidmet ist, repräsentieren der Sexualforscher Magnus Hirschfeld („verteidigt die Homosexualität in besonders schmutziger Weise, propagiert alle Art von Sittenlosigkeit") und der Berliner Schulrat Löwenstein („machte aus der ‚Karl-Marx-Schule' eine kommunistische Pflanzschule des Untermenschentums, lehrte die Kinder Volk, Rasse und Deutschtum zu verachten"). „Die sittliche Zersetzung" sei „vom Judentum gern als Mittel benutzt worden, um das deutsche Volk innerlich aufzulösen", lautet das Motto, das Leers mit Zitaten aus antisemitischen Klassikern wie Theodor Fritsch und unter Berufung auf jüdische Schriftsteller illustriert.

Unter der Rubrik „Kunstjuden" wird im fünften Kapitel Klage

geführt gegen die „innere Aushöhlung des deutschen Volkes" durch die Dominanz der Juden in Kunst, Theater, Literaturkritik und Film. Nirgends habe sich die Macht des Judentums so deutlich gezeigt wie auf dem Gebiet der Kultur. Zur Beweisführung werden u. a. Erwin Piscator, Julius Bab, Max Reinhardt, Ernst Toller, Alfred Kerr aufgeführt, einzelne Stücke wie die Oper „Jonny spielt auf" von Ernst Krenek und pauschal werden ganze Sparten des Kulturlebens denunziert: „Völlig verjudet ist auch der Film, der Jahre lang bewußt das Verbrechertum pflegte, eine ebenso häßliche wie alberne Possenfigur, den Juden Charlie Chaplin, in den Himmel hob, und einen Rummel mit jüdischen Stars, wie die Elisabeth Bergner, Gitta Alpar und ähnlichen Judenkallen entfesselte, der die deutsche Filmkunst ruinierte".[5]

Auch der sechste Abschnitt „Geldjuden" folgt dem Muster, einen gängigen Topos als These zu fixieren, sie mit allgemein präsenten Behauptungen zu „beweisen" und mit Zitaten aus schwer nachprüfbaren oder gar nicht existierenden Quellen zu untermauern. Das populäre Klischee vom jüdischen Geld und von jüdischer Wirtschaftsmacht wird mit Namen aus der Bank- und Börsenwelt wie Jakob Goldschmidt, Max Warburg, Carl Melchior und bekannten Unternehmern wie Georg und Martin Tietz dokumentiert und auf vermutete historische Entwicklungslinien in der Tradition der Judenfeindschaft zurückgeführt: „Im langsamen Weg vom Wucherjuden des Mittelalters über den Hofjuden der Barockzeit bis zum beherrschenden Bankjuden des Industriezeitalters geht ein ungeheurer Aufstieg des jüdischen Volkes, der ihm erst die wirtschaftliche Grundlage zur Beherrschung anderer Völker gab".[6]

## Diskriminierung durch Propaganda

Für den Nationalsozialismus hatte der Antisemitismus konstitutive Bedeutung. Ohne eigene innovative Anstrengung übernahmen Hitler und die Ideologen der NSDAP die Rassenkonstrukte und Postulate der Judenfeindschaft des 19. Jahrhunderts. Im Parteiprogramm der NSDAP von 1920 waren die Aufkündigung der Emanzipation durch den Vorbehalt von Staatsbürgerschaft und Staatsämtern für Nichtjuden und ein Einwanderungsverbot fixiert. Antisemitismus bildete in Hitlers Programmschrift „Mein Kampf" eine der zentralen Thesen und wurde demagogisch in Kundgebungen als Heilmittel gegen alle Übel propagiert. Die traditionellen Stereotypen wie das angebliche jüdische Streben nach Weltherrschaft, der behauptete übergroße Einfluss „der Juden" in Presse, Kultur, Wirtschaft usw. bildeten – „erklärt" durch die Konstrukte des Rassenantisemitismus des 19. Jahrhunderts – die Themen der Propaganda. Dazu gehörten die aus Russland importierten „Protokolle der Weisen von Zion" als verschwörungstheoretische Welterklärung, die von Hitler zitiert, vom Chefideologen Alfred Rosenberg kommentiert, vom Parteiverlag der NSDAP kolportiert wurden. Auf niedrigstem Niveau agierte Julius Streicher seit 1923 als Herausgeber der Zeitung „Der Stürmer", die unter dem von Treitschke entlehnten Motto „Die Juden sind unser Unglück" bis 1945 ausschließlich wüste Hetze gegen Juden trieb.

### Rassenkunde

Intellektuelle Handlanger der NS-Ideologie waren Wissenschaftler und Publizisten. Mit den Büchern „Rassenkunde des deutschen Volkes" (1922), dessen Kurzfassung „Kleine Rassenkunde des deutschen Volkes" (1928) sowie der „Rassenkunde Europas" (1929), der eine „Rassenkunde des jüdischen Volkes" (1929) folgte, vertrat Hans F. K. Günther eine Rassenlehre, die auf der Vererbung körperlicher, psychischer und emotionaler Merkmale beruhte. Günther illustrierte und belegte seine Beschreibung der europäischen Hauptrassen, die er ursprünglich in vier (nordisch, westisch, ostisch, dinarisch) einteilte, mit Abbildungen und Literaturzitaten, die den Anschein von Wissenschaftlichkeit erweckten.

Günther popularisierte in seinen Büchern das auf Gobineau und Chamberlain zurückgehende Rassedenken im Auftrag des Münchner Verlegers J. F. Lehmann. Die „Kleine Rassenkunde des deutschen Volkes" war am erfolgreichsten. 1936 meldete der Verlag das 150 000. Exemplar. Der Schriftsteller und Privatgelehrte Günther (1881-1968) hatte durch das Studium der Germanistik die Befähigung zum Gymnasiallehrer erworben. 1930 wurde er vom nationalsozialistischen thüringischen Minister Frick mit einer Professur für Sozialanthropologie in Jena bedacht. 1935 erhielt er als früher Unterstützer des Nationalsozialismus den Preis der NSDAP für Wissenschaft. Auch die weiteren Bücher Günthers („Adel und Rasse", 1926, „Rasse und Stil", 1926) sind nach der gleichen Methode geschrieben, mit der er Lesefrüchte zur ethnischen Phänomenologie in ein völkisches und rassistisches Denkgebäude einsortierte und wertete. Die Wirkung der Schriften war bis 1945 enorm. Sie machten rassistisches Denken populär.[7]

> **„Judengeruch"**
>
> Zweifellos ist öfters ein Geruch als „Judengeruch" beschrieben worden, der in der Hauptsache der Unreinlichkeit mancher Juden und dem Knoblauchgenuß zuzuschreiben ist, also erworbenen Geruch und keinen ererbten darstellt. Die Unreinlichkeit vieler aus Rußland und Polen stammender Juden ist bekannt und hat unter diesen Juden selbst eine Reihe volksläufiger Witze veranlaßt. Den Knoblauchgenuß und den damit verbundenen Geruch teilen die knoblauchessenden Juden mit vielen Italienern und Südfranzosen. Der Knoblauch, schon 4. Mose 11,5 erwähnt, im Talmud gepriesen und von den Rabbinern öfters empfohlen, wurde von den frühmittelalterlichen Juden zu den geschlechtlich anregenden Mitteln (Aphrodisiaca) gezählt. Es ist klar, daß Gerüche, wie sie durch Unreinlichkeit oder durch Knoblauchgenuß entstehen, nicht zum jüdischen „Rassengeruch" zu rechnen sind, daß dieser daher viel eher wahrzunehmen ist bei den wohlhabenderen, leiblich gepflegteren Juden Mittel- und Westeuropas. Der Verfasser z. B. glaubte, die verschiedenen Abwandlungen eines jüdischen ererbten Geruches deutlicher wahrzunehmen, als er in einer deutschen Großstadt längere Zeit seine Mahlzeiten an einem „rituellen" Mittagstisch einnahm, den außer wenigen Nichtjuden eine große Anzahl leiblich zumeist reinlicher Juden besuchten. Auch bei Abwesenheit der Juden waren die betreffenden Zimmer mit einem ziemlich auffälligen, dem

Verfasser als matt-süßlich erscheinenden Geruche erfüllt, der gleich beim Eintreten auffiel. Der „Rassengeruch" der Juden oder vieler Juden wird von verschiedenen Beobachtern verschieden beschrieben; [...] Die Rassenforschung, in diesem Falle die Rassenphysiologie, die in den letzten Jahren durch ihre Blutgruppenforschung so bedeutsam hervorgetreten ist, wird versuchen müssen, die Fragen der „Rassengerüche" durch das Mittel chemischer Analysen zu lösen. Man wird die Absonderungen des Leibes, insbesondere den Schweiß, auf seine Zusammensetzung hin untersuchen müssen und wird wahrscheinlich für die verschiedenen Rassen der Erde z. B. eine Beteiligung entweder verschiedener Fettsäuren oder eines jeweils verschiedenen Mischungsverhältnisses bestimmter Fettsäuren finden und so schließlich gleichsam die „chemische Formel" für einzelne „Völkergerüche" und „Rassengerüche" feststellen. In solcher Weise ließe sich schließlich auch feststellen, ob der „Judengeruch" etwa mehr durch Erbanlagen der vorderasiatischen oder der orientalischen oder einer anderen Rasse bedingt ist.*

*Hans F. K. Günther, Rassenkunde des jüdischen Volkes, München 1930, S. 266f.*

Die Bücher Günthers, in betulich-gelehrter Diktion verfasst, verstanden sich als eine Art Wegweiser, in dem die Merkmale und Eigenschaften der europäischen Menschenrassen aufgeführt werden, aber nicht zum Selbstzweck, sondern mit engagiertem Bekenntnis zum „Nordischen Gedanken" und mit Vorschlägen zur Nutzanwendung der Rassenlehre. Reich bebildert wurden die Unterschiede der nordischen, der westischen, der dinarischen, der ostischen, der ostbaltischen, der fälischen und der sudetischen Rasse beschrieben. Der Aufzählung körperlicher Unterscheidungsmerkmale – „breit- und hochgewachsen, wuchtig" die einen, „hochbeinig, derb-schlank" die anderen – folgt die Beschreibung der seelischen Eigenschaften. Viele Passagen lesen sich heute wie Erzeugnisse unfreiwilligen Humors. Wie in den frühen Auflagen von Brehms Tierleben, in denen der Autor psychologisierend den Charaktereigenschaften von Elefant und Nashorn, Känguru und Feldhasen nachspürte, beschrieb der Rasseforscher Günther die Objekte seines wissenschaftlichen

Bemühens. In der „Kleinen Rassenkunde des deutschen Volkes" klang das dann so: „Beschaulichkeit, Erwerbsamkeit und Engherzigkeit sind den Rassenforschern verschiedener Länder am ostischen Menschen aufgefallen, ferner eine gewisse mürrische, misstrauische Verschlossenheit im Verkehr mit fernerstehenden Menschen. Die ostische Rasse stellt den Schlag des ‚Spießbürgers' – dieses Wort als Bezeichnung einer Gesinnung, nicht eines Standes genommen".[8] Oder: „Ostbaltische Menschen neigen zum Massengeist und Geführtwerden und werden dadurch bei angemessener Führung, zumal ihnen zumeist ein lebhafter Vaterlandssinn eignet, zu willigen Untertanen, deren Anhänglichkeit an sie leitende Menschen sich bis zur Unterwürfigkeit steigern kann. Nahestehenden gegenüber sind ostbaltische Menschen meist hilfreich und gastfrei, oft überschwenglich entgegenkommend, zu ihren Angehörigen zärtlich. Fernerstehenden gegenüber neigen viele ostbaltische Menschen zur Verschlagenheit und bei Anlässen dazu auch zu berechnender Rachsucht. Eine Neigung zu Rohheit und Hinterlist ist unverkennbar, sie bedingt es wahrscheinlich, daß Ostpreußen, Posen und Schlesien ‚kriminell stark belastet' [...] erscheinen, vor allem durch gefährliche Körperverletzung und einfachen und schweren Diebstahl".[9]

Als Krone der Schöpfung mit eigentlich nur guten Eigenschaften erscheint in Günthers Rassenkunde der nordische Mensch: „Tatsächlich möchte man vordenkliche Willenskraft, bestimmtes Urteilsvermögen bei kühl abwägendem Wirklichkeitssinn, Drang zur Wahrhaftigkeit von Mensch zu Menschen, eine Neigung zu ritterlicher Gerechtigkeit als die bei nordischen Menschen immer wieder auffallenden seelischen Züge bezeichnen. Solche Züge können sich bei einzelnen innerhalb der nordischen Rasse steigern bis zu ausgesprochen heldischer Gesinnung, bis zu weitblickendem Führertum im Staate oder Schöpfertum in Technik, Wissenschaft und Kunst. Die verhältnismäßig große Anzahl vorwiegend nordischer und nordischer Menschen unter den bedeutenden und überragenden Männern und Frauen aller abendländischen Völker ist aufgefallen, ebenso wie die verhältnismäßig sehr geringe Anzahl bedeutender Männer und Frauen ohne merklichen nordischen Einschlag".[10]

Was Hitler und seine nationalsozialistische Gefolgschaft unter Begriffen wie Aufartung, Auslese, Ausmerze, Rasseneinheit und Rassenschande verstanden und praktizierten, dass der Rassengedanke nach Auschwitz und zum Völkermord führen sollte, musste dem naiven Leser von Günthers Rassenkunde nicht unbedingt bewusst sein. Selbst der Antisemitismus zeigte sich in seiner Rassenkunde des deutschen Volkes scheinbar in moderater Form: „Es ist falsch, die sog. Judenfrage als einen mosaisch-christlichen Gegensatz aufzufassen. Ebenso falsch ist es, die sog. Judenfrage als eine wirtschaftliche Frage begreifen zu wollen. Sicherlich sind die Hauptvertreter des übermächtigen internationalen Leihkapitals Juden und sind die Juden, wie Steuerlisten zeigen, durchschnittlich viel begüterter als die Nichtjuden des gleichen Staatsgebietes, aber die Judenfrage deckt sich darum doch keineswegs mit der Frage des Kapitalismus. Es ist der durch wirtschaftliche Übermacht erreichte seelische Einfluss eines Volkes außereuropäischer Rassenherkunft, der eigentlich eine Judenfrage geschaffen hat. Die Judenfrage ist eine völker- und rassenkundliche Frage".[11] An der Notwendigkeit der Ausgrenzung der Juden ließ Günther dann keinen Zweifel zu.

Die ersten elf Auflagen (1922-1927) der Rassenkunde des deutschen Volkes von Hans F. K. Günther hatten einen Anhang „Rassenkunde des jüdischen Volkes", aus dem 1930 ein eigenes Buch unter diesem Titel hervorging.[12] Günther stellt darin weitschweifig die Geschichte der Bevölkerung Palästinas nach rassistischen Kategorien durch Aufzählung von Eigenarten der Hebräer, Kanaaniter und anderer Völker des Vorderen Orients dar, aus deren Vermischung die Juden entstanden seien. Mit seiner Methode, Literaturzitate und Abbildungen aneinanderzureihen, reflektiert er über „Vererbungs- und Auslesevorgänge im jüdischen Volke", um schließlich Eigenschaften („Rassenmerkmale") der Juden wie Bewegungen und Gebärden, das Mauscheln, den „Judengeruch", Blutgruppen, Kriminalität usw. zu schildern.

Das geschieht mit einer philologischen Gelehrsamkeit, die

sich auf den Zettelkasten mit gesammelten Belegen stützt, es entbehrt aber jeden systematischen und wissenschaftlichen Erkenntniswertes. Im Schlusskapitel widmet sich Günther der „Judenfrage", die er als rassisches Problem, als Folge von Vererbung und Rassenmischung sieht. Günther, der den Begriff „Antisemitismus" mit der Begründung ablehnt, Wilhelm Marr, der ihn 1879 einführte, sei Jude gewesen (er spricht stattdessen von „Judengegnerschaft"), kommt zu dem Ergebnis, dass die Judenfrage durch Segregation gelöst werden müsse: „Nur die klare Scheidung der Juden von den Nichtjuden und der Nichtjuden von den Juden ist eine würdige Lösung der Judenfrage".[13] Das Buch erschien 1931 in zweiter Auflage (8.-12. Tausend) und wurde 1992 und 2002 von rechtsorientierten Verlagen als Faksimile nachgedruckt.

### Bolschewismus als „jüdische Weltherrschaft"

Nur der bürgerliche Einfaltspinsel ist fähig, sich einzubilden, daß der Bolschewismus gebannt ist. Er hat in seinem oberflächlichen Denken keine Ahnung davon, daß es sich hier um einen triebhaften Vorgang, d. h. den des Strebens nach der Weltherrschaft des jüdischen Volkes, handelt, um einen Vorgang, der genau so natürlich ist wie der Trieb des Angelsachsen, sich seinerseits in den Besitz der Herrschaft dieser Erde zu setzen. Und so, wie der Angelsachse, diesen Weg auf seine Art verfolgt und den Kampf mit seinen Waffen kämpft, so eben auch der Jude. Er geht seinen Weg, den Weg des Einschleichens in die Völker und des inneren Aushöhlens derselben, und er kämpft mit seinen Waffen, mit Lüge und Verleumdung, Vergiftung und Zersetzung, den Kampf steigernd bis zur blutigen Ausrottung der ihm verhaßten Gegner. Im russischen Bolschewismus haben wir den im zwanzigsten Jahrhundert unternommenen Versuch des Judentums zu erblicken, sich die Weltherrschaft anzueignen, genau so, wie es sich in anderen Zeitperioden durch andere, wenn auch innerlich verwandte Vorgänge dem gleichen Ziele zuzustreben suchte. Sein Streben liegt zutiefst begründet in der Art seines Wesens.*

*Adolf Hitler, Mein Kampf, München 1937 (248.-251. Auflage), S. 750 f.

## Die Rücknahme der Emanzipation

Mit dem Machterhalt der NSDAP 1933 wurde Antisemitismus Staatsziel: Die Verdrängung der Juden zuerst aus dem öffentlichen Leben, aus der Wirtschaft und der Gesellschaft, dann aus dem deutschen Staatsgebiet war das Programm.[14] Die Realisierung erfolgte nach anfänglichen öffentlichen Exzessen, zu denen die Boykott-Aktion im Frühjahr 1933 gehörte (sie war durch das Konstrukt einer „Kriegserklärung der Juden" an das deutsche Volk begründet), durch gesetzliche Maßnahmen. Mit dem „Gesetz zur Wiederherstellung des Berufsbeamtentums" vom April 1933 wurden nicht nur Juden aus dem öffentlichen Dienst entfernt, sondern durch den „Arierparagraphen" auch gesellschaftlich geächtet. Jüdische Rechtsanwälte erhielten ebenfalls im April 1933 Berufsverbot, das „Schriftleitergesetz" im Oktober 1933 machte jüdische Journalisten erwerbslos, jüdische Viehhändler durften nicht mehr arbeiten, Ärzte verloren erst die Kassenzulassung, dann die Approbation.[15] Entscheidend für den rechtlichen Status aller deutschen Juden waren die „Nürnberger Gesetze". Am 15. September 1935 wurden auf dem „Reichsparteitag der Freiheit" die beiden „Nürnberger Gesetze" verabschiedet, mit denen die deutschen Juden zu Einwohnern minderen Rechts degradiert wurden.[16] Das „Reichsbürgergesetz" unterschied jetzt „arische" Vollbürger mit politischen Rechten und „Nichtarier" als „Staatsangehörige" ohne politische Rechte. Das „Gesetz zum Schutz des deutschen Blutes und der deutschen Ehre" verbot Eheschließungen zwischen Juden und Nichtjuden und stellte sexuelle Beziehungen zwischen „Deutschblütigen" und Juden nach dem neu eingeführten Delikt „Rassenschande" unter drakonische Strafe.[17]

Mit den Nürnberger Gesetzen war die Emanzipation der Juden in Deutschland rückgängig gemacht und der Weg zur physischen Vernichtung der Minderheit trassiert. Die mörderische Konsequenz war freilich noch nicht zu erkennen, auch nicht von den Betroffenen, die jetzt ausschließlich nach rassistischen

Kategorien behandelt wurden, unabhängig davon, ob sie sich selbst als Juden verstanden, einer jüdische Kultusgemeinde angehörten oder überhaupt von ihrer jüdischen Abstammung wussten. Komplizierte Definitionen, wer Jude im Sinne der neuen Gesetze war, wer als „Mischling" ersten oder zweiten Grades eingestuft, wer zum „Geltungsjuden" deklariert wurde, wer den Makel „jüdisch versippt" zu tragen hatte, wer in „privilegierter Mischehe" vor Verfolgung (nicht vor Diskriminierung) geschützt war, bestimmten den Alltag der Minderheit, während die nichtjüdische Mehrheit durch „Abstammungsnachweise" die verhängnisvollen Konsequenzen des „Arierparagraphen" vermeiden konnte. Nach den Definitionen des Reichsbürgergesetzes war „Jude", wer von drei jüdischen Großelternteilen abstammte, oder zwei jüdische Großeltern hatte und bei Erlass des Gesetzes der jüdischen Religionsgemeinschaft angehörte bzw. ihr später beitrat oder zu diesem Zeitpunkt mit einem „Volljuden" verheiratet war (1. Verordnung zum Reichsbürgergesetz). Paradox an den Definitionen der Rassengesetze war, dass die Religionszugehörigkeit eine erhebliche Rolle spielte. Mit den „jüdisch Versippten" bzw. Personen „gemischten jüdischen Blutes" war eine neue rechtliche Kategorie, die der „Mischlinge", geschaffen, deren Behandlung den Verwaltungsbehörden erhebliche Mühe bereitete.

Hilfreich war der NS-Administration der Kommentar, den die Beamten im Reichsinnenministerium Wilhelm Stuckart und Hans Globke verfassten.[18] Auf der Wannsee-Konferenz 1942 blieb die Behandlung der „Mischlinge" offen, sie wurde auf die Zeit nach dem „Endsieg" vertagt. Die Nürnberger Gesetze waren nach der Aussage des beteiligten Referenten im Reichsinnenministerium, Bernhard Lösener, in großer Hast während des Parteitages formuliert worden[19], ihr Programm war aber durch die NS-Ideologie vorgegeben und es wurde ab 1933 bereits praktiziert.

## „Der ewige Jude"

Die Diskriminierung durch Gesetz wurde durch Propaganda-Projekte vorbereitet und begleitet. Ein Höhepunkt war die Ausstellung „Der ewige Jude" im November 1937 in München mit anschließenden Stationen in Wien, Berlin, Bremen, Dresden und Magdeburg. Zur Vorgeschichte der antisemitischen Inszenierung „Der ewige Jude" im Deutschen Museum in München gehören zwei Ereignisse, die zum einen die Intention vorgaben, nämlich die Stimulierung von Emotionen durch Denunziation, und zum anderen die Methode. Den größten Publikumserfolg mit mehr als zwei Millionen Besuchern hatte die Ausstellung „Entartete Kunst", die vom 19. Juli 1937 bis zum 30. November 1937 in München gezeigt wurde.[20] Die Kunstwerke wurden in drangvoller Enge auf chaotische Weise präsentiert. Die Kommentare, als Parolen an die Wände geschmiert, lauteten „Offenbarung der jüdischen Rassenseele" oder „Jüdische Wüstensehnsucht macht sich Luft – der Neger wird in Deutschland zum Rassenideal einer entarteten Kunst".

Am 7. November 1936 war eine andere Ausstellung, die „Große antibolschewistische Schau", im Bibliotheksbau des Deutschen Museums eröffnet worden. Anprangerung war auch hier die Methode, die mit allen Mitteln der Suggestion, der Diffamierung, der Stigmatisierung angewendet wurde. Das Plakat der antikommunistischen Ausstellung, die in Vorwegnahme des Folgeprojekts schon reichlich antisemitische Elemente enthielt (um die Verbindung von Bolschewismus und Judentum zu demonstrieren), zeigt eine von einer Knochenhand gehaltene Brandfackel über einer von einer Kirche überragten Stadt. Politische Absicht war es, das nationalsozialistische Deutschland als Bollwerk gegen die Bedrohung der Welt durch den Kommunismus darzustellen. Die gleichen Männer verantworteten ein Jahr später auch die Schau „Der ewige Jude": Der stellvertretende Gauleiter von München-Oberbayern Otto Nippold als Initiator, der stellvertretende Gau-Propagandaleiter Walther Wüster als

Ausführender. Gestalter waren der Architekt Fritz von Valtier und der Maler Horst Schlüter.

Die „größte Ausstellung Europas" wurde in der „Hauptstadt der Bewegung" im Bibliotheksbau des Deutschen Museums am 8. November 1937 eröffnet. Ein riesenhaftes Plakat mit dem Titel der Propagandaschau „Der ewige Jude" war an der Fassade des Bibliotheksbaus montiert worden. Die Graphik, die eine ahasverische Gestalt, das Zerrbild eines bärtigen Juden, zeigte, ausgestattet mit den Attributen des Wucherers, einer Geißel und einer Weltkarte des Bolschewismus, wurde als Plakat, als Postkarte, als Buchumschlag der Begleitpublikation weit verbreitet.

Im Völkischen Beobachter war zu lesen, dass die Ausstellung „die erste in Art und Umfang auf der Welt überhaupt" sei, die auf 3500 qm Fläche „den Einfluß des Judentums von den ersten päpstlichen Edikten bis zur letzten Unterschlagungsurkunde" zeige.[21] Der Gang durch die 20 Säle demonstrierte, dass mit denunziatorischen Gesten, dem Appell an stereotype Feindbilder und der Wiederholung diffamierender Behauptungen die schlichte Weltsicht eines Rassenantisemitismus propagiert wurde, der im 19. Jahrhundert entstanden war, sich aber erst nach dem Ersten Weltkrieg als programmatisches Element rechtsextremistischer, ultrakonservativer und deutschnationaler Agitation voll entfaltete.

Der erste Saal war den „biologischen Grundlagen des Judentums" gewidmet, d. h. der rassistischen Diffamierung der Minderheit, im zweiten Saal war die jüdische Religion in Gestalt von Thora, Schulchan Aruch und Talmud Gegenstand herabsetzender, falscher und beleidigender Interpretation. Die „Geschichte des Judentums" wurde anschließend thematisiert als Gang durch die Weltgeschichte, in der Juden angeblich omnipräsent waren als Wucherer und Hehler, die man aus Notwehr in Ghettos sperren oder vertreiben musste, die den Zorn des Papstes Innozenz III. ebenso wie die Wut des Reformators Martin Luther hervorriefen.

Im Absolutismus hätten es viele Juden verstanden, sich an Fürstenhöfen unentbehrlich zu machen, indem sie dem Volk das Geld abpressten. Die Reformen Hardenbergs auf dem

Weg zur Emanzipation hätten im 19. Jahrhundert den Juden den Weg freigemacht, sich aller Gebiete des wirtschaftlichen, staatlichen und kulturellen Lebens zu bemächtigen. Die Weimarer Republik („Novemberdeutschland") sei das „Eldorado des Judentums" gewesen: Film und Theater, die Revue, die Presse, die Literatur, den Rundfunk, die Mode, die Justiz, die Heilkunde, die Universität – alles hätten die Juden beherrscht. Die Sprache nationalsozialistischen Judenhasses war illustriert mit Kinoplakaten, Revuebildern, Werken jüdischer Schriftsteller, die pauschal als Schund- und Schmutzliteratur apostrophiert waren. Fotos jüdischer Unternehmer sollten Abscheu erregen, und skandalisiert waren sexuelle Aufklärung, wie sie Magnus Hirschfeld propagierte, und der angeblich von Juden geführte Kampf gegen den Abtreibungsparagraphen des Strafgesetzbuches. Ein Thema zentraler Entrüstung war auch der ewige Topos der „engen Verflechtung zwischen Judentum und Bolschewismus". Als ebenso unerlässliches Nebenthema wurden die Freimaurer als vermeintliche Instrumente der Juden traktiert.

Am Eröffnungsabend der Ausstellung, dem 8. November 1937, hatte das Bayerische Staatsschauspiel ins Residenztheater eingeladen, am 11. November wurde die Darbietung im Prinzregententheater wiederholt. Unter dem Titel „Der ewige Jude" kam eine Collage von Szenen und Texten zur Aufführung, die mit theatralischen Mitteln den denunziatorischen Zweck der Ausstellung unterstützen sollte.

Eine Broschüre begleitete die Ausstellung.[22] Es handelte sich um eine Kompilation von 265 Bildern, die ohne erkennbare Systematik Juden in unvorteilhaften Situationen, als Verbrecher, als Sittenstrolche, als lächerliche Gestalten oder als gefährliche Politiker, Wirtschaftsbosse, Bankiers usw. vorführten. Leitidee war ausschließlich die pejorative Absicht, die in Bildunterschriften und höhnischen Kommentaren ohne jede Rücksicht auf Daten und Fakten verwirklicht wurde. Zusammengestellt worden war die Melange im Stürmerstil von Dr. Hans Diebow. Auch die Universität stellte sich in den Dienst antisemitischer Propaganda.

Die „Forschungsabteilung Judenfrage" des „Reichsinstituts für Geschichte des neuen Deutschlands" veranstaltete im Dezember 1937 und Januar 1938 einen Zyklus von neun Vorträgen in der Ludwig-Maximilians-Universität München.

Der Besuch der Ausstellung kostete 50 Pfennige Eintritt, im Vorverkauf bei den Ortsgruppen der NSDAP konnte man die Karten für 35 Pfennige erwerben. Womöglich war neben der breiten Berichterstattung auch das Verdikt „Jugendliche haben keinen Zutritt" werbewirksam. Allerdings wurden die höheren Klassen der Münchner Volksschulen und die entsprechenden Jahrgänge der höheren Schulen „unter Führung ihrer Erzieher durch einen für Jugendliche geeigneten Teil der Ausstellung geführt". Die Sonderpostkarte zur Ausstellung war nach wenigen Tagen vergriffen. Als am 31. Januar 1938 die Ausstellung schloss, waren 412 300 Besucher gezählt worden.[23]

Im Ausland hatte die Propagandaschau keine gute Presse. Die Londoner Times schrieb, in der Naziausstellung würden Juden, die zu Deutschlands Ruhm und Größe beigetragen hätten, wie Heine, Börne, Rathenau, Einstein, „der Schande preisgegeben", was vom Völkischen Beobachter höhnisch kommentiert wurde.

Wien, das nach dem „Anschluss", der Annexion Österreichs im März 1938, zum Deutschen Reich gehörte, war die erste Station der Ausstellung auf der Wanderschaft. In der Halle des Nordwestbahnhofs an der Taborstraße (sie diente seit 1924, als der Personenverkehr auf der Nordwestbahn eingestellt wurde, als Ort von Kundgebungen oder sportlichen Ereignissen), eröffnete Reichsstatthalter Seyß-Inquart am 2. August 1938 die Ausstellung. Sie war für Wien durch zahlreiche Bezüge auf die Ostmark, wie Österreich nun genannt wurde, ergänzt worden. Auch ein Ausstellungsführer war speziell für Wien publiziert worden.[24] Wie der Völkische Beobachter in seiner Wiener Ausgabe hervorhob, biete der den österreichischen Juden gewidmete Teil der Ausstellung auch die Gelegenheit, sich erstmals davon zu überzeugen, „daß ihm bekannte Judengrößen in der gesunden bayerischen Luft zum erstenmal auf ihren krummen Lebenswegen wirkliche Arbeit kennen lernen". Das war eine Anspielung auf das KZ Dachau, in das politische Gegner und Missliebige aus Österreich nach dem „Anschluß" deportiert worden waren, unter ihnen der frühere Wiener Bürgermeister Richard Schmitz und der Schauspieler und Kabarettist Fritz Grünbaum, deren Fotos in der Ausstellung zu sehen waren mit der Legende „Juden und Judenknechte in Dachau auf Sommerfrische". Auch in Wien war die Ausstellung, die bis zum Oktober verlängert wurde, ein großer Erfolg. 350 000 Besucher wurden gezählt, für Wiener Schüler war der Besuch obligatorisch.

Anschließend ging die Ausstellung nach Berlin. Sie wurde dort am 12. November 1938 eröffnet, an dem Tag, an dem unter Vorsitz von Hermann Göring die Bilanz der Novemberpogrome gezogen und Maßnahmen zur Ausplünderung und endgültigen Ausgrenzung der Juden beschlossen wurden. Im Schatten der „Reichskristallnacht" fand die Ausstellung in Berlin weniger Beachtung als in München und Wien. Bis zum 13.1.1939 wurden nach Presseberichten 250 000 Besucher gezählt. Die Sorglosigkeit, mit der die Ausstellung denunzierte, fand auch in Berlin Kritiker. Unter den diffamierenden Fotos, die dem Ausstellungsbesucher die Abscheulichkeit der Juden vor Augen führen sollten, war auch ein Porträt der Physikerin Lise Meitner, die sich zu der Zeit bereits im Exil in Stockholm befand. Daneben hing das Bild ihres Kollegen Otto Hahn, der 1945 für beider gemeinsame Erfolge den Nobelpreis erhielt. Gegen die versehentliche Schmähung Hahns protestierte der Präsident der Kaiser-Wilhelm-Gesellschaft mit Erfolg. Hahns Foto wurde entfernt. Vom 4. Februar bis 5. März 1939 war die Ausstellung in Bremen zu sehen. Dann ging sie nach Dresden (24. März bis 23. April 1939) und schließlich nach Magdeburg, wo sie vom 13. Mai bis 11. Juni 1939 in der Stadthalle von 80 000 Besuchern gesehen wurde.

In Frankreich wurde ab Sommer 1941 die Ausstellung „Le Juif et la France" gezeigt, die sich konzeptionell an das Münchner Modell anlehnte, aber für das französische Publikum mit großem Aufwand neu entwickelt wurde. Ein Höhepunkt war das elf

Meter hohe Monument „Europa macht sich frei vom Juden"; im Ausstellungskino wurde eine französische Fassung von Hipplers Kompilationsfilm „Le peril Juif" gezeigt. Die Ausstellung war in Paris (4. September 1941 bis 10. Januar 1942), dann in Bordeaux (28. März bis 10. Mai 1942) und in Nancy (4. Juli bis 2. August 1942) zu sehen. Finanziert war das Projekt von der Deutschen Botschaft in Paris, deren Informationsabteilung auch Planung und Durchführung oblagen. Als offizieller Veranstalter fungierte das vom Sicherheitsdienst der SS unter SS-Obersturmführer Theodor Dannecker (dem Leiter des Judenreferats der Gestapo in Paris) gegründete „Institut d'Etudes des Questions Juives".[25]

In der Ausstellung war auch das Medium Film prominent eingesetzt. Eine Collage aus Szenenfotos, Filmplakaten, Filmkritiken und Filmausschnitten sollte beweisen, dass die „jüdische Filmindustrie" das Geschäft mit der Spekulation auf die niedersten Instinkte des Publikums dominiert hatte. Neben dem zwanzigminütigen Streifen „Juden spielen sich selbst" (in einer überarbeiteten Version hieß er „Juden ohne Maske") wurde in einem anderen Raum in der Endlosschleife ein Film über das jüdische Schlachtritual des Schächtens vorgeführt.[26]

Der Film „Juden ohne Maske", für den als Produktion der Reichspropagandaleitung der NSDAP Walter Böttcher und Leo von der Schmiede verantwortlich zeichneten, hatte eine Spieldauer von 36 Minuten. Er durfte nur in Veranstaltungen der NSDAP gezeigt werden, aber nicht vor Jugendlichen. Das waren die Anfänge eines anderen antisemitischen Propagandaprojekts, das unter dem gleichen Namen wenig später in Angriff genommen wurde. Der Kompilationsfilm „Der ewige Jude", von Fritz Hippler als Regisseur verantwortet, hatte im November 1940 in Lodz („Litzmannstadt") und in Berlin Premiere. Das pseudodokumentarische Propaganda-Elaborat steht in der Tradition der Münchner Ausstellung, benutzt die dort entwickelten Stilelemente der Denunziation bis in Einzelheiten. Der Film wurde in synchronisierten Fassungen auch in den besetzten Gebieten gezeigt; die Kompilation „Der ewige Jude" gab sich als Dokumentarfilm, in dem judenfeindliche Klischees mit höhnischen Kommentaren montiert waren, um Stimmung gegen die Minderheit zu machen.[27]

> **„Ewiges Schmarotzertum"**
>
> Diese Juden wollen nicht arbeiten, sondern schachern. Hier sind sie in ihrem Element. Es ist nicht so, wie Uneingeweihte entschuldigend annehmen, daß die Juden zum Handel gezwungen sind, weil man ihnen andere Tätigkeiten und Berufe versperrte. Das Gegenteil ist wahr: Sie drängen sich zum Handel, weil er ihrem Charakter und ihrer natürlichen Veranlagung entspricht. [...] Sie tragen die jahrtausendealten Züge des ewigen Schmarotzertums im Gesicht, die Züge des Ewigen Juden, der sich durch den Lauf der Zeiten und weltweiten Wanderungen stets gleich geblieben ist. [...] Eine verblüffende Parallele zu dieser jüdischen Wanderung durch die ganze Welt bieten uns die Massenwanderungen eines ebenso ruhelosen Tieres – der Ratte. Die Ratten begleiten als Schmarotzer den Menschen von seinen Anfängen an. Ihre Heimat ist Asien. Von dort aus wandern sie in riesigen Scharen über Rußland und die Balkanländer nach Europa. Mitte des 18. Jh. sind sie schon über ganz Europa verbreitet. Gegen Ende des 19. Jh. nehmen sie mit dem wachsenden Schiffsverkehr auch von Amerika Besitz und ebenso von Afrika und dem Fernen Osten. Wo die Ratten auch auftauchen, tragen sie Vernichtung ins Land, zerstören sie menschliche Güter und Nahrungsmittel. Auf diese Weise verbreiten sie Krankheiten, Pest, Lepra, Typhus, Cholera, Ruhr usw. Sie sind hinterlistig, feige und grausam und treten meist in großen Scharen auf. Sie stellen unter den Tieren das Element der heimtückischen und unterirdischen Zerstörung dar; nicht anders als die Juden unter den Menschen. Das Parasitenvolk der Juden stellt einen großen Teil des internationalen Verbrechertums.\*
>
> \**Aus dem Kommentar des Films „Der ewige Jude"*

Mit subtileren Mitteln verfolgten die Filme „Robert und Bertram" (Hans Heinz Zerlett 1939), „Jud Süß" (Veit Harlan 1940), „Die Rothschilds" (Erich Waschneck 1940) oder „Venus vor Gericht" (Hans Heinz Zerlett 1941) und andere das gleiche Ziel, den Antisemitismus populär zu machen.[28]

## Zerrbilder vom Juden

Mit dem Untertitel „Eine Wesens- und Lebensgemeinschaft" erschien 1940 in der Reihe „Schriften zur Judenfrage" im Theodor Fritsch Verlag die Broschüre „Judentum und Gaunertum" aus der Feder Johann von Leers'. Ein Vorwort von Ministerialrat Wilhelm Ziegler, der Referent im Propagandaministerium war und das Institut zum Studium der Judenfrage leitete, betonte den offiziösen Charakter der 64-Seiten-Schrift und der Serie, in der die Titel „Wie kam der Jude zum Geld" (Leers) und „Alljuda als Kriegstreiber" bereits erschienen und weitere wie „Jude und Weib", „Jüdisches und deutsches Rechtsempfinden" sowie „Die Verleihung der Staatsbürgerrechte an die Juden – ein Weltirrtum!" angekündigt waren. Die Reihe wurde laut Verlagsankündigung nur geschlossen abgegeben, erhebliche Mengenrabatte wurden angeboten beim Bezug von 50 bis 1000 Exemplaren eines Titels.

Beginnend in der Antike bemühte sich Leers um den Nachweis, dass die Kriminalität den Juden aus rassischen wie religiösen Gründen wesensimmanent sei. Als Belege führte der Autor vom Geldverleih gegen Zins bis zur Ritualmordlegende alle Stereotype an, die vom Mittelalter über die Neuzeit bis in die Gegenwart als Machenschaften „der Juden" gelten wie Hehlerei, Diebstahl, Wechselbetrug. Geläufig war auch der Vorwurf, der Gründerkrach in den 1870er Jahren sei von Juden herbeigeführt worden und die Behauptung, Juden seien Kriegsgewinnler. Leers' Schlussfolgerung aus den von ihm angeführten Beispielen jüdischer Kriminalität in aller Welt lautet, das Judentum sei kein Volk wie andere Völker: „Es ist ein bewußt gegen alle schaffenden Völker im Dienst des Bösen zusammengeschlossenes Erbgaunertum".[29]

Ähnlich wie in der Broschüre „Judentum und Gaunertum" argumentiert Johann von Leers in seinem Buch „Die Verbrechernatur der Juden", das 1944 im Verlag Paul Hochmuth in Berlin erschien. Mit Literaturangaben und Fußnoten suchte der Autor den Eindruck seriöser Recherche und wissenschaftlicher Fundierung seiner Propaganda-Tiraden zu erwecken. In großer

Ausführlichkeit behandelte Leers wieder die von ihm behauptete jüdische Veranlagung zur Kriminalität und die Gaunersprache als „jüdisches" Phänomen. Einzelne Kapitel sind der Falschspielerei, dem Diebstahl und der Hehlerei gewidmet. Betrug, Hochstapelei, Schiebertum werden in weiteren Abschnitten als jüdische Delikte dargestellt. Der angeblichen jüdischen Disposition zu „Geschlechtsverbrechen" wird Raum gegeben, wobei Mädchenhandel als spezifisch jüdischer Erwerbszweig eine besondere Rolle spielt. Schmutzliteratur führt von Leers als jüdische Domäne vor (einschließlich des Revuetheaters). Über jüdische Mordlust bis hin zum Genozid (am biblischen Stamm der Amalekiter), über historische Attentate, die Leers den Juden zuschreibt, Gräuel der Bolschewisten, die von Juden verursacht worden seien, bis zum Gangstertum in den USA werden mithilfe der üblichen antisemitischen Topoi zum Schreckensgemälde jüdischer Verbrechen inszeniert, das die Identität von Judentum und Verbrechen beweisen soll.[30]

Eine vom Deutschen Rechts-Verlag publizierte Serie „Das Judentum in der Rechtswissenschaft" widmete die dritte Ausgabe (1936) dem Thema „Judentum und Verbrechen". Darin war eine Abhandlung „Die Kriminalität des Judentums" von Johann von Leers abgedruckt, die das Thema variierte und den Nachweis versuchte, die „jüdische Kriminalität" als Gebot Jahwes, als Folge jüdischer „Rasse" und Religion darzustellen.[31]

Nicht nur Joseph Goebbels an der Spitze des Reichspropagandaministeriums bemühte sich, feindselige Zerrbilder über Juden zu verbreiten, die den Weg zum organisierten Massenmord bereiteten. Auch Robert Ley, Reichsorganisationsleiter der NSDAP, hetzte öffentlich gegen die Minderheit, Reichsmarschall Göring war nicht weniger exzessiv judenfeindlich als der Reichsführer SS und Chef der deutschen Polizei Himmler und die anderen Potentaten des NS-Staats. Synonym für den nationalsozialistischen Judenhass war das Wochenblatt „Der Stürmer", das Julius Streicher, einer der übelsten Antisemiten der Geschichte, von 1923 bis 1945 herausgab. Streicher machte mit der auflagenstarken Gazette ein Vermögen. Trotz seiner Entmachtung als „Frankenführer" 1940 genoss der Nürnberger NSDAP-Gauleiter weiterhin die Gunst Adolf Hitlers.[32] Der „Stürmer", auf dessen Seiten stets das Treitschke-Zitat „Die Juden sind unser Unglück" als Fußleiste abgedruckt war, verbreitete mit ausgeklügelten Werbestrategien und raffiniertem Marketing (z. B. Zwangsabonnements durch die Mitglieder der „Deutschen Arbeitsfront") primitiven Judenhass. Der Zeichner „Fips" (Philipp Rupprecht) schuf mit bösartigen Karikaturen den Typ des „Stürmerjuden". Die Wirkung des Blattes, das mit persönlicher Denunziation, mit sexistischen und pornographischen Anspielungen und den üblichen Stereotypen arbeitete, wurde durch Sondernummern etwa über „Ritualmorde" gesteigert. Die an belebter Stelle überall aufgestellten „Stürmerkästen" brachten die Inhalte in die allgemeine Lebenswelt. Die jeweils aktuelle Ausgabe, propagierte unübersehbar im Alltag Antisemitismus. Entgegen nachträglichen Beteuerungen, dass man den „Stürmer" nicht gelesen und wegen seiner obskuren Appelle an niedere Instinkte abgelehnt habe, war die Resonanz erheblich. Das zeigen nicht nur die überregionale Verbreitung und das Anzeigenaufkommen sowie die hohe Auflage, sondern die zahlreichen Zuschriften an den „lieben Stürmer" (so die gewöhnliche Anrede gegenüber der Redaktion), in denen das Publikum sich zustimmend vernehmen ließ.[33] Der Herausgeber und Eigentümer Julius Streicher wurde im Nürnberger Hauptkriegsverbrecherprozess wegen Verbrechen gegen die Menschlichkeit angeklagt und zum Tod durch den Strang verurteilt. Die Wirkung seiner Agitation dauert an.

## Anmerkungen

1 Johann von Leers, Juden sehen Dich an, Berlin 1933.
2 Ebenda, S. 11.
3 Ebenda, S. 19.
4 Stephan Malinowski, Politische Skandale als Zerrspiegel der Demokratie. Die Fälle Barmat und Sklarek im Kalkül der Weimarer Rechten, in: Jahrbuch für Antisemitismusforschung 5(1996), S. 46-65; Dagmar Reese, Skandal und Ressentiment: Das Beispiel des Berliner Sklarek-Skandals von 1929, in: Rolf Ebbighausen/

Sighard Neckel (Hrsg.), Anatomie des politischen Skandals, Frankfurt/M., S. 374-395.
5 Ebenda, S. 67.
6 Ebenda, S. 81.
7 Erich Freisleben, Grundelemente der Rassenkunde und Rassenhygiene der Weimarer Zeit. Eine Untersuchung zu zwei Standardwerken, Diss. Freie Universität Berlin 2003; Elvira Weißenburger, Der „Rassepapst". Hans Friedrich Karl Günther, Professor für Rassenkunde, in: Michael Kißener, Joachim Scholtysek (Hrsg.), Die Führer der Provinz. NS-Biographien aus Baden und Württemberg, Konstanz 1997, S. 161-200.
8 Hans F. K. Günther, Kleine Rassenkunde des deutschen Volkes, Berlin 1929, S. 64 f.
9 Ebenda, S. 67.
10 Ebenda, S. 59.
11 Ebenda, S. 56 f.
12 Hans F. K. Günther, Rassenkunde des jüdischen Volkes, München 1930.
13 Ebenda, S. 315 f., insbes. S. 345.
14 Wolfgang Benz (Hrsg.), Die Juden in Deutschland 1933-1945. Leben unter nationalsozialistischer Herrschaft, München 1988; Saul Friedländer, Das Dritte Reich und die Juden, München 1998 und 2006 (2 Bände).
15 Joseph Walk (Hrsg.), Das Sonderrecht für die Juden im NS-Staat. Eine Sammlung der gesetzlichen Maßnahmen und Richtlinien – Inhalt und Bedeutung, Heidelberg 1981.
16 Cornelia Essner, Die „Nürnberger Gesetze" oder die Verwaltung des Rassenwahns 1933-1945, Paderborn u. a. 2002.
17 Michael Ley, „Zum Schutz des deutschen Blutes..." – „Rassenschande"-Gesetze im Nationalsozialismus, Bodenheim 1997; Lothar Gruchmann, „Blutschutzgesetz" und Justiz. Entstehung und Anwendung des Nürnberger Gesetzes vom 15. September 1935, in: Vierteljahrshefte für Zeitgeschichte 31 (1983), S. 148-442; Hans Robinsohn, Justiz als politische Verfolgung. Die Rechtsprechung in „Rassenschandefällen" beim Landgericht Hamburg 1936-1943, Stuttgart 1977.
18 Wilhelm Stuckart/Hans Globke, Kommentar zur Deutschen Rassegesetzgebung, München, Berlin 1936.
19 Bernhard Lösener, Als Rassereferent im Reichsministerium des Innern, in: Vierteljahrshefte für Zeitgeschichte 9 (1961), S. 262-313.
20 Stephanie Barron u. a., „Entartete Kunst". Das Schicksal der Avantgarde im Nazi-Deutschland (Begleitbuch zu Ausstellung des Los Angeles County Museum of Art, übernommen vom Deutschen Historischen Museum Berlin), München 1992.
21 Völkischer Beobachter, 30.10.1937.
22 Hans Diebow, Der Ewige Jude, München/Berlin 1938.
23 Wolfgang Benz, Die Ausstellung „Der ewige Jude", in: Elisabeth Vaupel/Stefan L. Wolff (Hrsg.), Das Deutsche Museum in der Zeit des Nationalsozialismus, Göttingen 2010, S. 652-680.
24 Der „Ewige" Jude, hrsg. vom Institut für Deutsche Kultur- und Wirtschaftspropaganda, Berlin o. J. (1938).

25 Evelyn Hampicke/Hanno Loewy, Juden ohne Maske. Vorläufige Bemerkungen zur Geschichte eines Kompilationsfilms, in: Jahrbuch Fritz Bauer Institut 1998/1999, Frankfurt/M. 1999, S. 255-274.
26 Wolfgang Benz, „Der ewige Jude". Metaphern und Methoden nationalsozialistischer Propaganda, Berlin 2010.
27 Stig Hornshøj-Møller, „Der ewige Jude". Quellenkritische Analyse eines antisemitischen Propagandafilms, Göttingen 1995.
28 Rolf Giesen/Manfred Hobsch, Hitlerjunge Quex, Jud Süss und Kolberg. Die Propagandafilme des Dritten Reiches. Dokumente und Materialien zum NS-Film, Berlin 2005; Dorothea Hollstein, Antisemitische Filmpropaganda. Die Darstellung der Juden im nationalsozialistischen Spielfilm, Frankfurt/M. 1983; Klaus Kreimeier, Antisemitismus im nationalsozialistischen Film, in: Cilly Kugelmann/Fritz Backhaus (Hrsg.), Jüdische Figuren in Film und Karikatur: Die Rothschilds und Joseph Süß Oppenheimer, Frankfurt/M. 1996.
29 Johann von Leers, Judentum und Gaunertum, Berlin o. J. [1940], S. 64.
30 Johann von Leers, Die Verbrechernatur der Juden, Berlin 1944.
31 Martin Finkenberger, Johann von Leers und die „faschistische Internationale" der fünfziger und sechziger Jahre in Argentinien und Ägypten, in: Zeitschrift für Geschichtswissenschaft 59 (2011), S. 522-543.
32 Randall Lee Bytwerk, Julius Streicher. Nazi editor of the notorious anti-semitic newspaper „Der Stürmer", New York 2001.
33 Fred Hahn, Lieber Stürmer! Leserbriefe an das NS-Kampfblatt 1924-1945, Stuttgart 1978; Hermann Froschauer/Renate Geyer, Quellen des Hasses – Aus dem Archiv des „Stürmer" 1933-1945 (Ausstellungskatalog des Stadtarchivs) Nürnberg 1988.

# 7. Ideologie und Genozid: Der Judenmord

Im Herbst 1938, nach fünfeinhalb Jahren nationalsozialistischer Herrschaft, hatten sich für die deutschen Juden aufgrund staatlich geplanter und verordneter Diskriminierungen die Existenzbedingungen drastisch verschlechtert. Dass es noch schlimmer kommen könnte, mochten viele nicht glauben, andere waren aber auch überzeugt, dass die angekündigte Drohung einer „Lösung der Judenfrage" – wie immer sie aussehen würde – wahrgemacht werde, niemand aber glaubte nach allem, was bereits geschehen war, an den „spontanen Volkszorn", der angeblich am 9. November 1938 zum Ausbruch gekommen war.[1]

### Der Novemberpogrom 1938

Ein marginaler Anlass bildete die Vorgeschichte der Novemberpogrome 1938. Im März 1938, nach dem „Anschluss" Österreichs, hatte die polnische Regierung die Gültigkeit der Pässe aller Auslandspolen zur Disposition gestellt, wenn sie mehr als fünf Jahre ohne Unterbrechung im Ausland gelebt und dadurch die Verbindung mit dem polnischen Staat verloren hatten. Warschau fürchtete im Frühjahr 1938 die Rückkehr der rund 20 000 Juden polnischer Staatsangehörigkeit, die seit langem in Österreich ansässig waren, sich aber jetzt möglicherweise dem nationalsozialistischen Regime entziehen wollten.

Das polnische Gesetz trat am 31. März 1938 in Kraft, aber es wurde noch nicht angewendet. Erst im Herbst, unmittelbar nach dem „Münchener Abkommen", erging am 15. Oktober eine Verordnung, die die Überprüfung der Personaldokumente der Auslandspolen vorsah. Alle im Ausland ausgestellten Pässe sollten ab dem 31. Oktober 1938 nur noch dann zur Einreise nach Polen berechtigen, wenn sie einen Gültigkeitsvermerk in den polnischen Konsulaten bekommen hatten. Das betraf nun auch die rund 50 000 polnischen Juden, die im Deutschen Reich lebten. Die Mehrzahl von ihnen sollte nach den Intentionen der Regierung in Warschau am 30. Oktober staatenlos werden. Danach hätte auch die deutsche Reichsregierung keine Möglichkeit mehr gehabt, die ihr lästigen Ostjuden über die Ostgrenze abzuschieben, da Polen sie dann nicht mehr als Bürger anerkannte.

Am 26. Oktober 1938 übertrug das Auswärtige Amt die Lösung des Problems der Geheimen Staatspolizei: Alle polnischen Juden sollten in den nächsten vier Tagen abgeschoben werden. Die Gestapo machte sich unverzüglich und mit aller Brutalität ans Werk. Ca. 17 000 Juden wurden an die polnische Grenze deportiert. Da Warschau die Grenze schloss, irrten die Unglücklichen im Niemandsland zwischen Deutschland und Polen hin und her. Unter diesen Juden mit ungültigem polnischen Pass befand sich die Familie Grynszpan aus Hannover. Ein Sohn, der 17-jährige Herschel, lebte damals in Paris und entging so der Deportation. Am 3. November erhielt er eine Postkarte seiner Schwester, die ihm das Schicksal der Familie schilderte.

Der staatenlose, illegal in Paris lebende Herschel Grynzpan[2] löste wenige Tage später Ereignisse aus, deren Dimension er nicht entfernt erkennen konnte. Denn die Pogrome, für die sein Revolverattentat auf den Legationssekretär der Deutschen Botschaft in Paris Ernst vom Rath zum auslösenden Moment wurde, markierte die Wende zur Barbarei: in dieser Nacht wurden die Errungenschaften der Aufklärung, der Emanzipation, der Gedanke des Rechtsstaats und die Idee von der Freiheit des Individuums zuschanden, und in diesem November 1938 wurde den Juden in Deutschland und zugleich der Weltöffentlichkeit, auf die man bisher noch Rücksicht genommen hatte, demonstriert, dass bürgerliche Rechte und Gesetze für diese Minderheit nicht mehr galten. Mit keinem anderen Ereignis hat das NS-Regime so zynisch demonstriert, dass es auch auf den Schein rechtsstaatlicher

Tradition nun keinen Wert mehr legte. Antisemitismus, wie er als Baustein der nationalsozialistischen Ideologie schon immer propagiert worden waren, schlug jetzt um in die primitiven Formen physischer Gewalt und Verfolgung. Die „Reichskristallnacht" bildete den Scheitelpunkt des Wegs zur „Endlösung", zum millionenfachen Mord an Juden aus ganz Europa.³

Den Nationalsozialisten war die Tat des 17-jährigen Juden hochwillkommen, sie wurde als Verschwörung des „Weltjudentums" gegen das Deutsche Reich stilisiert und diente zur Einleitung der endgültigen Ausgrenzung der deutschen Juden aus allen sozialen und ökonomischen Zusammenhängen. Goebbels benutzte Grynszpans Attentat zunächst zu einer antisemitischen Pressekampagne, und als am Abend des 9. November die Nachricht kam, dass Ernst vom Rath den Folgen des Anschlags erlegen war, zündete der Reichsminister für Volksaufklärung und Propaganda die Lunte am Pulverfass.

Die Gelegenheit war überaus günstig: Die Führer der NSDAP waren wie jedes Jahr an diesem Tag in München versammelt, um des Hitlerputsches von 1923 zu gedenken. Hier, im Alten Rathaus, rief Goebbels in einer spätabendlichen Hasstirade zum Schlag gegen die Juden auf, und seine Zuhörer gaben die Botschaft sogleich an die heimischen SA-Stürme und an die örtlichen NSDAP-Größen weiter. Überall im Deutschen Reich machten sich Stunden später Schlägerkolonnen ans Werk, demolierten Schaufenster jüdischer Geschäfte, steckten Synagogen in Brand, misshandelten Unschuldige, zerstörten die Wohnungen jüdischer Menschen.⁴ Um die Mär vom „spontanen Volkszorn" aufrechtzuerhalten, erschienen sie meist in Räuberzivil; Ortsgruppenleiter der NSDAP (häufig waren sie gleichzeitig auch Bürgermeister) und andere Würdenträger überwachten das Treiben an vielen Orten persönlich, während sich die Bürger in der Mehrzahl angewidert vom Vandalismus oder einfach nur erschreckt, ängstlich und verstört im Hintergrund hielten, sich aber auch anstecken ließen. Aus Nachbarn wurden mancherorts Pogromtäter. Die Feuerwehren taten ihre Pflicht – aber nur nichtjüdischem Eigentum gegenüber, sie achteten nämlich darauf, dass die Flammen von den Synagogen nicht auf Nachbargebäude übergriffen. Die Raserei, die sich in den nächsten Tagen fortsetzte, ergriff schließlich auch solche, die mit den Zielen der Nationalsozialisten oder mit Politik überhaupt nichts im Sinn hatten.[5] Die „Reichskristallnacht" wurde zum Ventil für niedere Instinkte, für Mord- und Zerstörungslust. Einige wenige artikulierten auch vorsichtig ihren Unmut über die Aktion, die meisten freilich weniger aus Mitleid mit den jüdischen Mitbürgern, sondern wegen der sinnlosen Zerstörungen und wegen der Wirkung im Ausland.

Darin waren sich viele, die die Juden weniger geräuschvoll und ohne Beteiligung des Straßenpöbels aus der deutschen Gesellschaft entfernen wollten, mit Hermann Göring einig. Als Beauftragter für den Vierjahresplan hatte Göring die Funktion eines Superwirtschaftsministers des Dritten Reiches und in dieser Eigenschaft machte er Goebbels für die Inszenierung der Pogrome heftige Vorwürfe: Ihm tat es um die Sachwerte leid, um die Rohstoffe und Devisen, die zur Behebung der Schäden eingesetzt werden mussten. Die Vernichtung von Sachen beklagten auch viele Bürger, vor allem auf dem Land. In amtlichen Berichten ist diese Missbilligung festgehalten. Über Solidarität mit den Juden ist dort aber nichts zu lesen. Sowenig amtliche Berichte der geeignete Ort für Gefühlsäußerungen sind, so fällt doch auf, mit welcher Kaltschnäuzigkeit jüdische Todesopfer, die als Folge des Pogroms zu beklagen waren, erwähnt werden. Das Bedauern über die vernichteten Güter war allemal größer, und die Meinung war oft zu hören, man hätte mit weniger rabiaten Mitteln die jüdischen Mitbürger enteignen, entrechten, verdrängen und verjagen können. Im Übrigen blieb man kühl und gelassen wie der Oberbürgermeister von Ingolstadt, der am 1.12.1938 meldete: „Die Aktion gegen die Juden wurde rasch und ohne besondere Reibungen zum Abschluss gebracht. Im Verfolg dieser Maßnahme hat sich ein jüdisches Ehepaar in der Donau ertränkt."[6]

Die materielle Bilanz des Pogroms vom 9. November 1938, für den der Begriff „Reichskristallnacht" populär wurde, wurde unmittelbar nach den Ereignissen gezogen, am 12. November in Berlin unter dem Vorsitz von Hermann Göring, dem zweiten Mann im Staate Hitlers. 7500 zerstörte jüdische Geschäfte wurden gemeldet, fast alle Synagogen waren abgebrannt oder zerstört (nach amtlichen Angaben waren 191 jüdische Gotteshäuser durch Feuer, weitere 76 durch menschliche Gewalt vernichtet worden, nach neueren Forschungen sind jedoch weit über 1000 Synagogen und Gebetshäuser insgesamt dem Pogrom zum Opfer gefallen), Schaufensterscheiben im Wert von vielen Millionen Reichsmark waren in der Nacht zum 10. November zerschlagen worden, und geplündert hatten Nazis und andere Strolche in der Schreckensnacht nach Kräften. Das wurde von den nationalsozialistischen Machthabern zwar energisch bestritten – der „Volkszorn" und die „gerechte Empörung" der Deutschen hätten mit trivialem Diebstahl nicht das Geringste zu tun –, aber ein einziges Juweliergeschäft in Berlin hatte zum Beispiel der Versicherung einen Schaden von 1,7 Millionen Reichsmark gemeldet, entstanden durch vollständige Ausplünderung.

Bei den Brandstiftungen und Beraubungen, bei der Misshandlung und Verhöhnung jüdischer Menschen war es nicht geblieben. In den Tagen danach wurden im ganzen Deutschen Reich etwa 26000 jüdische Männer, und zwar überwiegend besser situierte, verhaftet und in die drei Konzentrationslager Dachau, Buchenwald und Sachsenhausen eingeliefert. Was das für die betroffenen „Aktionsjuden" bedeutete, ist trotz zahlreicher Berichte kaum darstellbar. Dass die Aktion auf einige Wochen begrenzt war, dass sie „nur" der Einschüchterung diente und der Pression zur Auswanderung, aber (noch) nicht der Vernichtung der Juden – diese Feststellungen wiegen wenig gegenüber der Katastrophe, die der Aufenthalt im KZ für die bürgerliche Existenz, als Zerstörung der bisherigen Lebensform und im Bewusstsein der Opfer darstellte.[7]

Der Vandalismus der Novemberpogrome war noch nicht das Ärgste, aber er leitete es ein. Am 12. November 1938 wurde den Juden eine willkürliche Sondersteuer, eine „Sühneabgabe", auferlegt, es folgte die Liquidierung aller Geschäfte und Unternehmen, die „Arisierung" des Grund- und Immobilienbesitzes, die völlige Entrechtung und Demütigung bis zur Kennzeichnung mit dem Judenstern im Herbst 1941, der letzten Etappe vor den Deportationen in die Vernichtungslager des Ostens.

In der Sitzung am 12. November 1938, als die Bilanz des Pogroms gezogen wurde (bei welcher Gelegenheit Göring die wirtschaftlichen Schäden und die beim Pogrom zerstörten Werte Goebbels vorhielt), wurde der weitere Kurs der nationalsozialistischen Politik gegenüber den Juden festgelegt. Goebbels durfte in den folgenden Tagen und Wochen propagandistisch unterfüttern, was als Vollstreckung „des Volkswillens" deklariert wurde, nämlich zuerst die Enteignung, dann die Ghettoisierung und schließlich die Deportation und Vernichtung der deutschen Juden, die nicht das Glück hatten, dem deutschen Herrschaftsbereich noch zu entkommen. Die Enteignung der Juden war am 10. November 1938 schon beschlossene Sache, die vollständige „Arisierung" der deutschen Wirtschaft von Hitler entschieden.

Einig waren sich die im Reichsluftfahrtministerium versammelten Minister und Beamten, dass die Juden nicht nur für die Schäden haften sollten, die beim Pogrom angerichtet wurden – wobei durch die Beschlagnahme der Versicherungssumme sichergestellt war, dass sie auch tatsächlich geschädigt waren – sondern dass den deutschen Juden darüber hinaus eine „Buße" auferlegt wurde, über deren Höhe nicht lange diskutiert wurde: Eine Milliarde Reichsmark wurde festgesetzt, tatsächlich waren es schließlich 1,12 Milliarden. Umstritten war lediglich, wer den Gewinn einstreichen durfte, der Staat oder die NSDAP. Göring, als Beauftragter für den Vierjahresplan, trug in der Sitzung vom 12. November den Sieg über den Reichspropagandaminister Goebbels davon, der die Kassen der Partei mit dem Geld der Juden hatte füllen wollen.

Die „Arisierung" erst aller jüdischen Einzelhandelsgeschäfte, dann der Fabriken und Beteiligungen wurde an diesem 12. November beschlossen, ehe die Herren über Maßnahmen berieten, wie die Juden endgültig aus der deutschen Gesellschaft ausgegrenzt und isoliert werden sollten. Die Ideen reichten vom Verbot des Betretens deutschen Waldes über die Beseitigung aller Synagogen zugunsten von Parkplätzen, über Vorschriften zum Benutzen der Eisenbahn bis zum Judenbann in Anlagen und zur äußeren Kennzeichnung der Juden.

Die meisten dieser Vorschläge wurden in der Folgezeit realisiert. Unmittelbar nach den Pogromen erfolgte die vollständige Entrechtung der Juden durch einen Katarakt von Anordnungen und Erlassen, Befehlen und Verboten. Die soziale Ausgrenzung der Juden hatte im Frühjahr 1933 begonnen: der Ausschluss vom Staatsdienst, der Rauswurf aus Vereinen und Verbänden, der Numerus clausus in Schulen und Universitäten setzte sich fort durch Berufsverbote und die Aussperrung vom Wehrdienst im Mai 1935. Mit den „Nürnberger Gesetzen" war im September 1935 den Juden das volle Bürgerrecht genommen und die Eheschließung mit Nichtjuden verboten worden (außerehelicher Geschlechtsverkehr wurde als neues Kriminaldelikt „Rassenschande" drakonisch bestraft).

Im Frühjahr 1938 mussten die deutschen Juden ihr Vermögen deklarieren, im Juli des Jahres wurden spezielle Personaldokumente eingeführt, einen Monat später wurden die Juden gezwungen, die Zwangsvornamen „Israel" bzw. „Sara" zu führen, ab Oktober wurde in ihre Ausweise ein rotes „J" eingestempelt. Der Höhepunkt öffentlicher Diskriminierung war mit der „Verordnung über die Kennzeichnung von Juden" erreicht: Ab 15. September 1941 war jede Jüdin und jeder Jude und jedes jüdische Kind ab dem sechsten Lebensjahr verpflichtet, einen gelben Stern auf der Kleidung aufgenäht zu tragen. Die physische Vernichtung bildete dann die letzte Station des Weges, der mit der Inszenierung der Pogrome im November 1938 bewusst und öffentlich eingeschlagen war.[8] Die „Endlösung" der „Judenfrage" war jetzt das Ziel nationalsozialistischer Politik.

Die „Reichskristallnacht" 1938 kennzeichnet den Übergang der Judenpolitik von der Ausgrenzung zur Verfolgung. Durch

„Arisierung" wurden Juden aus der Wirtschaft entfernt, ihr öffentliches Leben als Minderheit kam zum Erliegen. Das Jahr 1939 brachte Einschränkungen der Bewegungsfreiheit und mit den „Judenhäusern" eine Art Ghettoisierung. Der Druck auf Auswanderung, der im November durch die Inhaftierung von 26 000 Juden in den KZ Dachau, Buchenwald und Sachsenhausen forciert wurde, nahm zu.[9]

Nach Kriegsbeginn gab es neue Schikanen gegen die deutschen Juden (abendliches Ausgangsverbot, Reduktion der Lebensmittelversorgung, Verbot Autos, Telefone etc. zu benutzen usw.) Mit dem „Madagaskarplan" machten das Auswärtige Amt und das Reichssicherheitshauptamt 1940 Planspiele zur Deportation der Juden auf die ostafrikanische Insel.[10] Im Sommer 1941 begann die letzte Phase des praktizierten Antisemitismus, die Vernichtung der physischen Existenz der Juden. Nach dem Überfall auf die Sowjetunion ermordeten „Einsatzgruppen der Sicherheitspolizei und des SD"[11] systematisch die jüdische Bevölkerung. Das Auswanderungsverbot für deutsche Juden und die Kennzeichnung durch den Judenstern im September 1941 bereiteten die Deportationen in die Ghettos und Vernichtungslager im Osten vor. Als im Januar 1942 unter Vorsitz Reinhard Heydrichs die Wannsee-Konferenz stattfand, war der organisierte Judenmord durch Massenerschießungen vor allem im Baltikum, in Weißrussland und in der Ukraine längst im Gange. In den Konzentrationslagern Auschwitz (ab Herbst 1941) und Majdanek (Herbst 1942) wurden Juden in Gaskammern ermordet. Das erste Vernichtungslager wurde auf polnischem Boden in Chelmno/Kulmhof (im „Warthegau") im Herbst 1941 errichtet. Ohne Aufenthalt wurden dort die Opfer in „Gaswagen" erstickt. In den drei Vernichtungslagern der „Aktion Reinhardt"[12] Belzec (ab November 1941), Sobibor (ab Frühjahr 1942), Treblinka (ab Juni 1942) wurden bis 1943 insgesamt 1,75 Millionen Juden mit Gas ermordet. Im Holocaust kulminierte die Ideologie des Antisemitismus durch den Genozid an sechs Millionen Juden.[13]

## Die „Endlösung der Judenfrage"

Mit der Metapher „Endlösung" meinten spätestens ab Frühsommer 1941 die Offiziellen des Dritten Reichs die physische Vernichtung der Juden. Zusammengesetzt war das von Bürokraten erzeugte sprachliche Monstrum aus der im öffentlichen Diskurs seit dem 19. Jahrhundert geläufigen Metapher „Judenfrage" (als ursprünglich nicht unbedingt immer pejorativer Benennung eines politischen, kulturellen, sozialen Problemfeldes), deren „Lösung" im Verständnis der Antisemiten und daher erst recht der nationalsozialistischen Ideologie immer als Ausgrenzung gedacht war und mit zunehmender Machtentfaltung des NS-Regimes radikalisiert wurde.

War die „Lösung der Judenfrage" also genuin ein Postulat der Antisemiten und eine Metapher nationalsozialistischer Propaganda mit noch unbestimmtem Inhalt, so wurde der Begriff ab 1933 durch Maßnahmen der Entrechtung, Ausgrenzung, Diskriminierung und Vertreibung (am deutlichsten durch die Nürnberger Gesetze von 1935 und deren Folgebestimmungen) gefüllt und schließlich, in der Formel „Endlösung der Judenfrage" verdichtet, zum Synonym des beabsichtigten Massenmords an allen Juden im deutschen Herrschaftsbereich. Nach dem Novemberpogrom 1938, der die Wegmarke der nationalsozialistischen Judenpolitik bildet (als Punkt des Umschlags der Phase der Drangsalierung und Demütigung zur Vertreibung und Vernichtung), erweitert sich im amtlichen Sprachgebrauch der Begriff „Lösung der Judenfrage" zur „Gesamtlösung" beziehungsweise zur „endgültigen" Lösung der Judenfrage. Der semantischen Radikalisierung entsprach aber nicht ein von Anfang an festgelegter Inhalt, der etwa dem Begriff „Sonderbehandlung" in seiner Eindeutigkeit entsprochen hätte.

Ein Schlüsseldokument zur Entwicklung des Sprachgebrauchs ist das „Bestellungsschreiben", mit dem Göring als Reichsmarschall, Beauftragter für den Vierjahresplan und Vorsitzender des Ministerrats für die Reichsverteidigung am 31. Juli 1941 den Chef der Sicherheitspolizei und des SD, Heydrich, zu Planungen autorisierte: „In Ergänzung der Ihnen bereits mit Erlaß vom 24.1.39

übertragenen Aufgabe, die Judenfrage in Form der Auswanderung oder Evakuierung einer den Zeitverhältnissen entsprechend möglichst günstigen Lösung zuzuführen, beauftrage ich Sie hiermit, alle erforderlichen Vorbereitungen in organisatorischer, sachlicher und materieller Hinsicht zu treffen für eine Gesamtlösung der Judenfrage im deutschen Einflußgebiet in Europa. Sofern hierbei die Zuständigkeiten anderer Zentralinstanzen berührt werden, sind diese zu beteiligen. Ich beauftrage Sie weiter, mir in Bälde einen Gesamtentwurf über die organisatorischen, sachlichen und materiellen Vorausmaßnahmen zur Durchführung der angestrebten Endlösung der Judenfrage vorzulegen".[14]

Hinsichtlich der verfolgten Ziele ist dieses Dokument seinem Wortlaut nach noch keineswegs eindeutig; schon der Rückbezug auf den Erlass vom Januar 1939, mit dem die Forcierung der jüdischen Auswanderung beabsichtigt gewesen war, könnte die Vermutung stützen, die „Gesamtlösung" hätte, in Erweiterung des Drucks zur individuellen Auswanderung, eine Umsiedlung durch Massendeportation mit anschließender Neuansiedlung der Deportierten zum Ziele gehabt. Dass davon zu diesem Zeitpunkt keine Rede mehr sein konnte, dass der Entschluss zum Völkermord bereits gefallen war, ist längst unstrittig. Die Tatsache, dass die Mordkommandos der Einsatzgruppen nach dem Überfall auf die Sowjetunion (22. Juni 1941) im Baltikum, in der Ukraine, in Weißrussland und Russland gut vorbereitet in Tätigkeit traten, ist ein unabweisbares Indiz.

Belege für den bereits vollzogenen Bedeutungswandel des Begriffs „Endlösung" finden sich auch in den Akten. So enthält ein Befehl des Reichssicherheitshauptamtes, der am 20. Mai 1941 per Rundschreiben allen Staatspolizei(leit)stellen und nachrichtlich allen SD-Leitabschnitten übermittelt wurde, zweimal den ausdrücklichen Hinweis „auf die zweifellos kommende Endlösung der Judenfrage". Das konnte nur eine Steigerung der bis dato praktizierten Judenpolitik bedeuten, und die Ankündigung ist auch insofern höchst interessant, als der Anlass des Befehls darin bestand, dass deutsche Juden, die in Belgien und Frankreich lebten, bei Behörden im Deutschen Reich Urkunden und Dokumente wie Führungszeugnisse, Reisepässe und so weiter anforderten, die zur Auswanderung nach Übersee benötigt wurden. Die dem Reichssicherheitshauptamt (RSHA) nachgeordneten Dienststellen wurden angewiesen, solchen Bitten nicht zu entsprechen. Und weiter hieß es in dem RSHA-Befehl generell: „Eine Einwanderung von Juden in die von uns besetzten Gebiete ist im Hinblick auf die zweifellos kommende Endlösung der Judenfrage zu verhindern."[15]

Wenn man mit großer Sicherheit davon ausgehen kann, dass der Terminus „Endlösung" spätestens ab dem Frühsommer 1941 nichts anderes mehr als Vernichtung bedeutete, so ist zu fragen, wann der Bedeutungswandel einsetzte. Am 24. Juni 1940 schrieb Heydrich an den Außenminister Ribbentrop einen Brief, in dem er auf seine Kompetenz für die „Durchführung der jüdischen Auswanderung aus dem gesamten Reichsgebiet" hinwies. Seit 1. Januar 1939 seien insgesamt 200 000 Juden aus dem Reichsgebiet ausgewandert. Jedoch: „Das Gesamtproblem – es handelt sich bereits um rund 3 1/4 Millionen Juden in den heute Deutscher Hoheitsgewalt unterstehenden Gebieten – kann aber durch Auswanderung nicht mehr gelöst werden. Eine territoriale Endlösung wird daher notwendig."[16]

Der Chef des Reichssicherheitshauptamts meinte mit „territorialer Endlösung" das „Madagaskar-Projekt", das seit Frühjahr 1940 Gegenstand von Planungen war. Wenn sich der Madagaskar-Plan als Vernichtungsmodell charakterisieren lässt, in dem der Terminus „Endlösung" in seiner dann definitiven Bedeutung verwendet wird, so fehlt ihm wegen des exotischen und irrealen Orts und der hypothetischen Planung die letzte Beweiskraft für die Absicht des Völkermords vom Dezember 1940.[17] Dokumente der SS mit dem Titel „Die Judenfrage" geben über die Intentionen und zugleich über die Dimension, in der geplant wurde, Aufschluss. Notizen und ein Vermerk aus Anlass eines Vortrags beim Reichsführer SS Himmler, der Zahlen über die jüdischen Bevölkerungsbewegungen enthält, weisen die Richtung. Intentional wird „die Judenfrage" klar und eindeutig in zwei Phasen unterteilt, nämlich in eine „Anfangslösung der Judenfrage durch Auswanderung (durch Überführung der Initiative von den jüdisch-politischen Organisationen zur Sicherheitspolizei und SD)" und in „Die Endlösung der Judenfrage". Unter diesem Rubrum heißt es lakonisch: „Durch Umsiedlung der Juden aus dem europäischen Wirtschaftsraum des deutschen Volkes in ein noch zu bestimmendes Territorium. Im Rahmen dieses Projektes kommen rund 5,8 Millionen Juden in Betracht."[18]

Die Analyse von antisemitischen Texten aus dem 19. Jahrhundert zeigt, dass die Vernichtungsphantasien dort durchaus schon vorhanden sind, allerdings verbergen sie sich in abstrakten Wendungen („Unschädlichmachung", „Entjudung", „Entfernung", „Ausmerzung") oder hinter Konnotationen und Assoziationen. „So etwas wie ein internierter Judenstaat bedeutet daher Ausrottung der Juden durch die Juden", lautet ein Beispiel bei Eugen Dühring. Heinrich Himmler, als Reichsführer SS verantwortlich für den Vollzug der „Endlösung", verzichtete schließlich in seiner Rede vor Generalen im Juni 1944 auf alle Sprachregelungen, als er über den Auftrag, „die Judenfrage zu lösen", sagte: „Es ist gut, daß wir die Härte hatten, die Juden in unserem Bereich auszurotten".[19]

Bis 1939 hatte der NS-Staat die Auswanderung – besser: die Vertreibung und Flucht – der deutschen Juden forciert. Nach Kriegsbeginn am 1. September 1939 gab es kaum noch Möglichkeiten der Emigration, dann wurde sie, am 23. Oktober 1941, formell verboten. Zu diesem Zeitpunkt war der organisierte Mord an den Juden bereits Tatsache. Zu den vorbereitenden Maßnahmen gehörten das „Gesetz über die Mietverhältnisse mit Juden", das in Deutschland ab 30. April 1939 das Zusammenleben jüdischer Familien in „Judenhäusern" erzwang, dazu gehörte die Einrichtung von Ghettos nach dem deutschen Überfall auf Polen für die polnischen Juden. Die Einsatzgruppen der Sicherheitspolizei und des SD, Mordkommandos der SS, die der Wehrmacht nach dem Angriff auf die Sowjetunion im Sommer 1941 folgten, hatten den Auftrag, sowjetische Kommissare und die jüdische Zivilbevölkerung zu liquidieren. Als im Januar 1942 Heydrich auf der

Wannsee-Konferenz in Berlin hochrangigen Regierungsvertretern und SS-Offizieren die Logistik des geplanten Genozids an der europäischen Judenheit erläuterte, war eine halbe Million Juden bereits in Erschießungsgruben in der Ukraine, in Weißrussland, in Russland und im Baltikum von den Einsatzgruppen ermordet worden.

In der Wannsee-Konferenz am 20. Januar 1942 ist der Judenmord nicht „beschlossen" worden, nicht einmal diskutiert wurde darüber, nur berichtet, dass er im Gange war und der Bericht wurde von den anwesenden Staatssekretären und gleichrangigen Funktionären des Regimes beifällig zur Kenntnis genommen.[20] Die planmäßige Deportation der deutschen Juden in der Absicht, das Deutsche Reich „judenfrei" zu machen, begann im Herbst 1941. Ziel der „Evakuierung", bei der die Juden automatisch die Staatsangehörigkeit und etwa noch vorhandene Vermögenswerte verloren, waren Ghettos im Generalgouvernement, im Baltikum, in Weißrussland, das Konzentrations- und Vernichtungslager Auschwitz und Mordstätten, die nur dem einen Zweck dienten, dem Völkermord.

Der Zynismus der mörderischen Judenfeindschaft hat einen symbolischen Ort: Theresienstadt. In der spätbarocken Festungsanlage in Nordböhmen richteten die zuständigen Behörden des NS-Staats Ende 1941 ein Sammellager ein, das als Durchgangsstation für die Juden aus Böhmen und Mähren fungierte. Ab Juni 1942 wurde Theresienstadt außerdem Ghetto für privilegierte Juden aus Deutschland und Österreich. „Privilegiert" für Theresienstadt waren prominente Künstler, Gelehrte und vor allem Teilnehmer des Ersten Weltkriegs. Den Veteranen, die als deutsche Patrioten für ihr Vaterland gekämpft hatten, wurde vorgelogen, sie würden in eine Art Altersheim für Juden mit Verdiensten gebracht und könnten dort – gegen Preisgabe ihres Vermögens – einen behaglichen Ruhestand bei freier Verpflegung und medizinischer Versorgung genießen. Tatsächlich war Theresienstadt zwar kein KZ, aber doch nur ein Wartesaal für Auschwitz und andere Vernichtungsstätten.[21]

## Die „Endlösung der Judenfrage"

Weil die Ermordung der Juden die Nerven der Mörder (das waren zunächst nicht viel mehr als etwa 3000 Mann in den vier Einsatzgruppen) zu sehr strapazierte (in der Schlucht von Babij Jar am Stadtrand von Kiew waren am 29. und 30. September 1941 33 771 Juden vom Sonderkommando 4a der Einsatzgruppe C und zwei Kommandos des Polizei-Regiments Süd, zusammen ein paar Dutzend Männer, erschossen worden), wurden effektivere und nervenschonendere Methoden des Massenmords gesucht. Der „Reichsführer SS und Chef der deutschen Polizei", dem auch die Konzentrationslager unterstanden, befahl dem Kommandanten des KZ Auschwitz, die Ermordung durch Giftgas zu erproben. Erfahrungen gab es schon. Die Tötung von Behinderten in deutschen Heilanstalten ab 1939/40 im Rahmen der „Euthanasie", der „Aktion T 4", war mit Kohlenmonoxid erfolgt. Der Transport der Stahlflaschen war aber kostspielig und auffällig. In Auschwitz wurde deshalb eine kostengünstige und diskrete Methode entwickelt, bei der (zum ersten Mal im September 1941) das Entwesungsmittel Zyklon B in einer Gaskammer verwendet wurde. Zyklon B ist ein an Kieselgur gebundenes Blausäurepräparat, das bei einer bestimmten Temperatur freigesetzt wird und relativ rasch zum Erstickungstod führt.[22]

Ab Januar 1942 wurden in Auschwitz-Birkenau Gaskammern in großem Stil gebaut. Damit war das KZ zum Vernichtungslager erweitert, in dem bis zum Spätsommer 1944 etwa eine Million Juden mit quasi industrieller Präzision ermordet wurde. Auf ähnliche Weise funktionierte auch das Lager Lublin-Majdanek zugleich als KZ und als Vernichtungsort. Eine andere Form des Mordens wurde in Chelmno (eingedeutscht „Kulmhof") im Reichsgau „Wartheland" praktiziert. Hier wurden die Bewohner des Ghettos Litzmannstadt in „Gaswagen" getötet. Das waren im Auftrag der SS präparierte LKWs, in deren abgedichteten Aufbau die Abgase eingeleitet wurden. Bei einer etwa 20-minütigen Fahrt starben die unfreiwilligen Passagiere einen qualvollen Tod. Die Gaswagen wurden auch in Serbien und Weißrussland eingesetzt. Die Erfahrungen im Krankenmord wurden, mitsamt dem beteiligten Personal, auch für den Judenmord genutzt. Die drei Vernichtungslager der „Aktion Reinhardt", Belzec, Sobibor und Treblinka im Osten des Generalgouvernements auf polnischen Boden gelegen, waren Ziel von Transporten vor allem aus den Ghettos im Generalgouvernement. Der größte Teil der polnischen Juden, aber auch Juden aus Westeuropa, aus den Niederlanden, Frankreich, Österreich, Deutschland und der Slowakei wurden Opfer der Aktion Reinhardt. Die drei Lager hatten nur den einen Zweck, die Ankommenden ohne weiteren Aufenthalt zu vernichten. 600 000 Ermordete in Belzec, 250 000 in Sobibor, 900 000 in Treblinka bilden die schaurige Bilanz des Treibens von etwa 450 Mann deutschem Personal, das von ukrainischen und anderen „fremdvölkischen" und „volksdeutschen" Hilfswilligen unterstützt wurde, als sie die Ideologie des Antisemitismus im Völkermord vollstreckten.[23]

## Anmerkungen

1 Wolfgang Benz, Der Novemberpogrom 1938, in: ders. (Hrsg.), Die Juden in Deutschland 1933-1945. Leben unter nationalsozialistischer Herrschaft, 3. Aufl. München 1993.
2 Armin Fuhrer, Herschel. Das Attentat des Herschel Grynszpan am 7. November 1938 und der Beginn des Holocaust, Berlin 2013.
3 Hermann Graml, Reichskristallnacht. Antisemitismus und Judenverfolgung im Dritten Reich, München 1988; Walter H. Pehle (Hrsg.), Der Judenpogrom 1938. Von der Reichskristallnacht zum Völkermord, Frankfurt/M. 1988; Raphael Gross, November 1938. Die Katastrophe vor der Katastrophe, München 2013.
4 Konrad Heiden, Eine Nacht im November 1938. Ein zeitgenössischer Bericht, Göttingen 2013.
5 Andreas Nachama/Uwe Neumärker/Hermann Simon (Hrsg.), „Es brennt!" Antijüdischer Terror im November 1938, Ausstellungskatalog Berlin 2008.
6 Martin Broszat/Elke Fröhlich/Falk Wiesemann (Hrsg.), Bayern in der NS-Zeit. Soziale Lage und politisches Verhalten der Bevölkerung im Spiegel vertraulicher Berichte, München 1977, S. 471.
7 Wolfgang Benz, Mitglieder der Häftlingsgesellschaft auf Zeit. „Die Aktionsjuden" 1938/39, in: Dachauer Hefte 21 (2005), S. 179-196.
8 Novemberpogrom 1938. Reaktionen und Wirkungen, Themenheft der Zeitschrift für Geschichtswissenschaft 46 (1998), Heft 11; Der Novemberpogrom 1938 in der deutschen Erinnerungskultur, Themenheft der Zeitschrift für Geschichts-

wissenschaft 61 (2013), Heft 11; Stiftung Topographie des Terrors (Hrsg.), Die Novemberpogrome 1938. Versuch einer Bilanz, Berlin 2009.

9 Fritz Kieffer, Judenverfolgung in Deutschland – eine innere Angelegenheit? Internationale Reaktionen auf die Flüchtlingsproblematik 1933-1939, Stuttgart 2002.

10 Helmut Krausnick/Hans Heinrich Wilhelm, Die Truppe des Weltanschauungskrieges. Die Einsatzgruppen der Sicherheitspolizei und des SD 1938-1942, Stuttgart 1981; Ralf Ogorreck, Die Einsatzgruppen und die „Genesis der Endlösung", Berlin 1996.

11 Kurt Pätzold/Erika Schwarz, Tagesordnung: Judenmord. Die Wannsee-Konferenz am 20.1.1942. Eine Dokumentation zur Organisation der Endlösung, Berlin 1992.

12 Wolfgang Benz/Barbara Distel (Hrsg.), Der Ort des Terrors. Geschichte der nationalsozialistischen Konzentrationslager Band 8, München 2008, S. 329-371 (Belzec), S. 373-404 (Sobibor), S. 407-443 (Treblinka).

13 Wolfgang Benz (Hrsg.), Dimension des Völkermords. Die Zahl der jüdischen Opfer des Nationalsozialismus, München 1991.

14 Nürnberger Dokument PS 710.

15 Nürnberger Dokument NG 3104.

16 Eichmann-Prozeß, Beweisdokument 464, Archiv des Instituts für Zeitgeschichte, München.

17 Magnus Brechtken, „Madagaskar für die Juden". Antisemitische Idee und politische Praxis 1885-1945, München 1997.

18 Die Judenfrage. Vortrag über Siedlung, Dezember 1940, Bundesarchiv Berlin, Bestand NS 19/3979; Vgl. Benz, Dimension des Völkermords, S. 2.

19 Wolfgang Benz, Von der „Judenfrage" zur „Endlösung". Zur Geschichte mörderischer Begriffe, in: ders., Feindbild und Vorurteil. Beiträge über Ausgrenzung und Verfolgung, München 1996, S. 89-114, zit. S. 114.

20 Vgl. das Besprechungsprotokoll, in: Kurt Pätzold/Erika Schwarz, Tagesordnung: Judenmord. Die Wannsee-Konferenz am 20. Januar 1942. Eine Dokumentation zur Organisation der „Endlösung", Berlin 1992.

21 Wolfgang Benz, Theresienstadt. Eine Geschichte von Täuschung und Vernichtung, München 2013.

22 Eugen Kogon u. a. (Hrsg.), Nationalsozialistische Massentötungen durch Giftgas. Eine Dokumentation, Frankfurt/M. 1983; Günter Morsch/Bertrand Perz (Hrsg.), Neue Studien zu nationalsozialistischen Massentötungen durch Giftgas, Berlin 2012 (2. Aufl.).

23 Wolfgang Benz, Der Holocaust, München 2014 (8. Aufl.).

## 8. Antisemitismus nach dem Holocaust

Mit dem Zusammenbruch des NS-Regimes und dem Entsetzen über den Völkermord an den Juden Europas ist der Antisemitismus keineswegs verschwunden. Neben den fortlebenden traditionellen Erscheinungsformen (dem christlichen Antijudaismus und dem Rassenantisemitismus) entstand der „sekundäre Antisemitismus" als Reflex auf den Holocaust, geboren aus Schuld- und Schamgefühlen bzw. deren Abwehr, der sich u. a. an Restitutionsleistungen festmacht.

Theodor W. Adorno forschte im Frankfurter Institut für Sozialforschung seit den frühen 1950er Jahren über die Ursachen des Antisemitismus und die Nachwirkungen des Holocaust. Er konstatierte einen „Schuld- und Erinnerungsabwehr-Antisemitismus", der sich gegen „die Juden" als Kollektiv richtete, das durch die Tatsache seiner Existenz die Erinnerung an die Verbrechen des Nationalsozialismus wachhalte.[1] Genau dies sahen die Repräsentanten des Judentums in Deutschland als ihre Aufgabe. Während Nichtjuden von „Versöhnung" sprachen und „Vergessen" meinten, sahen sich Juden als Mahner und wurden zu Störenfrieden. Damit wurde ihnen in der Umkehrung von Schuld die Rolle zugewiesen, der „Normalität" im Wege zu stehen und Ressentiments gegen die Juden – also Antisemitismus – zu erzeugen. Adorno prägte 1959 für das Phänomen der Schuldumkehr den Begriff „sekundärer Antisemitismus". Er äußert sich in unterschiedlichen Formen wie der Leugnung oder Marginalisierung des Holocaust, in der Aufrechnung deutscher Verbrechen und der Viktimisierung der Täternation durch die Kriegführung der Alliierten (etwa im Vergleich von Auschwitz mit Dresden), in der Suche nach Schuld oder Mitschuld der Juden (wie im Falle Hohmann), im Verweis auf andere Völkermorde. Formen des sekundären Antisemitismus zeigten sich im Historikerstreit der 1980er Jahre, den Ernst Nolte mit der Behauptung, Stalin habe Hitler als Vorbild gedient, ausgelöst hatte. Das Verlangen nach einem Schlussstrich unter die Vergangenheit oder die Unterstellung, dem Entschädigungsbegehren der Holocaustopfer lägen materielle oder machtpolitische Motive zu Grunde, sind ebenso Ausprägungen eines sekundären Antisemitismus wie der Antizionismus, der sich auf den Vorwurf eines angeblichen jüdischen Imperialismus („Weltjudentum") stützt.

## Jüdisches Leben in Deutschland nach 1945

Jüdisches Leben in Deutschland nach Auschwitz schien undenkbar. Rabbiner Leo Baeck, die geistige Führungsgestalt des deutschen Judentums, hatte mit dem Diktum, die Epoche der Juden in Deutschland sei ein für allemal vorbei, im Dezember 1945 nur in Worte gefasst, was alle, Juden wie Nichtjuden, dachten. Vor dem Beginn der nationalsozialistischen Judenverfolgung hatten in Deutschland rund eine halbe Million Juden gelebt. Zwischen 1933 und 1945 konnten etwa 270 000 von ihnen auswandern, mehr als 200 000 wurden in die Ghettos und Vernichtungslager deportiert. Etwa 165 000 sind dort ermordet worden, ungefähr 15 000 Juden überlebten außerhalb der Konzentrationslager, die meisten von ihnen als Partner in „Mischehen" mit Nichtjuden, einige hatten sich im Untergrund verbergen können.

Die aus den KZ und Vernichtungslagern befreiten Juden, die sich nach 1945 als „Displaced Persons" unter alliierter Obhut auf deutschem Boden aufhielten, warteten nur, bis sie zu Kräften gekommen und fähig zur Ausreise sein würden; bis die Formalitäten der Immigration in ein Land, das ihnen Heimat bieten wollte, erledigt wären. Das dauerte freilich Jahre. Die überlebenden Juden stammten zumeist aus Ungarn, der Tschechoslowakei, Polen und anderen Ländern Osteuropas. Andere wanderten in den ersten Nachkriegsjahren zu, als in Polen (aber nicht nur dort) neuer Antisemitismus manifest wurde und sich in Pogromen entlud. Auch diese Zuwanderer betrachteten Deutschland nur als Durchgangsstation.[2]

Unbeabsichtigt beeinflussten diese Juden aber den Wiederbeginn jüdischen Lebens in Deutschland. Sie sammelten sich in der amerikanischen Besatzungszone, wo die US-Army und die Hilfsorganisation „United Nations Relief and Rehabilitation Administration" (UNRRA) und ab Juli 1947 in deren Nachfolge die „International Refugee Organisation" (IRO) Lager einrichteten, vor allem in Bayern: in Deggendorf und Landsberg, in München-Freimann, Feldafing und – das am längsten existierende – unter dem Namen „Föhrenwald" im Landkreis Wolfratshausen. Insgesamt fast 200 000 jüdische Displaced Persons lebten zwischen 1945 und 1950 in Deutschland. Die Lager in der amerikanischen und der britischen Besatzungszone wurden Zentren jüdischer Kultur und jüdischer Religiosität in Deutschland. Aber die Synagogen und Schulen, Zeitungen und Theatergruppen setzten nur das Leben des Ghettos fort. Die überwiegend ostjüdischen Lagerbewohner hatten kein Interesse an ihrer deutschen Umgebung; sie lehnten Kontakte meist strikt ab.[3]

Manchen gelang die illegale Einwanderung nach Palästina oder die legale Immigration im Rahmen der Quotenregelung in die Vereinigten Staaten, für die meisten brachte jedoch erst die Gründung des Staates Israel im Mai 1948 die Erfüllung ihrer Wünsche. Ab 1950 leerten sich die Lager, übrig blieb ein Rest jüdischer Menschen, die zu alt und krank für die Auswanderung waren, deren Visa-Probleme unlösbar blieben oder die nach allen überstandenen Leiden nicht mehr fähig waren, sich irgendwo einzugliedern zu lassen. München war die Durchzugs- und Ausreisestation für etwa 120 000 Juden, bis die IRO 1952 die Betreuung der jüdischen Displaced Persons in Deutschland einstellte. Etwa 12 000 Juden wollten in Deutschland bleiben, und zwar nicht nur wegen Krankheit oder Erschöpfung. Manche hatten auch neue Existenzen gegründet oder sich verheiratet.

Bei den Deutschen stießen die überlebenden Juden in den Lagern auf Ressentiments und Abneigung – sie fühlten sich an ihre verdrängte Schuld erinnert. Das äußerte sich immer wieder in antisemitischen Vorfällen, etwa bei einer Razzia am 28.

Mai 1952 im Lager Föhrenwald. Mehrere hundert Mann des Zollfahndungsdienstes, der Kriminal- und der Landespolizei umzingelten das Lager und drangen ein; sie waren bewaffnet und führten Spürhunde mit sich – und das alles nur, um Geschäfte und Kioske zu kontrollieren, in denen unverzollte Waren vermutet wurden. Die 2000 Juden im Lager aber fühlten sich an die Mordaktionen in den Ghettos und Konzentrationslagern der NS-Zeit erinnert. Die Ordnungshüter prügelten, stießen antisemitische und nazistische Drohungen aus, erklärten, „die Krematorien und Gaskammern" existierten noch, dies sei „erst der Anfang". Vertreter der jüdischen Hilfsorganisation „American Joint Distribution Committee" verständigten den Staatssekretär für das Flüchtlingswesen im bayerischen Innenministerium, dessen Eingreifen die gesetzwidrige Aktion beendete.

Heute leben in der Bundesrepublik Deutschland über 100 000 Juden, nach der offiziellen Statistik, d. h. als registrierte Mitglieder einer jüdischen Gemeinde, aber die wenigsten von ihnen sind Überlebende aus dem deutschen Judentum vor Hitler, also Rückkehrer aus den Lagern, im Untergrund Versteckte, auf andere Weise Gerettete oder deren Nachkommen. Eine größere, bis 1990 die größte, Gruppe bilden die Displaced Persons und ihre Nachkommen, die nach dem Holocaust aus Polen und Litauen, aus Ungarn und der Tschechoslowakei zuwanderten, die in Deutschland geblieben sind. Zu den 30 000 Menschen, die 1990/91 als Juden in Deutschland lebten (unter ihnen nur etwa 400 Personen in der DDR) kamen und kommen Zuwanderer aus den Nachfolgestaaten der Sowjetunion. Sie nutzten die Chance, als Kontingentflüchtlinge in die Bundesrepublik zu kommen, die ein Gesetz der letzten Stunde der DDR ihnen bot.

Jüdische Präsenz im Deutschland nach Hitler war auf Dauer nicht beabsichtigt und von offizieller jüdischer Seite auch keineswegs erwünscht. Nach dem Völkermord galt es den Juden in aller Welt als selbstverständlich, dass Deutschland nach dem Holocaust für sie ein gebanntes Land sein werde, ähnlich Spanien nach der Vertreibung der Juden im Jahre 1492. Für die zionistischen Politiker und die Funktionäre jüdischer internationaler Organisationen war ausgemacht, dass die Reste des Judentums in Deutschland ebenso wie die von Displaced Persons geschaffenen Provisorien so rasch wie möglich wieder verschwinden müssten. Noch 1948, im Jahr der Gründung Israels, erklärte der Jüdische Weltkongress, dass künftig kein Jude mehr deutschen Boden betreten werde. Die Zwischenstation im Land der Mörder sollte mit der Abreise der letzten Lagerbewohner Anfang der fünfziger Jahre beendet sein. Das lag auch in der Intention der zionistischen Politik, die für den Aufbau des Staates Israel jeden brauchte. Anfang 1950 fasste der Jüdische Weltkongress in Frankfurt am Main eine Resolution, nach der jüdische Organisationen in Deutschland nur Interimscharakter haben sollten: Wenn sie dem letzten Juden aus Deutschland zur Ausreise verholfen hätten, würden sie sich auflösen.

Doch schon zehn Tage später, am 19. Juli 1950, wurde der „Zentralrat der Juden in Deutschland" gegründet, als Signal, dass es doch noch Juden gab, die in Deutschland leben und sich hier behaupten wollten. Das war in vielerlei Hinsicht schwierig. Denn die Massenauswanderung nach Israel zwischen 1948 und 1953 beraubte die Lager der kulturellen und geistigen Substanz, die dort entstanden war.

Das reiche religiöse Leben und die kulturelle Vielfalt der DP-Lager konnte mithin nicht auf die neugegründeten jüdischen Gemeinden übergehen. In München etwa wurden außerdem die Führungspositionen in den Gemeinden von den wenigen überlebenden deutschen Juden gegen die zahlenmäßig viel stärkeren ostjüdischen Zuwanderer verteidigt. In Süddeutschland stellten die aus Osteuropa Gekommenen den Löwenanteil unter den Juden, in München waren es Ende der fünfziger Jahre über 79 Prozent. Die Beziehungen waren gespannt: Die weitgehend assimilierten deutschen Juden hatten Probleme mit den Ostjuden, die jiddisch sprachen, die rituellen religiösen Gesetze strenger beachteten und ihr Judentum auch äußerlich demonstrierten.

Die deutschen Juden wiederum sahen sich mit dem Vorwurf

konfrontiert, lax im Glauben zu sein, kaum jüdische Geistigkeit auszustrahlen und sich allzu stark mit Nichtjüdischem verbunden zu haben, was sich zum Beispiel an der Zahl der Ehen mit Nichtjuden ablesen ließ. Die deutsch-jüdische Identität, häufig als deutsch-jüdische Symbiose missverstanden und von interessierten Nichtjuden auch nach dem Holocaust als vermeintliche Tatsache beschworen, stieß bei den Ostjuden auf Skepsis, Unverständnis und Ablehnung.

Solche Probleme des Umgangs waren konstitutiv für die Gründungsgeschichte der neuen jüdischen Gemeinden in Deutschland. Der Wiederbeginn jüdischen Lebens in Deutschland war außerdem von den Spannungen gekennzeichnet, die sich aus den soziologischen, kulturellen und psychologischen Problemen des Überlebens ergaben. In den fünfziger Jahren entstand die religiöse Rechtfertigung für den Verbleib von Juden in Deutschland, die ein prominenter Rabbiner so formulierte: Juden seien für deutsche Menschen ein Mahnmal, jüdische Existenz in Deutschland halte die Erinnerung wach, führe zum Nachdenken und zur Einkehr. Eine nicht geringe Zahl Deutscher suche den Weg zur Sühne: „Und in dieser Situation gewinnt das Vorhandensein eines Überrestes Israels in Deutschland eine ganz andere Perspektive und Bedeutung. [...] Noch nie sah ich eine solche Aufgeschlossenheit für jüdische Gedanken, beinahe eine Sehnsucht nach jüdischen Werten im Kreise anderer Völker wie heute und hier. Inmitten dieser Entwicklung und umdroht von einem wieder aufsteigenden Antisemitismus haben Juden in Deutschland ihre Aufgabe und damit die Möglichkeit einer Zukunft und Existenzberechtigung."[4]

Das kulturelle und soziale Leben der jüdischen Gemeinden in Deutschland blieb – ebenso wie die Politik des Zentralrats – bis heute von dieser Mission beherrscht. Die psychologische Schwierigkeit, als Jude in Deutschland zu leben, kann gar nicht überschätzt werden. Viele Juden leiden unter dem Rechtfertigungsdruck gegenüber Angehörigen und Freunden, die nicht in Deutschland leben können, oder unter Schuldgefühlen gegenüber ermordeten Familienmitgliedern.

Zum jüdischen Lebensgefühl in Deutschland kommt die besondere Verletzbarkeit durch absichtliche wie unabsichtliche Ausgrenzung und Taktlosigkeit, denen ein Jude in Deutschland ausgesetzt sein kann, und Misstrauen gegen neue Manifestationen von Antisemitismus und Xenophobie. Die allgegenwärtige Angst vor Rechtsextremismus kann sich leicht zur Paranoia steigern. Die Nichtjuden, ohnehin eher ängstlich als sensibel im Umgang mit Juden, schwanken zwischen Philosemitismus, zur Schau getragen als „Bereitschaft zur Versöhnung" unter stereotyper Beteuerung, man habe jüdische Freunde, sei engagiert und betroffen einerseits und der alltäglichen Tabuisierung der Vergangenheit andererseits. Diese Attitüde zeigt sich etwa in der Vermeidung bestimmter Begriffe und Bezeichnungen, etwa des Wortes „Jude", das man mit Hinweisen auf „Herkunft" oder „Abstammung" umschreibt. Gleichzeitig werden aber Vokabeln des Nazi-Jargons – arisch, ausmerzen, Endlösung, Sonderbehandlung – ganz unreflektiert weiter verwendet. Damit ist der Boden für Missverständnisse bereitet.

Wenn Juden argwöhnisch sind und im Zweifelsfall Antisemitismus vermuten, so fehlt den Nichtjuden in Deutschland oft das Verständnis und die Bereitschaft, sich in die Situation deutscher Juden oder jüdischer Deutscher zu versetzen, etwa sich vorzustellen, dass sie, auch und gerade als Angehörige der zweiten und dritten Generation nach dem Holocaust, in einem „Angst- und Isolationsghetto"[5] leben; dass Juden in Deutschland traumatisiert sind vom Gefühl, als dem Inferno Entronnene im Land ihrer Mörder zu leben. Was die Psychoanalytiker als Überlebenssyndrom beschrieben haben, ist für viele allgegenwärtige Realität. Zum individuellen Trauma fügt sich der Rechtfertigungszwang, die eigene Existenz in Deutschland vor sich selbst, aber auch gegenüber der Welt politisch, kulturell und sozial zu legitimieren.

1949, nach der Gründung der Bundesrepublik Deutschland, erklärte John McCloy, der amerikanische Hohe Kommissar und damit einer der drei alliierten Vormünder des jungen Staates, der Prüfstein für die junge deutsche Demokratie sei der Umgang mit den Juden. Nach der großen Anstrengung zur Entschädigung und

Wiedergutmachung materiellen Unrechts Anfang der 1950er Jahre waren Juden für die Mehrheitsgesellschaft in Deutschland – das galt ebenso für die DDR wie die Bundesrepublik – lange Zeit kein Thema, das eine größere Öffentlichkeit interessierte. Die amerikanische TV-Serie „Holocaust" bildete Ende der 70er Jahre, weil der Völkermord an den Juden in trivialer Darstellung emotional nachvollzogen werden konnte, den Anstoß für eine Auseinandersetzung, die die bisherigen Grenzen intellektueller und professioneller Beschäftigung mit dem Thema überwand.

Rainer Werner Fassbinders antisemitisches Theaterstück „Die Stadt, der Müll und der Tod", in deren Mittelpunkt der jüdische Spekulant als Typus vorgeführt wurde, sorgte Mitte der 1980er Jahre für lang anhaltende Aufregung. Juden, unter ihnen der spätere Zentralratsvorsitzende Ignatz Bubis, der in dem Stück karikiert wurde, verhinderten in Frankfurt am Main die Aufführung des Stückes. Der Diskurs flackerte Ende der 1990er Jahre noch einmal auf, als ein Berliner Theater, künstlerische Freiheit beanspruchend, das Stück ankündigte, weil angeblich die Öffentlichkeit Anspruch auf Augenschein habe (obgleich der Text veröffentlicht ist und verfilmt wurde). Weil es im Vorfeld nicht gelang, die Duldung des offiziellen Judentums für das Projekt zu erlangen, drohte das Theater mit einer Aufführung des Stückes als Gastspiel in hebräischer Sprache durch eine israelische Bühne.[6]

Zur gleichen Zeit beschäftigten sich die westdeutschen Medien mit dem Historikerstreit um Schuld und Verantwortung für den Holocaust, der sich Ende der 90er Jahre fortsetzte in der Debatte um das Buch von Daniel J. Goldhagen über den angeblichen eliminatorischen Antisemitismus der Deutschen. Das Publikum ergriff vehement Partei für den amerikanisch-jüdischen Deuter deutschen Charakters gegen die Historiker, die auf seriöse Recherche pochten und darauf verwiesen, dass medienwirksame Inszenierung nicht gegen Argumente eingesetzt werden sollte. Immerhin war die Goldhagen-Debatte ebenso wie die Bewunderung, die der Hollywood-Regisseur Steven Spielberg für seinen Film „Schindlers Liste" und die anschließenden Aktivitäten seiner

Shoah-Foundation genießt, Indiz dafür, dass unter den Deutschen zahlreiche Menschen zu finden sind, insbesondere der jüngeren Generation, die sich emotional, moralisch und intellektuell für die Juden engagieren.

Der wachsende zeitliche Abstand zum Holocaust spielt für die Juden als Opfer keine Rolle. Von den Nichtjuden wird er dagegen als Hauptargument und als Forderung nach „Normalität" ins Treffen geführt: „Könnt ihr denn gar nicht vergessen, es ist doch schon so lange her", lautet die Standardformel, und wenn Juden darauf mit Nein antworten, entsteht Verbitterung, wird die jüdische Haltung als „unversöhnlich" abgelehnt oder verurteilt, fühlt man sich im unterschwelligen Vorbehalt – im latenten Antisemitismus – bestätigt.

### Die Allensbach-Umfrage 1949

Die Diskriminierung und Verfolgung der Juden unter NS-Ideologie, die im Holocaust mündete, war in den ersten Nachkriegsjahren kein Thema, das öffentlich diskutiert wurde, wenn nicht die Alliierten darauf bestanden und den Deutschen Nachhilfe zu geben versuchten. Im Herbst 1949 veranstaltete das Allensbacher Institut für Demoskopie eine große Untersuchung „Ist Deutschland antisemitisch?"[7] Die Ergebnisse waren erstaunlich. Aus der sehr detaillierten Befragung ergab sich nicht nur ein erschreckendes Maß an Unwissenheit über das jüdische Schicksal; so gaben rund 60 Prozent aller Befragten an, dass sie „keine Ahnung" hätten, wie viele von den einst 500 000 deutschen Juden überlebt hätten. Aber noch viel schlimmer war das Ergebnis der Erhebung „Wie ist überhaupt ihre Einstellung gegenüber den Juden?" Die Antworten waren eingeteilt in folgende Kategorien: 1. „Demonstrativ antisemitisch", 2. „Gefühlsmäßig ablehnend", 3. „Reserviert", 4. „Tolerant", 5. „Demonstrativ freundlich" und 6. „Gleichgültig". Zehn Prozent bekannten sich zur ersten Kategorie als entschiedene Antisemiten und manche begründeten das mit Erfahrungen, die sie nach 1945 gemacht hatten. Eigentlich sei er erst nach dem Zusammenbruch des NS-Regimes Antisemit geworden, sagte ein Maurer in mittleren Jahren, er habe das Gefühl, als ob auch das Ausland die Juden in größeren Mengen ablehne, also müsse doch wohl etwas an der Nazi-Lehre gestimmt haben. Die meisten gaben natürlich traditionellere Klischees zu Protokoll, ebenso wie die 13 Prozent Respondenten, die „gefühlsmäßig" die Juden ablehnten. (Eine Hausfrau aus Bayern, die viel nachgedacht hatte über „das Judenproblem" und die den Staat Israel befürwortete, sagte, der Rundfunk habe „eine Ansagerin mit einer ausgesprochen schnottrigen Zunge, vermutlich eine Jüdin. Wenn sie ansagt, schalte ich ab.")

15 Prozent zeigten sich den Juden gegenüber reserviert und begründeten das mit den „komischen dreckigen Gestalten auf dem Schwarzen Markt", mit der „abstoßenden jüdischen Religion", sie wollten keine Juden im öffentlichen Dienst und eine Beschränkung in akademischen Berufen, wollten keinen jüdischen Chef haben und sahen im Juden „etwas Artfremdes". Zur Toleranz bekannte sich mit 41 Prozent die größte Gruppe der Befragten, aber auch hier finden sich Antworten wie „Der Jude ist mir ebenso lieb wie der Christ, vorausgesetzt, daß es keine polnischen Juden sind" oder „Wenn sie sich anständig benehmen, soll man sie genau so wie andere Staatsbürger behandeln. Aber man soll ihnen in geschäftlicher Hinsicht stark auf die Finger sehen." In der nächsten Gruppe, den demonstrativen Philosemiten, findet man neben egalitären Bekenntnissen auch noch antisemitische Zwischentöne. Ein junger Rundfunkmechaniker meinte, auch sein Vater sei schon judenfreundlich gewesen, vor 1933 wie nachher, „und zwar deshalb, weil er mit ihnen nie Geschäfte getätigt hat". Und eine Landwirtstochter gab an, die Juden seien „auch Menschen, sie wollen auch leben. Christen sind manchmal auch gemein."

Nach diesen Proben überrascht es kaum, dass auch in der Gruppe der Gleichgültigen (15 Prozent) starke Vorurteile artikuliert wurden: „Dem kultivierten, besonders den in Deutschland geborenen Juden spreche ich die Gleichberechtigung mit nichtjüdischen Deutschen nicht ab. Dagegen bin ich absolut gegen die ostjüdische Einwanderung, da sich hiermit vornehmlich Schieber und Schwarzhändler rekrutieren." Dieser Feststellung einer Frau in mittleren Jahren aus Bayern kann man die Äußerung des älteren Lagerarbeiters aus Hamburg zur Seite stellen, der meinte, vor dem tüchtigen Juden habe er Achtung, „den schmierigen Juden hasse ich".

Gewiss, das sind willkürlich herausgegriffene Antworten, aber sie sind repräsentativ, weil aus ihnen hervorgeht, dass die mühselige Klassifizierung mit der Skala von Antisemiten bis Philosemiten wenig tauglich ist, weil alle mit den alten Vorurteilen hantieren. Noch deutlicher geht das aus den Antworten hervor, die auf die Frage nach den Ursachen des Antisemitismus gegeben wurden. 53 Prozent der Befragten gaben ganz naiv den „Eigenheiten jüdischer Volksgruppen" die Schuld und nannten „Profitgier, Verschlagenheit, Schmuddeligkeit" ebenso wie „das fremdrassige Wesen", den „bewußt demoralisierenden Einfluß", die „Überhöflichkeit" oder gar „die jiddische Sprache", die „betrügerischen Geschäfte", das „Herausfordernde in ihrem Benehmen".

Auch die 12 Prozent, die den Antisemitismus auf die jüdische Religion zurückführten, benutzten zum Teil das Vokabular des Stürmers („weil sie die Christen nur als ihr Werkzeug betrachten" oder weil die jüdische Religion es erlaube, Nichtjuden zu betrügen, „ohne daß es ihnen als Sünde ausgelegt wird"). Auch das knappe Drittel (30 Prozent), das die antijüdische Propaganda als Ursache der Judenfeindschaft benannte, argumentierte mit den bekannten Klischees. Erst recht war das bei den restlichen acht Prozent der Fall, die „sonstige Gründe" ins Treffen führten. Hier wurde „der ungebührliche Einfluß der Juden vor 1933" genannt, aber auch, und zwar von einem Arzt, „der unproduktive analysierende Geist der Juden" und, natürlich, ihre kaufmännische Tüchtigkeit.

Der gesamte Befund der Antisemitismus-Umfrage aus dem Herbst 1949 lässt sich dahingehend zusammenfassen, dass die meisten Deutschen die alten Vorurteile kultivierten, dass hinter gelegentlichen Beteuerungen des Bedauerns über das Geschehene und Bekenntnissen zur Wiedergutmachung wenig Verständnis oder Einsicht zu finden war, dass Abwehr und Reserve dominierten. Auf dem Weg zur demokratischen Gesellschaft hatten die Deutschen, wenn man den Ergebnissen der Demoskopie Glauben schenkt, wenig investiert, um Wissen und Erkenntnis zu gewinnen über die Wirkung eines der wesentlichsten Programmpunkte des Nationalsozialismus, über die Folgen des in Politik und Vernichtung umgesetzten Antisemitismus.

Antisemitismus darf in der Bundesrepublik nicht öffentlich artikuliert werden, das gehört zu den Gesetzen der politischen Kultur in Deutschland nach Auschwitz. Wer dieses Tabu bricht, verliert Amt und Ansehen, jedenfalls unmittelbar nach dem jeweiligen Vorkommnis. Ohne Sanktionen bleibt es jedoch in der Regel, wenn antisemitische oder fremdenfeindliche Vorurteile in weniger spektakulärem Rahmen, vor kleinerer Öffentlichkeit oder im Umfeld von Vereinen, am Stammtisch, beim alltäglichen sozialen Kontakt artikuliert werden. Im Herbst 1992 hielt Pater Basilius Streithofen, ein weithin als wortgewaltig und streitbar bekannter Dominikaner aus dem Kloster Walberberg bei Bonn einen Vortrag, in dem er äußerte, Juden und Polen seien die größten Ausbeuter des deutschen Steuerzahlers. So und ähnlich hat sich gewiss schon seit Jahrzehnten eine beträchtliche Zahl von Deutschen, die Wiedergutmachungs- und Entschädigungsleistungen der Bundesrepublik kommentierend, vernehmen lassen. Gegen den Ordensgeistlichen wurde jedoch, weil die Äußerung öffentlich war, Anzeige erstattet wegen Volksverhetzung. Er rechtfertigte sich, auch gegen Kritik aus dem eigenen Orden, in Stammtischmanier und sagte, die inkriminierte Äußerung sei ihm „so rausgerutscht", überdies sei das Zitat aus dem Zusammenhang gerissen und außerdem habe er bei dem Vortrag auch die schwere Schuld der Deutschen gegenüber den Juden und Polen betont. Aber es müsse „einmal Schluß mit der Vergangenheitsbewältigung sein" und es müsse sichergestellt sein, dass „die Urenkel nicht mehr für die in der NS-Zeit begangene Schuld haftbar gemacht werden können". Und dann, damit die Absicht seiner Feindbildprojektion erläuternd, fügte er hinzu:

„In diesem Zusammenhang stehe ich zu meiner Äußerung, daß die Juden die Deutschen ausbeuten."[8]

In Nürnberg tauchten im Frühjahr 1994 technisch geschickt gemachte „Deportationsbescheide" auf, die Bürgern jüdischen Glaubens und Ausländern zugestellt wurden. Mit Stempeln, Aktenzeichen, dem Bundesadler auf dem gefälschten Briefkopf des Bundesamtes für Anerkennung ausländischer Flüchtlinge wurde die Erinnerung an die Deportationslisten der Gestapo als antisemitisches Manifest benützt. An ähnlichen Beispielen aus anderen Regionen herrscht kein Mangel.

Im Sommer 1994 kursierte ein „Apell der ehemaligen Rußlanddeutschen an sowjetische Juden, die nach Deutschland emigrieren", in dem die Juden – in sehr mäßigem Deutsch – aufgefordert werden, Deutschland zu verlassen („Ihr wolltet einfach wie Schaben aus der armen russischen Küche in die z. Zt. noch reiche Küchen anderer Nationen hinüberkriechen"). Die Absicht ist so klar wie die Assoziation, die geweckt werden soll: Juden als Fremde, Störenfriede, Schmarotzer, Nichtanpassungswillige. Die Stereotype sind so alt wie bekannt, aber wirkungsvoll. Die anonymen Russlanddeutschen hoffen denn auch, mit ihrem Appell auf „gute Kontakte zu den örtlichen Deutschen, unseren Blutsverwandten und wir bemühen uns, ihre Augen zu öffnen. Sie kommen auch selbst nach der Vereinigung Deutschlands allmählich zu sich".[9]

Ein anderes Beispiel zeigt, wie alte Stereotype in neuer Form, an aktuellen Diskussionskernen kristallisiert, erscheinen: Im Deutschlandfunk, einer Rundfunkanstalt des öffentlichen Rechts, wurde Anfang September 1992 ein Kommentar ausgestrahlt, der unter der Rubrik „Schalom – jüdisches Leben heute" eine Art Abrechnung mit „jüdischer Vergangenheitsbewältigung" versuchte. Auf jüdischer Seite, so war zu hören, finde man bei der Betrachtung und Wertung des Holocaust „oft, zu oft, grobe Verzerrungen der Sicht, vorschnelle Urteile der Einordnung von Tatsachen, Blindheit für Zusammenhänge". Auch Nichtjuden hätten unter Hitler gelitten, seien gequält und ermordet worden, aber das kümmere jüdische Kommentatoren nicht, sie seien zu sehr auf ihre eigene Vergangenheit fixiert. Freimütig und Selbstentblößung nicht scheuend, tat der Autor des Deutschlandfunks kund, womit die Juden sich wirklich beschäftigen sollten: „Wo bleibt die jüdische Auseinandersetzung mit dem Marxismus und mit den verheerenden Folgen der marxistisch-leninistischen Diktaturen? Spätestens jetzt, nach ihrem Zusammenbruch, wäre es an der Zeit, sich mit ihrer Brutalität und Menschenverachtung kritisch zu beschäftigen, auch selbstkritisch: Eine große Zahl von Juden waren Mittäter. Das Wohlverhalten jüdischer Gemeinden in dem Unrechtsstaat DDR wäre zum Beispiel einer genauen Analyse wert. Bezeichnend ist die milde Beurteilung der jüdischen Schriftsteller Stefan Heym und Anna Seghers, um nur zwei markante zu nennen. Beide sind bzw. waren treue Anhänger der DDR-Diktatur. Der eigene Ruhm war ihnen wichtiger als die Menschlichkeit."[10] Man wird diese Sätze als neue Spielart der Verdrängung, der Abwehr und Aufrechnung, wie wir sie längst kennen, als Manifestation von latentem Antisemitismus werten müssen.

### Die Möllemann-Affäre

Der vom FDP-Politiker Jürgen Möllemann im Wahlkampf 2002 entfachte „Antisemitismus-Streit" instrumentalisierte Ressentiments und Vorurteile: Auslöser war seine Feststellung, Antisemitismus sei ein Reflex auf das Verhalten prominenter Juden (des deutschen Fernsehmoderators Friedman und des israelischen Ministerpräsidenten Sharon). Den Hintergrund bildete die ebenso populistische und wirksame wie absurde Behauptung, es existiere ein Verdikt, Kritik an Israel zu üben und es gebe einschlägige Denk- und Meinungsverbote. Möllemann empfahl sich als Tabubrecher und benützte, um sich allgemein verständlich zu machen, klassische judenfeindliche Stereotype als Appell an Wähler bis hin zu Weltverschwörungsphantasien in Gestalt einer „zionistischen Lobby", die unerwünschte Kritiker bei Bedarf mundtot mache.

Angefangen hatte es mit antisemitischen Äußerungen eines Landtagsabgeordneten in Nordrhein-Westfalen, die als Israelkritik getarnt waren. Der Abgeordnete Jamal Karsli war von den Grünen zur FDP-Fraktion gewechselt, die ihn zunächst als Gast, dann als Mitglied aufnahm und unter öffentlichem Druck dann wieder ausschloss. Der Fall Karsli verdiente kein besonderes Interesse, hätte nicht der Landeschef und damalige stellvertretende Bundesvorsitzende der FDP, Jürgen Möllemann, die Angelegenheit zum Skandal gemacht, hätte nicht der Vorsitzende der Partei, Guido Westerwelle, Konkurrent Möllemanns als Protagonist werbewirksamer Strategien und als FDP-Kanzlerkandidat mit Blick auf eine Hausmacht von 18 Prozent der Wähler, so viel Geduld und Gelassenheit gezeigt, bis er endlich – um sich selbst zu retten und weiteren Schaden von der Partei abzuwenden – auf Distanz zu Karsli und Möllemann ging.

Unter dem Vorwand der Israel-Kritik, die als befreiender Tabubruch dargestellt wird, sind in dieser Debatte die Stereotype der Judenfeindschaft in die öffentliche Auseinandersetzung zurückgekehrt. Das war das Neue an dem Diskurs, der mit zunehmender Erbitterung von Menschen geführt wird, die mit bierernster Trotzigkeit einklagen, was niemand bestreitet, nämlich das vermeintlich vorenthaltene Recht auf Kritik an Israel, das Ende vermuteter Privilegien „der Juden" in Deutschland, die es (sieht man von der besonderen Aufmerksamkeit ab, die auf die Minderheit gerichtet ist) nicht gibt. Die Debatte wurde auf zwei Ebenen geführt. In den Medien mühte sich politische und sonstige Prominenz darum, den Konsens zu bewahren, der essentieller Bestandteil politischer deutscher Kultur ist, den Konsens darüber, dass Antisemitismus als Mittel der Politik verpönt, dass Judenfeindschaft nach Hitler ein für allemal in diesem Land geächtet ist. Im Alltagsdiskurs, der zweiten und wirkungsmächtigeren Ebene, erfolgte mit Hilfe tradierter Stereotype gegen Juden die Reanimierung muffiger Ressentiments, die ausschließlich mit den Kategorien „fremd" versus „eigen" ein Politikverständnis mit dem Ziel artikuliert, Gemeinschaft durch Ausgrenzung zu stiften.

Möllemann hat in seinem Buch „Klartext. Für Deutschland", einem Pamphlet, das im Zorn geschrieben wurde und das ausschließlich dem Zweck der Abrechnung mit politischen Gegnern dient, den Chefredakteur des Magazins „Focus" zum Kronzeugen ernannt, was Antisemitismus sei: „Einen Deutschen einen Antisemiten zu nennen, ist die größte denkbare Diffamierung, denn sie assoziiert Rassenhass, Massenmord, Auschwitz [...] Antisemit – das ist ein Killerwort. An wem es klebt, der ist gesellschaftlich und politisch geächtet [...] Wem Friedman zu arrogant ist, der ist kein Antisemit [...]"[11] Möllemann hatte sich in die Rolle des Märtyrers begeben und benutzte sie, um bestimmte Assoziationen wie Verschwörung, Unversöhnlichkeit, Intoleranz mit der Person des Präsidenten und des Vizepräsidenten des Zentralrats und anderer jüdischer Politiker zu verbinden und sich selbst zum Tabubrecher zu stilisieren. Die Methode seiner Selbstinszenierung bestand aus dem Gemisch von Unterstellung, Vermutung und Undeutlichkeit, das, weil es Emotionen bedient und Sachaussagen meidet, wirkungsvoll ist. Es legt Schlüsse nahe, ohne etwas beweisen zu müssen, und rührt an Unterschwelliges, stimuliert Ängste und bietet kompakte Erklärungen für verbreitetes Unbehagen.

Mit der Produktion von Mythen hat Möllemann einen Beitrag zum Antisemitismus geleistet. Er bediente judenfeindliche Ressentiments im Dienste einer Parteipolitik, die den Niedergang des politischen Liberalismus beschleunigte. Die Botschaft derer, die sich durch Appelle an Nachdenklichkeit und politische Moral bedroht sehen, ihr Unbehagen an Eigenschaften und Äußerungen Einzelner personalisieren, dies aber dann verallgemeinern und das Kollektiv „der Juden" meinen, ist eindeutig: die Minderheit ist schuld am Unbehagen der Mehrheit. Das hat Möllemann in einem Faltblatt zur Bundestagswahl 2002 klargemacht durch die Konstruktion des Gegensatzes zwischen dem Kandidaten Möllemann, der ausgestattet ist mit den guten Eigenschaften der Mehrheit („Einer wie wir") und der sich „beharrlich für eine friedliche Lösung des Nahost-Konflikts" einsetzt, und zwei als Feindbilder stilisierten Juden, dem israelischen Ministerpräsidenten, der dadurch charakterisiert wird, dass er „Panzer in Flüchtlingslager" schicke und „Entscheidungen des UNO-Sicherheitsrates" missachte, und Michel Friedman, der „das Vorgehen der Sharon-Regierung" verteidige und versuche, den „Sharon-Kritiker Jürgen W. Möllemann als ‚antiisraelisch' und ‚antisemitisch' abzustempeln". An leicht zu stimulierende Ressentiments anknüpfend, konstruierte Möllemann damit, ohne ihn auszusprechen, aber unmissverständlich, den Vorwurf, „die Juden" seien die Ursache der Abneigung, die ihnen entgegengebracht werde. Parallel zum Schuldvorwurf wurde eine zweite Botschaft transportiert, die des Tabubrechers, der sich nicht einschüchtern und auch „den Mund nicht verbieten" lässt und als deutscher Patriot mutig seine Stimme gegenüber fremden Feinden erhebt.[12]

Möllemanns Wahlkampf-Zettel, der den Höhepunkt seiner Anstrengung bildete, judenfeindliche Ressentiments in den Dienst einer parteipolitischen Werbekampagne zu nehmen, mit dem aber auch seine politische Karriere endet, beweist einmal mehr, dass Antisemitismus ein Verständigungsmittel ist, das mit Codes arbeitet, die aus dem öffentlichen „Klartext" erst zu entschlüsseln sind (die also auch ignoriert oder geleugnet werden können). Die codierte Botschaft ist ebenso leicht verständlich wie sie zu dementieren ist. Das ist der essentielle Mechanismus einer Judenfeindschaft, die nicht durch brachiale Gewalt und kaum verbal, aber mit großer Wirkung agiert.[13]

### Ein patriotisches Projekt

Am 3. Oktober 2003 hielt der CDU-Bundestagsabgeordnete Martin Hohmann in Neuhof bei Fulda im Bürgerhaus eine Rede zum deutschen Nationalfeiertag. Er hatte seiner Ansprache das Motto „Gerechtigkeit für Deutschland" gegeben und außerdem angekündigt, er wolle sich [...] „über unser Volk und seine schwierige Beziehung zu sich selbst" einige Gedanken machen. Hohmann, der 14 Jahre lang Bürgermeister in Neuhof in Hessen gewesen war, gehört ins Lager der christlich fundamentierten Konservativen mit hohem nationalen Empfinden und ausgeprägter Abneigung gegen Homosexuelle, Gottlose, übertriebene Entschädigungen für Zwangsarbeiter und das Denkmal für die ermordeten Juden Europas in Berlin. Der Jurist und praktizierende Katholik war Terrorismusexperte im Bundeskriminalamt gewesen; er wurde, nach 14 Jahren erfolgreichen und allseits anerkannten Wirkens in der Kommunalpolitik, 1998 in den Bundestag gewählt.

Als Parlamentarier war er wenig aufgefallen, eher als eifriger Propagandist christlicher und nationaler Werte in seiner Region. Seine Rede am 3. Oktober 2003 artikulierte und stimulierte Emotionen von gekränktem Nationalstolz. Durch das Aufbäumen gegen einen angeblichen Kollektivschuldvorwurf sollte Identitätsbeschwerden Linderung geschaffen werden, und trotzig wurde etwas eingeklagt, was als notwendiger Schlussstrich unter die Vergangenheit, als Ende vermeintlich verordneter deutscher Bußfertigkeit, als „Gerechtigkeit für Deutschland" am rechten Rand des konservativen Spektrums gerne beschworen wird. Hohmann hatte den Beifall von etwa 120 Zuhörern, die Lokalpresse fand nichts Anstößiges an der Rede. Die örtliche CDU stellte den Text ins Internet, aber es dauerte noch fast zwei Wochen, bis sich eine öffentliche Reaktion zeigte. Eine Leserin in den USA machte den Hessischen Rundfunk auf den Text aufmerksam, dadurch kam die Affäre in die Medien.

Zum Skandal war die Ansprache deshalb geworden, weil der Redner judenfeindliche Klischees bediente, weil er antisemitische Ressentiments, Vorurteile und Feindbilder in seiner Beweisführung benutzt hatte. Die CDU-Führung distanzierte sich deutlich. Die Parteivorsitzende beantragte am 10. November seinen Ausschluss aus der Fraktion. Am 14. November entschieden 243 christdemokratische Abgeordnete über das politische Schicksal Hohmanns: 195 votierten für seinen Ausschluss, insgesamt 48 stimmten dagegen. Manche kritisierten, dass die Entfernung Hohmanns aus der Bundestagsfraktion weniger aus Überzeugung als unter dem Druck öffentlicher Meinung, jedenfalls aber erst nach einigem Zögern erfolgt war, und in der Region sowie hie und da an der Parteibasis formierte sich Solidarität mit dem nunmehr fraktionslosen Bundestagsabgeordneten. Gegen einen hochrangigen Sympathisanten, der Hohmann Beifall spendete, war das Exempel ohne irgendwelche Verzögerung statuiert worden: Brigadegeneral Reinhard Güntzel, gelegentlich durch stramme Äußerungen als ziemlich weit rechts orientiert aufgefallen, lobte den Reservemajor Hohmann auf Briefpapier der Bundeswehr für die „ausgezeichnete Ansprache" und den darin zum Ausdruck gekommenen „Mut zur Wahrheit und Klarheit". Der General wurde sofort in den einstweiligen Ruhestand versetzt.[14]

Der Text der Hohmann-Rede beginnt mit Überlegungen zur Ausländerkriminalität, über die Sozialhilfe für unwürdige Empfänger und über Entschädigungszahlungen für Zwangsarbeiter. Tenor der Ausführungen, die den Auftakt zum Hauptteil bilden, ist die Klage, dass Deutsche in Deutschland gegenüber Fremden und anderen Unwürdigen zurückgesetzt seien. Zur Erklärung wird von Hohmann die deutsche Geschichte herangezogen. Der unterschwellige Appell an angeblich oktroyierte kollektive Schuldgefühle, wie sie an Stammtischen verhandelt werden, um sie mit Entrüstung abweisen zu können, korrespondiert in der Rede mit der Larmoyanz über deutsche Leiden – Vertreibung oder der Bombenkrieg –, derer angeblich nicht gedacht werden darf. Das Klima aus Sozialneid, Paranoia, Überdruss an der Beschäftigung mit der Vergangenheit sowie Empörung über anhaltende Ungerechtigkeiten gegen Deutsche ist mit dieser Exposition geschaffen.[15]

In der zentralen Passage seiner Rede sucht Hohmann dann nach jüdischen Schuldigen. Nach der detaillierten Schilderung „jüdischer" Menschheitsverbrechen durch die Erfindung und Durchsetzung des Bolschewismus, mit der „die Juden" zum Tätervolk definiert werden könnten, erklärt Hohmann dann in einer rhetorischen Volte, wenn die Juden nicht als Täter wahrgenommen würden, dann seien die Deutschen aber auch nicht schuldig. Man müsse genauer hinschauen: „Die Juden, die sich dem Bolschewismus und der Revolution verschrieben hatten,

hatten zuvor ihre religiösen Bindungen gekappt. Sie waren nach Herkunft und Erziehung Juden, von ihrer Weltanschauung her aber meist glühende Hasser jeglicher Religion." Ohne das Problem, ob sie denn dann noch Juden waren, zu erörtern, werden sie den Nationalsozialisten gleichgesetzt, die ebenfalls ihre (christlich) religiösen Bindungen abgelegt hätten. Die Schlussfolgerung lautet, dass „Gottlosigkeit" das eigentliche Übel darstelle, dass weder „die Deutschen" noch „die Juden" ein Tätervolk seien, sondern die Gottlosen als „Vollstrecker des Bösen".

Diese Argumentation weist den Verfasser als Verfechter eines christlichen Fundamentalismus aus. Das macht ihn freilich noch nicht zum Antisemiten. In seiner Rede zum 3. Oktober 2003 hat Hohmann aber nicht nur vorgeführt, wie Hass gegen Juden instrumentalisiert wird, er hat auch eine lupenreine Probe gegeben, wie Antisemitismus funktioniert. Die Suche nach der Schuld der Juden als Entlastungsstrategie bei der Betrachtung deutscher Geschichte oder als Versuch der Ablenkung ist freilich nicht originell und die Vermutung von der angeblichen besonderen Verstrickung „der Juden" mit dem kommunistischen System hat eine lange Tradition.

Nicht erst seit dem Zusammenbruch des kommunistischen Systems gibt es ein Interesse an der Rolle „der Juden" bei der Etablierung der kommunistischen Herrschaft. Im öffentlichen Diskurs der postkommunistischen Staaten spielt die von Patrioten aufgeworfene Frage allerdings eine besondere Rolle, welchen Anteil „Juden" an der Formulierung der kommunistischen Ideologie und an ihrer revolutionären Durchsetzung gehabt hätten. Es geht dabei um Erklärungsversuche und Schuldzuweisungen für die desolate ökonomische Situation in den Ländern des einstigen sowjetischen Machtbereichs. Im Zeichen von neuem Nationalismus dienen in Osteuropa Schuldzuweisungen an „die Juden" auch der Selbstvergewisserung und Selbstbestätigung auf der Suche nach historischem Standort und nationaler Identität.

Die Beschreibung der angeblich führenden Mitwirkung von Juden an der kommunistischen Herrschaft – Juden als Theoretiker des Sozialismus, als Revolutionäre, als Exekutoren im Machtapparat – stützt das alte Klischee, der Bolschewismus sei eine jüdische Erfindung, eine Vermutung, die Deutschnationalen und Konservativen in Deutschland seit 1918 als Argument diente und die von den Nationalsozialisten exzessiv propagandistisch benutzt wurde.

Neu am antisemitischen Skandal Hohmanns war die Tatsache, dass erstmals in der Geschichte der Bundesrepublik eine geschlossene judenfeindliche Argumentation von einem Politiker einer demokratischen Partei vorgetragen wurde, die nicht als rhetorische Entgleisung oder als missglückte Phrase im Eifer des Gefechtes mit einer Entschuldigung abzutun gewesen wäre. Die Rede war elaboriert, dahinter stand Gesinnung und Literaturstudium. Ihr Autor fügte anscheinend bewiesene Fakten des allgemeinen Wissens aneinander und stellte eindeutige Bezüge her. Die rhetorische Inszenierung der Darbietung unter dem Motto „Gerechtigkeit für Deutschland" war gut überlegt und übersichtlich. Der Prolog lautete: Die historische Wahrheit gelte es auszuhalten, „das Unangenehme, das Unglaubliche, das Beschämende". Seit Jahrzehnten, versicherte der Redner seinem Publikum, halte man es aus, aber „bei vielen kommt die Frage auf, ob das Übermaß der Wahrheiten über die verbrecherischen und verhängnisvollen 12 Jahre der NS-Diktatur" nicht instrumentalisiert werde und deshalb entgegen volkspädagogischer Erwartung „in eine innere Abwehrhaltung" umschlagen müsse. Nach Erkenntnissen der Resozialisierungspsychologie müsse „immer und immer wieder die gleiche schlimme Wahrheit" psychische Schäden bewirken.

Seine Strategie gegen zu viel und zu schlimme Wahrheit leitete Hohmann folgendermaßen ein: „Ganz zweifellos steht fest: Das deutsche Volk hat nach den Verbrechen der Hitlerzeit sich in einer einzigartigen, schonungslosen Weise mit diesen beschäftigt, um Vergebung gebeten und im Rahmen des Möglichen eine milliardenschwere Wiedergutmachung geleistet, vor allem gegenüber den Juden. Auf die Verträge zwischen der Bundesrepublik Deutschland und dem Staat Israel unter den Führungspersönlichkeiten

Adenauer und Ben Gurion darf ich verweisen. Zu der damals vereinbarten Wiedergutmachung bekennt sich die Mehrheit der Deutschen ganz ausdrücklich, wobei Leid und Tod in unermesslichem Maß nicht ungeschehen gemacht werden kann. Auf diesem Hintergrund stelle ich die provozierende Frage: Gibt es auch beim jüdischen Volk, das wir ausschließlich in der Opferrolle wahrnehmen, eine dunkle Seite in der neueren Geschichte oder waren Juden ausschließlich die Opfer, die Leidtragenden?" Nach solcher Absicherung schilderte Hohmann Gräueltaten, die Juden als Revolutionäre und Bolschewisten begangen haben sollen.

Die Quellen, aus denen Hohmann schöpfte, sind trübe, ihrer haben sich auch schon Goebbels und Hitler bedient: Es sind uralte antisemitische Stereotype und Klischees, mit denen Verängstigte und Ratlose auf kommunistische Revolution, Räteherrschaft und anderes Ungemach reagiert haben. „Viele der für den Bolschewismus engagierten Juden fühlten sich sozusagen als gläubige Soldaten der Weltrevolution", sagte der Abgeordnete Hohmann am 3. Oktober 2003. Dann „bewies" er mit Zahlen und Zitaten, dass Juden in den revolutionären Gremien Sowjetrusslands überproportional vertreten gewesen seien und legte den Schluss nahe, niedere Beweggründe hätten sie zum Bolschewismus getrieben.

Die Mordphantasien der „kommunistischen jüdischen Revolutionäre" seien keine leeren Drohungen gewesen, behauptet Hohmann: „Das war Ernst. Das war tödlicher Ernst. Nach einer von Churchill 1930 vorgetragenen statistischen Untersuchung eines Professors sollen den Sowjets 1924 folgende Menschen zum Opfer gefallen sein: 28 orthodoxe Bischöfe, 1219 orthodoxe Geistliche, 6000 Professoren und Lehrer, 9000 Doktoren, 12950 Grundbesitzer, 54000 Offiziere, 70000 Polizisten, 193000 Arbeiter, 260000 Soldaten, 355000 Intellektuelle und Gewerbetreibende sowie 815000 Bauern." Sowjets und Juden sind damit stillschweigend synonym erklärt und die Magie der Statistik beweist sich scheinbar selbst. Das sind traditionelle Argumentationsmuster judenfeindlicher Demagogie.[16]

Hohmanns Ausführungen sind das Lehrstück für den antisemitischen Diskurs schlechthin. Zum „jüdischen Bolschewismus" werden historische Fakten erwähnt – Russische Revolution, Münchner Räterepublik –, dann werden die Akteure, deren Namen bekannt sind (Leo Trotzki, Bela Kun usw.), unter Verzicht auf alle Protagonisten benannt, die nicht ins Bild passen. Die „Fakten" selbst sind aber auch nur Behauptungen und Mutmaßungen, die mit Autorität und unter Anführung von Belegen vorgebracht werden. An Ort und Stelle kann das nicht widerlegt werden, das würde auch niemand dem Festredner entgegenhalten, selbst wenn er es besser wüsste. Dass Kurt Eisner, den Hohmann zu den jüdischen Rädelsführern der Münchner Räterepublik von 1919 zählt, weder Kommunist war noch die Räteherrschft erlebte, zeigt nur, mit welcher Ahnungslosigkeit der Politiker als Experte aufgetreten ist. Eisner wurde als bayerischer Ministerpräsident am 21. Februar 1919 auf dem Weg zum Landtag ermordet. Das Attentat gehört zu den auslösenden Momenten der Münchner Räterepublik.

Hohmann lieferte das Exempel für die Technik politischer Diffamierung in Verfolgung eines Ziels. Zu den angewandten Mitteln gehört die Verallgemeinerung. Die Weltrevolution wird zur jüdischen Affäre gemacht. Dem wird tradiertes Volkswissen beigemengt, das weder verifizierbar noch falsifizierbar ist. Hinzu kommen weitere Behauptungen, die, wie die Statistik der Menschenverluste, nicht nachprüfbar, aber durch die „Quellen" Churchill und „einen Professor" bei Unbedarften glaubwürdig erscheinen sollen.

Die Technik des antisemitischen Diskurses liegt in der Instrumentalisierung des Vorurteils, in der Beschwörung des Ressentiments, in der raffinierten Erzeugung von Assoziationen und Konnotationen. Der Redner suggeriert seinem Publikum, man habe durch gemeinsame Forschungsarbeit die Erkenntnis gewonnen, „daß der Vorwurf an die Deutschen schlechthin ‚Tätervolk' zu sein", unberechtigt sei. Dazu hat Hohmann den klassischen antisemitischen Diskurs vorgeführt, wie man ihn seit den Reden kennt, in denen im 19. Jahrhundert die „Judenfrage" erfunden, deren Lösung dann propagiert und deren „Endlösung" schließlich im 20. Jahrhundert betrieben wurde. Zum Wesen dieses Diskurses gehört, dass die jüdische Minderheit in Anspruch genommen wird, um Probleme nationaler Identität der Mehrheit zu artikulieren. Das wurde in den Reaktionen des Publikums deutlich. Dass die Region, in der ihn 2002 54 Prozent der Wähler zum zweiten Mal in den Bundestag gesandt hatten, zur Solidarität mit dem beliebten Politiker neigte, war nicht verwunderlich, und das ist auch kein Indiz für antisemitische oder rechtsradikale Neigungen des Milieus, wie voreilig von manchen vermutet wurde. Die Solidarität wurde in erster Linie gegenüber der Person geübt, unter Hervorhebung von Verdiensten und der Abweisung von Zuschreibungen, die in der Regel gar nicht erfolgt sind. So ging es auch im Falle Hohmann nicht darum, ihn als Antisemiten zu brandmarken oder zu beweisen, dass er kein Antisemit sein könne.

Außerhalb des Milieus, in dem Hohmann als Person bekannt und geschätzt ist – im Wesentlichen war das bis Oktober 2003 sein Wahlkreis –, eilten Sympathisanten zu Hilfe, die Applaus spendeten wie der General Güntzel, weil sie sich mit den deutschnationalen Zielen Hohmanns identifizieren konnten, ohne die Mittel zu prüfen, mit denen Hohmann sie propagierte. Was denn antisemitisch daran sei, wenn man zu dem Schluss komme, dass die Deutschen ebenso wenig wie die Juden ein Tätervolk seien, fragten andere, die dann aber auch oft mutmaßten, man dürfe in Deutschland bestimmte Wahrheiten nicht aussprechen, man werde als Antisemit niedergemacht, wenn man es trotzdem tue.

Vielen erging es so, die mangels Kenntnis der antisemitischen Agitation im Hauptteil der Rede, die Reaktion der Medien und der CDU für überzogen hielten und darauf verwiesen, dass Hohmann sich doch reichlich und oft genug entschuldigt habe. Besonders aktiv waren die Initiatoren einer Aktion „Kritische Solidarität mit Martin Hohmann". Über 1600 CDU- und CSU-Mitglieder haben den Aufruf unterzeichnet, der als Zeitungsannonce unter anderem in der Frankfurter Allgemeinen Zeitung Ende November

2003 erschien. Kritik geübt wurde darin am Fraktionsausschluss, der Führungsstil der Unionsparteien wurde ebenso verurteilt wie die „Medienkampagne gegen die Union", auf die mit dem politischen Todesurteil gegen Hohmann reagiert worden sei.

Dass die Rede Hohmanns problematisch war, wurde von denen, die kritische Solidarität üben und fordern, nicht bestritten, aber sie wollten auch nicht erkennen, dass Hohmanns Ansprache zum 3. Oktober antisemitisch war. Verwiesen wurde unter Vernachlässigung des Kontextes und ohne Gespür für die rhetorischen Finessen, mit denen Hohmann seine Unterstellungen zum „jüdischen Bolschewismus" lancierte, auf den Satz, nach dem die Juden kein Tätervolk (und die Deutschen deshalb auch von solchem Makel freizusprechen) seien. Es sei halt die falsche Rede zu diesem Zeitpunkt gewesen, lautet das Argument, das Hohmann exkulpieren sollte.

Wahrscheinlich die schlimmste Wirkung der Hohmann-Affäre mit den nachhaltigsten Folgen war, dass eine beträchtliche Zahl von Bürgern, wenig informiert über das, was tatsächlich geschah, was Hohmann sagte und warum das historisch unrichtig, warum es wegen der instrumentalisierten Ressentiments gegen Juden beleidigend war, in dem Glauben bestärkt wurde, bestimmte Dinge dürfe man nicht ungestraft sagen. Patriotische Gefühle – der größte gemeinsame Nenner bei der Formulierung kollektiven wie individuellen politischen Unbehagens –, die Hohmann instinktsicher stimuliert hatte, sind durch die Reaktionen auf seine Rede bei vielen verletzt worden. Das beweist auch einmal mehr, dass Ressentiments gegen Juden hohen Gebrauchswert haben, wenn Diskurse über nationale Identität und Selbstwertgefühle in Gang gesetzt werden. Im Bierdunst der Stammtische, am Arbeitsplatz im Alltag, in Taxis oder auf dem Sportplatz konnten sich viele darüber verständigen, dass dem Abgeordneten Hohmann irgendwie Unrecht geschehen sei. Bei der Suche nach den Schuldigen griffen sie auf bewährte Zuweisungen zurück: die Presse, den jüdischen Einfluss, die Politik Israels.

Die Klischees und Vorurteile, die Hohmann eingesetzt hat,

als er sich als biederer Mann mit besten nationalen Ambitionen und als Verkünder traditioneller Wertvorstellungen darstellte und seinem Publikum die erlösende Konstruktion einer Schuld der Juden vor Augen führte, gedeihen auf dem fruchtbaren Boden des Halbwissens und der Voreingenommenheit. Am 20. Juli 2004 wurde Martin Hohmann aus der CDU ausgeschlossen. Die Wirkung seiner Rede im November 2003 hat er zwar bedauert, aber von Intention, Inhalt und Argumentation des Textes hat er sich nicht distanziert.[17]

## Sonderwege: Antisemitismus in der Schweiz

Ausgelöst durch die internationale Resonanz der Entschädigungsforderungen, durch als Tabuverletzung empfundene kritische Betrachtungen der eidgenössischen Flüchtlingspolitik gegenüber Juden, durch die vom US-Senator Alfonso D'Amato 1995 erhobenen Anschuldigungen an die Schweiz und kritische Äußerungen im Namen des World Jewish Congress durch dessen Präsidenten Bronfman kam eine höchst emotional geführte Diskussion in Gang, die zahlreiche Indizien für einen verbreiteten Alltagsantisemitismus lieferte.

Die Schweiz ist gleichzeitig jäh aus dem Stand der Unschuld gefallen, in dem sich die Mehrheit zu befinden wähnte. Judenfeindschaft in der Eidgenossenschaft war kein Thema, dessen Untersuchung wissenschaftlich lohnend schien oder dessen Erörterung breites öffentliches Interesse beanspruchen durfte[18], und in der Tagespublizistik waren antijüdische Ressentiments gelegentlich im Zusammenhang mit der Schweizer Fremdenpolitik, vor allem aber im Kontext mit neuem Rechtsextremismus und der Minderheit der fanatischen Parteigänger Hitlers in den 1930er und 1940er Jahren thematisiert worden. Über Friedhofsschändungen hatte allerdings auch berichtet werden müssen und, in der zweiten Hälfte der 1980er Jahre, über Ressentiments in Kurorten, z. B. in Arosa, gegenüber Ostjuden, die an den deutschen Bäderantisemitismus der Jahrhundertwende erinnern. Das allgemeine Bewusstsein gibt freilich der Tenor „Ein Gespenst meldet sich zurück" wider, unter dem ab 1993/94 über judenfeindliche Manifestationen durch die eidgenössische Presse berichtet wurde.

Die eidgenössische Flüchtlingspolitik, das Thema „nachrichtenlose Vermögen" und der Komplex „Raubgold" haben judenfeindliche Emotionen freigesetzt, die weit über rechtsradikale und rechtskonservative Gruppierungen hinaus Eingang in den allgemeinen Diskurs fanden und daher von weiterem Interesse sind. Parameter der Debatte sind die im September 1994 angenommene Antirassismus-Strafnorm (die seit 1995 in Kraft ist und von ihren Gegnern als „Maulkorbgesetz" apostrophiert wird), die Parlamentsdebatten um den Holocaustentschädigungsfonds, Äußerungen in einem Interview, das Bundesrat Delamuraz Silvester 1996 gab, und ein Boykottaufruf des Nationalrats und Präsidenten der rechtsaußen agierenden Kleinpartei „Schweizer Demokraten", Rudolf Keller.

Jean Pascale Delamuraz hatte in Bezug auf den Holocaustfonds von „Lösegeld" und „Erpressung" gesprochen und sich gegen den Versuch, die Schweiz zu „destabilisieren", verwahrt. Das Interview Delamuraz' an seinem letzten Amtstag als Bundespräsident enthält (abgesehen von dem Satz über Auschwitz) die Schlüssel zur Diagnose verbreiteter Bewusstseinslagen gegenüber Juden, zur eidgenössischen Identität, zur Auseinandersetzung mit nationaler Historie und zum Toleranzpotenzial gegenüber Minderheiten.

Die „helvetische Arglosigkeit", die Delamuraz in Anspruch nahm, ist eine verbreitete Attitüde der Unschuld und Selbstrechtfertigung, die sich durch zahlreiche Manifestationen von Schweizer Bürgern als roter Faden zieht. Das ärgerliche Beharren auf der Einbeziehung des Verhaltens „der anderen" (der Alliierten) in die Erörterung Schweizer Reaktionen auf die humanitären Herausforderungen im Zweiten Weltkrieg hat Entlastungsfunktion, wenn die Unschuldsvermutung nicht durchzuhalten ist. Auch diese Argumentation verbreitete sich weithin.

Zu den Mehrheitsreaktionen kam die Besorgnis, dass die jüdischen Entschädigungsforderungen antisemitische Emotionen auslösen könnten. Darin sind zwei Botschaften verborgen. Die eine lautet, Juden seien selbst schuld an den Ressentiments, die ihnen entgegengebracht werden, die andere ist als Aufforderung zu verstehen, Juden sollten von irgendwelchen Forderungen und möglichst von allen Regungen Abstand nehmen, die der Mehrheitsgesellschaft zu irgendeiner Form von Missmut Anlass geben könnten.

Schließlich ist das Plädoyer auf Zeitgewinn ein wichtiges Indiz für die Mehrheitsmeinung. Der Entschädigungsfonds sei „ein Fremdkörper" in der aktuellen Phase der Diskussion, man müsse Zeit verstreichen lassen und dürfe kein Schuldeingeständnis abgeben. (In diesem Zusammenhang war bei Delamuraz von „Erpressung" und „Lösegeld" die Rede). Die Delegation von Verantwortung in Räume außerhalb der Landesgrenzen, die Gewissheit, der Holocaust sei das Problem anderer („Export des Schuldgefühls" nannte Madeleine Dreyfus dieses Verfahren), kulminiert in dem ominösen Satz, für den sich der Urheber dann ausdrücklich entschuldigte, „Wenn ich gewisse Leute höre, frage ich mich manchmal, ob Auschwitz in der Schweiz liegt".[19]

Im Sommer 1998 hatte der Baselbieter Abgeordnete Rudolf Keller in Reaktion auf amerikanische Sanktionsdrohungen gegen die Schweizer Großbanken für den Fall, dass sie sich mit dem World Jewish Congress nicht bis September 1998 auf einen Vergleich zur Entschädigung von Holocaustopfern einigen könnten, zu einem Boykott „sämtlicher amerikanischer und jüdischer Waren" aufgerufen. Die Äußerungen beider Politiker wurden zu Kristallisationskernen judenfeindlicher Emotionen im Publikum.

Interessant und erschreckend ist das Ausmaß der zutage tretenden öffentlich gemachten Judenfeindschaft, die sich aus den Quellen des traditionellen Antisemitismus speist und die bekannten Stereotypen vom reichen und mächtigen Juden, von der Weltverschwörung, von der zügellosen jüdischen Geldgier reproduziert, aber auch die älteren Bilder des christlichen Antijudaismus wie den Gottesmordvorwurf einbezieht. Bemerkenswert an den Äußerungen des helvetischen Antisemitismus sind die unbefangenen Verweise auf den Holocaust als Höhepunkt nationalsozialistischer Judenverfolgung, bemerkenswert wegen der selbstverständlich zustimmenden Hinnahme der Ereignisse, wie sie z. B. in einer Auslassung zum Ausdruck kommt, wo auf die „Ausflugslokale Dachau und Buchenwald" verwiesen wird, die von einem „sympathischen Herrn mit einem Schnäuzli" geführt würden.

Beispiele belegen sowohl die Verbreitung als auch die Geläufigkeit der Ressentiments über und Feindbilder von Juden. Im Februar 1998 waren bei einem Fastnachtsumzug in Monthey (Wallis) Personen auf einem Wagen zu sehen, die als orthodoxe Juden kostümiert auf einem Goldhaufen tanzten. Hinweise stellen Zusammenhänge mit dem Holocaust her, auf der Rückseite des Wagens ist zu lesen „Juif un jour, Juif toujours"[20]. Im März 1998 hatten in Basel Fastnächtler als Gruppe „Zyschtigszigler" ihre Vorstellung von Exponenten des Jüdischen Weltkongresses agiert und dabei einen „Zeedel" unter das Volk gebracht, der Verse enthielt, die dem „auserwählten Volk" als wesentliche Tätigkeitsmerkmale „Erpressen, Lügen, Drohen, Bescheißen" attestierten und in den apostrophierten Eigenschaften die Ursache der Ablehnung der „privilegierten Israeliten" erkannten. Das gerichtliche Nachspiel endete im Mai 1999 mit einem Freispruch für die 16 Angeklagten, weil sie sich an nichts erinnern konnten und daher kein Schuldiger im Sinne der Antirassismusstrafnorm gefunden wurde.

Im März 1997 erhielt eine Schaffhauser Zeitung, die in zwei Artikeln über notorische Antisemiten berichtet hatte, eine Reihe antisemitischer Zuschriften, teils namentlich gezeichnet, teils anonym, in der Art der folgenden Bekundung „Schluß mit dem verdammten Judenpalaver und dem Dreckschleudern der Journalisten gegen unser Land. Das steht uns bis zum Hals."[21] Derartige Manifeste sind Ausdruck des in Deutschland seit Kriegsende latenten Nestbeschmutzersyndroms und einer Schlussstrichmentalität, die sich durch Demagogie leicht stimulieren lässt. So reagierten in Zürich-Oerlikon im März 1997 die Teilnehmer einer Kundgebung, zu der Nationalrat Christoph Blocher

(Schweizerische Volkspartei) unter dem Motto „Klarstellung der Geschichte der Schweiz im Zweiten Weltkrieg" eingeladen hatte. Man hätte noch viel mehr Juden vergasen sollen, war im Saal auf die rhetorische Frage nach der Verwendung des Holocaustfonds zu hören.

Den manifesten Äußerungen von Schweizerbürgern über Juden, die weitgehend antisemitische Stereotypen reproduzieren, sind einige Grundannahmen gemeinsam, die das Judenbild definieren, das in Zuschriften an Prominente und Medien öffentlich wird:[22]

- Juden sind Fremde. Ihre Loyalität als Staatsbürger steht grundsätzlich in Frage, daraus resultiert zwar das Postulat nach Assimilation und vollkommener Integration unter Aufgabe religiöser und kultureller Eigenarten, ohne dass jedoch das Verdikt des Fremdseins im Gegenzug aufgehoben würde.
- Juden sind mit bestimmten Eigenschaften belegt, die unveränderlich sind und das Zusammenleben mit Nichtjuden bestimmen: Geldgier, Machtstreben, alttestamentarische Rachsucht. Diese Klischees treten am häufigsten auf, sie werden unreflektiert als Schuldzuweisung und als tradiertes Mehrheitswissen über die Minderheit verwendet.
- Religiöse Vorurteile und Vorbehalte sind gegenüber Juden latent, sie spielen in der Schweiz ganz offensichtlich eine größere Rolle in der Argumentation als etwa in Deutschland. Der Gottesmordvorwurf („Juden werden nie Ruhe finden, weil sie den unschuldigen Jesus aufs grausamste kreuzigen ließen") ist in der Diskussion ebenso präsent wie die Verwendung der Attribute „gottloses Volk" oder „Satanisten-Zionisten".
- Basierend auf überkommenen Verschwörungsphantasien gelten Juden als international organisiert, als Teil „dunkler Mächte", die eine Bedrohung für den Schweizer Patriotismus darstellen. Aufgeladen werden die Ressentiments gegen das „Weltjudentum" beliebig durch Verweise auf Aktivitäten etwa des World Jewish Congress oder auf die Politik des Staates Israel. Der Vorbehalt in Bezug auf die internationale Organisierung stützt

außerdem das Ressentiment der nationalen Unzuverlässigkeit und Nichtintegrierbarkeit von Juden.

Die Stereotypen lassen sich beliebig kombinieren zum Konstrukt des geldgierigen mächtigen international agierenden Juden, der eine Bedrohung des Friedens und der Ruhe bedeutet und Ängste auslöst, die abgewehrt werden mit Beschwörungen wie der folgenden: „Wo euer vieles Geld verborgen ist, in welchen anderen Ländern, das werden Sie schon noch herausfinden! Aber bitte ruinieren Sie unser kleines Land nicht mit so vielen Anschuldigungen. Es soll doch für alle Glaubensgenossen, auch die Juden, ein Plätzchen des Friedens und der Ruhe bleiben!"[23]

Die stereotypen Annahmen vom Wesen der Juden führen viele Nichtjuden zum Schluss, Juden seien an ihrem Schicksal nicht schuldlos. Die vermutete jüdische Inszenierung der Weltwirtschaftskrise in den 1920er Jahren dient solcher Unterstellung ebenso als Indiz wie die Annahme, „die Juden" hätten „die Deutschen" so lange gereizt, bis diese sich wehren mussten. Diese Grundannahmen sind nicht unter fanatischen Antisemiten der rechtsextremen Szene kursierende Konstrukte, sondern – das muss ausdrücklich betont werden – sie haben im Alltagsdiskurs über Juden wegen der damit verbundenen Entlastungsfunktion definitorischen Charakter.

Zustande kam das Schweizer Belagerungssyndrom durch die Reaktionen internationaler jüdischer Organisationen, unterstützt vom Druck der öffentlichen Meinung in den USA, auf die Erkenntnisse über die nachrichtenlosen Konten und Policen von Holocaustopfern bei Schweizer Banken und Versicherungen, das damit verbundene Interesse an den Beziehungen der neutralen Schweiz zum nationalsozialistischen Deutschland, das Maß des Verständnisses für die ideologischen Ziele des NS-Staats, das möglicherweise zur Wahrnehmung ökonomischer und sicherheitspolitischer Interessen der Eidgenossenschaft wurde. Die Stichworte „Raubgold" und „Flüchtlingspolitik", außerhalb der Schweiz bald hämisch als Vokabeln der Enttarnung einer Pharisäergesellschaft benutzt, lösten Kontroversen über die Rolle der Eidgenossenschaft im Zweiten Weltkrieg aus, die umso schmerzhafter sein mussten, als sie jahrzehntelang vermieden worden waren.

Dass diese Ausgangslage von der geschlossenen, ihre besonderen Traditionen bewusst agierenden Gesellschaft der Schweizer Bürger nur als Angriff, dem mit Abwehr begegnet werden muss, verstanden werden konnte, ist ziemlich evident. In dem Maße, in dem der Druck von außen, durch Erklärungen und Drohungen jüdischer Organisationen, unterstützt von amerikanischen Senatoren, in Forderungen gekleidet und aggressiv vorgetragen von US-Anwälten zunahm, steigerte sich die Abwehr zur trotzigen Verteidigung der Eigenart, ohne Raum zu lassen für die Bereitschaft zu irgendwelchen Differenzierungen.

Zur Festungsmentalität vieler Schweizer Bürger kam der Rückgriff auf judenfeindliche Traditionen, mit denen in der Schweiz – weil scheinbar kein Grund wie in Deutschland und Österreich dazu vorlag – noch keine nennenswerte allgemeine Auseinandersetzung stattgefunden hat. Antisemitismus, Judenverfolgung bis hin zum Völkermord erschienen als Themen nicht für die Geschichte der Schweiz relevant. Von außen auf das nationale Problem gestoßen, erhielt ein zweiter Komplex Bedeutung, nämlich die Wahrnehmung der Juden als Minderheit in der Schweiz. Es ist keine eidgenössische Besonderheit, dass sie auch trotz vollkommener Assimilation in die Schweizer Gesellschaft als „Fremde" konstatiert blieben, und zwar unhinterfragt schlichten Traditionslinien folgend, die allerdings in der Schweiz möglicherweise stärker wirksam blieben, insbesondere in der Form des religiösen Vorbehalts.

Im Augenblick, in dem sich Mitte der 1990er Jahre die Haltung von Schweizerbürgern zur Festungsmentalität gegenüber internationaler jüdischer und amerikanischer „Aggression" entwickelte, wurde die Einstellung zu den Schweizer Juden problematisiert, und zwar in einer Weise, die von den Betroffenen nur als antisemitisch empfunden werden konnte. „Die Juden" wurden generell und undifferenziert als Fremde und als den Aggressoren zugehörig definiert. Versuche jüdischer Exponenten in der Schweiz, gegen das pauschale Verdikt im Sinne einer differenzierteren Betrachtung zu wirken, erinnern an die Bemühungen deutscher prominenter Juden gegenüber den zur Macht gekommenen Nationalsozialisten, die jüdischen Verdienste um die Nation (nicht nur im Ersten Weltkrieg), die Kultur, die deutsche Gesellschaft und die darauf gegründete patriotische Loyalität der deutschen Juden zur Geltung zu bringen. Die Schweizer Formel, von prominenten Juden in der Debatte 1997/98 immer wieder angewendet, lautet „Gerechtigkeit für die Opfer, Fairness für die Schweiz".

Zu den Traditionen des antijüdischen Vorbehalts seit 1945 gehört die pharisäische Spielart, die Antizionismus ebenso instrumentalisiert wie die Forderung nach Assimilation zur Lösung des „jüdischen Problems" und „jüdischen Starrsinn" als wesentlichen Grund für antisemitische Ressentiments nach Hitler diagnostiziert. Antisemitismus wird weithin zur hysterischen Überreaktion Betroffener erklärt. Das Denkmuster zeigt sich auch in den Verweisen auf die spezifisch moderaten Formen der helvetischen Abneigung gegen Juden, der Radau und Krawall fremd sind, der also als „diskreter Antisemitismus" (Golo Mann) interpretiert (und hingenommen) wird.

Erklärungsversuche zum helvetischen Antisemitismus müssen die regionalen Traditionslinien in den Blick nehmen. Zu den Besonderheiten der Schweiz gehört der verzögerte Prozess der jüdischen Emanzipation.[24] Das erklärt zwar nicht aktuelle Vorbehalte gegen die Minderheit, lässt aber Rückschlüsse auf Einstellungen der Mehrheitsgesellschaft zu, die sich als konstitutionell fremdenabweisend charakterisieren lässt. Ein schweizer Spezifikum ist das in Europa fast einmalige Schächtverbot, das 1893 durch Volksinitiative in die Verfassung aufgenommen und 1973 zwar dort gestrichen, aber in das Tierschutzgesetz transferiert wurde, wodurch sich faktisch nichts änderte. Das Verbot der rituellen Schlachtung von Tieren bringt einen erheblichen Vorbehalt gegen die jüdische Minderheit zum Ausdruck, der immer noch artikuliert wird.

Im Folklore-Antisemitismus werden Mythen und daraus

resultierende Vorbehalte transportiert, wie sie in Meinungsumfragen dann zutage treten, ohne dass sich die Befragten bewusst sind, woher sie ihr „Wissen" über jüdische Äußerlichkeiten, Charaktereigenschaften, Gepflogenheiten usw. haben. Religiöse Vorbehalte auf protestantischer und auf katholischer Seite wie der Gottesmord-Vorwurf oder die Klage über die Verstocktheit der missionsresistenten Juden, aber auch Pestlegenden und Verschwörungsphantasien sind Bestandteile mündlich und schriftlich überlieferter Judenfeindschaft im Volkston. Die Gelegenheit, einen Alpsegen bei Sonnenuntergang in den Bergen zu vernehmen, dürfte selten geworden sein. Aber der Transport judenfeindlichen Gedankenguts erreicht nicht nur die dabei angesprochenen Älpler und Alpinisten; der Sarganser Alpsegen als bekannteste Spezies bewahrt als volksliterarische Überlieferung die fundamentale Ausgrenzung einer Minderheit, von der, wie von Luchs und Bär, Wolf und Geier und anderen Bestien Gefahr und Ungemach zu befürchten ist.

Zutage gefördert werden die auf folkloristischer Überlieferung beruhenden Überzeugungen immer wieder durch die Demoskopen. Nach der Ausstrahlung der Fernseh-Serie „Holocaust" wurde 1979 eine Meinungsumfrage zum Bild der Juden in der Schweiz veranstaltet, das keinerlei signifikante Abweichung von dem in anderen Ländern aufweist. Gängige Vorurteile kamen bei der Gelegenheit ans Licht. Als „typische" Äußerlichkeiten wurden Haartracht, „krumme Nase" und „frecher Gesichtsausdruck" genannt, als Charaktereigenschaften Arroganz und Nichtanpassungswille, als kollektive Eigenart „zu großer Einfluß auf Wirtschaft, Politik und Geistesleben". Nur jeder fünfte befragte Schweizerbürger hatte eine annähernde Vorstellung über die Zahl der Juden in der Schweiz. In der Regel wurde, wie überall, in der Artikulation von Überfremdungsängsten ein viel höherer Anteil an der Bevölkerung vermutet, als er tatsächlich existiert.[25]

Ein Element des Selbstverständnisses gegenüber der Minderheit bilden die Sprach- und Konsensregelungen der Majorität. Die eidgenössischen Reaktionen auf das Delamuraz-Interview bestätigen die Allgemeingültigkeit des Befunds, dass die Mehrheit ihren Frieden im Sinne des Nichtbehelligtwerdens haben will. Es muss aber nicht der donnernde Ruf nach dem Schlussstrich sein, es gibt subtilere Verabredungen wie die Metapher von der „Versöhnung"; die semantische Ausgrenzung der Minderheit erfolgt wirksam durch das Schweigen über ihr katastrophales Schicksal, dessen Ursache damit auf sie zurückverwiesen wird, als mentale Ausgrenzung durch das „Vernichten der Erinnerung"[26].

Die Welle virulent zum Vorschein gekommener Abneigung gegen Juden, das Aufbrechen des latenten Antisemitismus im Gefolge des angegriffenen schweizer Patriotismus ist nach den Manifestationen der Jahre 1997/98 wieder verebbt. Auch das ist ein Indiz dafür, dass die eidgenössische Gesellschaft sich mit ihren Reaktionen nicht grundlegend von den Verhaltensweisen anderer mitteleuropäischer Gesellschaften gegenüber der jüdischen Minderheit unterscheidet.[27] Judenfeindschaft artikuliert sich in der Schweiz lediglich argloser und im Selbstbewusstsein unreflektierter Unschuld. Das bedeutet, dass Juden in Deutschland und Österreich wohl ähnlich wahrgenommen, beurteilt, ausgegrenzt würden, dass die Mehrheit in der Bundesrepublik und Österreich auf die jüdische Minderheit ebenso reagieren würde, wenn nicht das eingeübte und verinnerlichte Bewusstsein der Scham und Schuld über den Judenmord das Verhalten im Problemfeld Antisemitismus bestimmen würde. Mindestens dieses zeigt der Exkurs in die Schweiz.

## Anmerkungen

1 Theodor W. Adorno, Schuld und Abwehr. Eine qualitative Analyse zum ‚Gruppenexperiment', in: Theodor W. Adorno, Gesammelte Schriften, Band 9.2, Frankfurt/M. 1975; ders., Zur Bekämpfung des Antisemitismus heute, in: Theodor W. Adorno, Kleine Schriften zur Gesellschaft, Frankfurt/M. 1971, S. 105-133.
2 Angelika Königseder, Flucht nach Berlin. Jüdische Displaced Persons 1945-1948, Berlin 1998.
3 Angelika Königseder/Juliane Wetzel, Lebensmut im Wartesaal. Die jüdischen DPs (Displaced Persons) im Nachkriegsdeutschland, Frankfurt/M. 1994.

4  Zwi Harry Levy, Der „Überrest Israels" in Deutschland, in: The Jewish Travel Guide, Frankfurt 1953, S. 20, zit. nach: Harry Maór, Über den Wiederaufbau der jüdischen Gemeinden in Deutschland seit 1945, Phil. Diss. Mainz 1961.
5  Rafael Seligmann, Mit beschränkter Hoffnung. Juden, Deutsche, Israelis, Hamburg 1991, S. 81.
6  Janusz Bodek, Die Fassbinder Kontroversen: Entstehung und Wirkung eines literarischen Textes. Zu Kontinuität und Wandel einiger Erscheinungsformen des Alltagsantisemitismus in Deutschland nach 1945, seinen künstlerischen Weihen und seiner öffentlichen Inszenierung, Frankfurt/M. 1991.
7  Institut für Demoskopie Allensbach, Ist Deutschland antisemitisch? Ein diagnostischer Beitrag zur Innenpolitik, Herbst 1949, Tabellen/Kommentare, Allensbach 1949. Alle folgenden Zitate nach dieser Studie.
8  Der Fall Streithofen ist dokumentiert im Archiv des Zentrums für Antisemitismusforschung, TU Berlin.
9  Ebenda.
10  Ebenda.
11  Jürgen Möllemann, Klartext. Für Deutschland, München 2003, S. 171.
12  FDP hofft auf deutlichen Rechtsruck in Deutschland: Möllemann gibt wieder den Antisemiten: http://www.antisemitismus.net/deutschland/moellemann.htm, eingesehen am 14.01.2015.
13  Wolfgang Benz, Was ist Antisemitismus?, München 2004, S. 146 ff.
14  Struck feuert KSK-Chef: Lob für Hohmann wurde General zum Verhängnis: http://www.spiegel.de/politik/deutschland/struck-feuert-ksk-chef-lob-fuer-hohmann-wurde-general-zum-verhaengnis-a-272557.html, eingesehen am 14.01.2015.
15  Der Wortlaut der Rede ist auf der Homepage der „Welt" zu finden unter: http://www.welt.de/print-welt/article271055/Wortlaut-der-Rede-von-MdB-Martin-Hohmann.html, eingesehen am 13.12.2014.
16  Alle Zitate ebenda.
17  Wolfgang Benz, Was ist Antisemitismus?, München 2004, S. 155 ff.
18  Friedrich Külling, Bei uns wie überall? Antisemitismus, Zürich 1977; Aaron Kamis-Müller, Antisemitismus in der Schweiz 1900-1930, Zürich 1990; Emanuel Hurwitz, Bocksfuß, Schwanz und Hörner. Vergangenes und Gegenwärtiges über Antisemiten und ihre Opfer, Zürich 1986; Aram Mattioli (Hrsg.), Antisemitismus in der Schweiz 1848-1960, Zürich 1998; Ralph Weingarten, Geschichte des Antisemitismus in der Schweiz, in: Ernst Braunschweig (Hrsg.), Antisemitismus – Umgang mit einer Herausforderung. Festschrift zum 70. Geburtstag von Sigi Feigel, Zürich 1991, S. 29-49.
19  Deutscher Text in: Madeleine Dreyfus/Jürg Fischer (Hrsg.), Manifest vom 21. Januar 1997. Geschichtsbilder und Antisemitismus in der Schweiz, Zürich 1997, S. 13 f.; vgl. Alfred A. Häsler, Wahrheit verjährt nicht. Eine Orientierung in schwieriger Zeit, Frauenfeld 1997.
20  Hans Stutz, Rassistische Vorfälle in der Schweiz. Eine Chronologie und eine Einschätzung, Zürich, hrsg. von der Gesellschaft Minderheiten in der Schweiz, Ausgabe 1998, S. 45.
21  Rassistische Vorfälle, Ausgabe 1997, S. 30.

22 Andreas Gisler, „Die Juden sind unser Unglück". Briefe an Sigi Feigel 1997-1998, Zürich 1999.
23 Rassistische Vorfälle, Ausgabe 1997, S. 138.
24 Zum Emanzipationsprozess vgl. Aram Mattioli, Die Schweiz und die jüdische Emanzipation 1798-1874, in: ders. (Hrsg.), Antisemitismus in der Schweiz, S. 61-82; Robert Uri Kaufmann, Die Emanzipation der Juden in der Schweiz im europäischen Vergleich 1800-1880, in: Hans Berger u. a. (Hrsg.), Mundo Multa Miracula. Festschrift für Hans Conrad Peyer, Zürich 1992, S. 199-206.
25 Neue Zürcher Zeitung, 22.2.1980.
26 Birgit R. Erdle/Daniel Wildmann, Die Macht, das Geld und die Juden. Essay zum öffentlichen Umgang mit Antisemitismus in der Schweiz, in: traverse. Zeitschrift für Geschichte 1998, Heft 1, S. 150-156.
27 Nicole Burgermeister, „Was in Israel abläuft, finde ich auch nicht okay..." Antisemitismus in Gruppendiskussionen mit Schweizerinnen und Schweizern, in: Jahrbuch für Antisemitismusforschung 16 (2007), S. 39-60.

# 9. Linker Antisemitismus und Antizionismus

Mit der Gründung Israels gewannen die als Antizionismus auftretenden Ressentiments Bedeutung, die sich vordergründig gegen den Staat Israel richten, dessen Existenzrecht bestreiten, aber Juden insgesamt meinen. Im Gegensatz zur Programmatik des Rechtsextremismus ist Antisemitismus kein Element linker Ideologie. Das bedeutet aber keineswegs, dass Judenfeindschaft nicht auch von linken Positionen aus artikuliert würde. Allerdings spielen religiöse oder rassistische Argumente im Antisemitismus von links keine Rolle. Ressentiments gegen Juden werden von Linken vor allem als Antizionismus formuliert und im Rahmen von Imperialismus- und Kapitalismuskritik oder als Antiglobalismus in Verbindung mit Antiamerikanismus vorgetragen. Die politische Solidarisierung mit den Palästinensern kann sich ebenfalls als Antisemitismus von links äußern.

Zionismus entstand im 19. Jahrhundert als Nationalbewegung des Judentums, die als Reaktion auf die katastrophalen Lebensbedingungen der Juden in Osteuropa die Rückkehr zum religiösen Ausgangspunkt und das „Land Israel" propagierte. Der Begriff Zionismus wurde 1890 von Nathan Birnbaum geprägt, die Anfänge der Bewegung gehen ins erste Drittel des 19. Jahrhunderts zurück und wurden zunächst in Großbritannien von nichtjüdischen Autoren propagiert. Dann erwärmten sich auch jüdische Autoren wie Hirsch Kalischer („Drischat Zion", 1860), Moses Hess („Rom und Jerusalem", 1862) oder Leon Pinsker („Auto-Emancipation", 1882) für die Idee eines jüdischen Staates. Theodor Herzl eröffnete mit seiner Utopie „Der Judenstaat. Versuch einer modernen Lösung der Judenfrage" (1896) und seinem Roman Altneuland (1902) die Ära des politischen Zionismus, die mit dem Ersten Zionistenkongress 1897 in Basel pragmatische Formen annahm.[1]

Als Bewegung gegen den in Osteuropa grassierenden Antisemitismus, der sich in Pogromen Anfang der 1880er Jahre und 1903-1906 in den westlichen Regionen des Russischen Reiches, insbesondere in Polen, der Ukraine, Weißrussland und Bessarabien äußerte, fand der Zionismus in der Blütezeit der Ideologie des Nationalstaats weithin Sympathie. Der zionistischen Idee schlug freilich unter gesetzestreuen Juden wegen ihres Widerspruchs zu den messianischen Verheißungen Kritik entgegen. Ebenso beim assimilierten westeuropäischen Judentum. Ort eines jüdischen Staates sollte Palästina sein, andere Ansiedlungsprojekte (wie z. B. Uganda, Madagaskar, Australien) gehörten nicht zum Zionismus als jüdisch-nationalstaatlicher Idee, sondern waren Ausfluss von Exclusionsbestrebungen nichtjüdischer Genese.[2]

Gegen die Idee des Zionismus erhob sich zuerst Widerstand von Juden. Die liberalen Juden in Deutschland und in Mittel- und Westeuropa empfanden sich als integrierte Bürger, die ihre patriotischen Gefühle für den Nationalstaat, in dem sie lebten, mit nichtjüdischen Bürgern teilten. Sozialisten und Kommunisten orientierten sich am Ideal einer internationalen Gemeinschaft und die Orthodoxie lehnte aus religiösen Gründen einen jüdischen Staat ab, da die Diaspora nicht durch weltliche politische Maßnahmen überwunden werden dürfe. Politisch positionierten sich Rechtsradikale gegen den Zionismus, den sie mit Verschwörungsphantasien in Verbindung zu einem imaginären „Weltjudentum" brachten. Israel ist folgerichtig in rechtsextremer Vorstellung der Schurkenstaat schlechthin. Das galt aber auch für die Sowjetunion und ihre Klientelstaaten. Nach anfänglicher Unterstützung der Staatsgründung Israels durch Moskau wurde Antizionismus zur Kampfparole, die unter Stalin auch innenpolitisch instrumentalisiert und in den Moskauer Ärzteprozessen, in der Tschechoslowakei (Verfahren gegen Slansky u. a.) und im Frühjahr 1968 in Polen durch die Vertreibung der jüdischen Intelligenz als spezielle Form des Antisemitismus agiert wurde.

Die Frage nach der Existenz eines linken Antisemitismus und seiner ideologischen Begründung ist nicht leicht zu beantworten.

Auf den ersten Blick bietet die Geschichte der organisierten Arbeiterbewegung und die ihr zu Grunde liegende Philosophie in den Arbeiten von Karl Marx und Friedrich Engels schon deshalb keine Anhaltspunkte, da „Rasse" und „Volkstum" im marxistischen Denken und in seiner Gesellschaftstheorie keine relevanten Termini sind. Die Nationalgemeinschaft bestand aus Werktätigen, deren ethnische und kulturelle Herkunft belanglos war. Der Klassencharakter der Gesellschaft war auch nicht durch religiöse Topoi tangiert bzw. bedurfte derselben nicht. Aber im Freund-Feind-Denken der manichäischen Welt des Klassenkampfes waren „strukturelle Affinitäten"[3] des Marxismus-Leninismus mit dem Antisemitismus erkennbar. In der Argumentation spielen antijüdische Klischees jedoch weder bei Marx noch bei Lenin eine Rolle. Marx benannte zwar in seiner Schrift „Zur Judenfrage" die stereotype Assoziation Juden/Geld als Chiffre für die moderne Wirtschaft, er konnotierte dies aber nicht im Rahmen einer verschwörungstheoretischen Welterklärung; auch verwendete er die Denkfigur nicht als Schuldzuweisung an „die Juden" und er hat kein Feindbild „Jude" eingeführt oder benutzt, mit dem er eine identitäre völkische oder nationalistische Gemeinschaft – als „gute" Alternative zur „schlechten" jüdischen Gemeinschaft – stützen wollte.

Ebenso war die bildliche Verbindung Jude/Geld in der Sozialdemokratie allenfalls am Rande ihrer Kapitalismuskritik auszumachen, die antimodernistische Komponente des Antisemitismus fehlte in der Arbeiterbewegung vollkommen. Die Sozialisten lebten die Werte Demokratie und Toleranz als Elemente der Arbeiterkultur. Sie unterschieden sich damit deutlich von den nationalistischen und völkischen Gruppierungen des Kaiserreichs und ermöglichten Juden auch parteipolitische Karrieren. Für die Sozialdemokratie als Partei war Antisemitismus ideengeschichtlich und pragmatisch-politisch kein Thema. Wie die Juden kämpften Sozialdemokraten um die Teilhabe in Politik und Gesellschaft. Vision der SPD war seit ihrer Gründung eine Gesellschaft emanzipierter Proletarier im Aufstieg zum Bürgertum. Für die

Ideologie des Antisemitismus mit ihrem Dogma unterschiedlicher Wertigkeit von Menschen und wegen der mangelnden völkischen und nationalistischen Überzeugungen war für Judenfeindschaft in der SPD kein Raum. August Bebel als Parteiführer und Karl Kautsky als Cheftheoretiker haben das öffentlich gemacht. Dass persönliche Ressentiments auch im sozialistischen Milieu existierten, ist trotzdem nicht zu bestreiten, aber es waren eben individuelle Haltungen und es war nie Parteilinie. August Winnig wurde 1920 aus der SPD ausgeschlossen, weil er den reaktionären Kapp-Putsch unterstützt und chauvinistische und antisemitische Positionen bezogen hatte. Andererseits gab es auch taktische Zugeständnisse am Ende der Weimarer Republik, etwa bei der Kandidatenauswahl für Ämter, in denen man keine Angriffsflächen durch jüdische Bewerber bieten wollte. Aber programmatisch öffnete sich die SPD der Judenfeindschaft zu keinem Zeitpunkt.

Während die SPD auch in der Weimarer Republik diesen Kurs beibehielt (und deswegen von der Rechten als „verjudet" denunziert wurde), entwickelte die KPD in den 1920er Jahren nationalistische Tendenzen und fügte in ihre antikapitalistische Argumentation Formeln ein wie „jüdische Kapitalisten" oder „verjudetes Finanzkapital", mit denen sie die Ausbeuter der deutschen Werktätigen anprangerte. Rassistische Komponenten waren selbstredend der von Lenin konzipierten Ideologie des Sowjetsystems fremd, da Konstruktionen wie Rasse, Volk, Nation im Weltbild der proletarischen Klassengemeinschaft auf Kurs zur Weltrevolution keinen Platz hatten. Aber auch die manichäische Welt des Kommunismus bedurfte der Feindbilder, die in Gestalt von Kapitalisten, Ausbeutern, Imperialisten als böse und bedrohliche Gegenwelt existierte. Unter Stalin entwickelte sich die Sowjetunion zur staatlichen Herrschaft mit bürokratischen Strukturen, denen im Zweiten Weltkrieg zur Mobilisierung der Bevölkerung nationale Parolen („Großer vaterländischer Krieg") zugefügt wurden. Zum Feindbild „Faschist" kam in der spätstalinistischen Zeit das Feindbild „Kosmopolit". In den Kampagnen gegen Kosmopolitismus traten antimoderne und kommunistischnationalistische Ressentiments zu Tage, die in den Moskauer Ärzteprozessen und im Prager Slansky-Prozess Anfang der 1950er Jahre manifest wurden. Mit antiwestlicher Stoßrichtung konnte Antizionismus in die kommunistische Ideologie integriert werden, ohne dass „Juden" ausdrücklich apostrophiert werden mussten. Die Metapher des Feindbilds hieß Zionismus und dessen Inkarnation ist der Staat Israel. Da Zionisten zwangsläufig Juden sind und Israel mehrheitlich von Juden bewohnt und vollständig von Juden regiert wird, bedurfte es keiner weiteren Benennung. Rassistische oder auch nur ethnische Zuschreibungen waren ganz unnötig, da die Formel „Zionismus" alle Vorbehalte gegen Juden einschließt, ohne dass sie benannt werden müssten. Antizionismus war in den Satellitenstaaten der Sowjetunion Staatsdoktrin, mit der Israel grundsätzlich negativ definiert war und in deren Folge Juden im eigenen Land geräuschlos stigmatisiert wurden.

Antizionismus, der in der DDR zur Abwanderung der meisten Juden Richtung Westen geführt hatte, war auch die Triebfeder polnischer Politik. Nach einer innenpolitischen Krise, Studentenunruhen und dem israelischen Sieg im Junikrieg 1967 stigmatisierte die Führung der Kommunistischen Partei im Frühjahr 1968 die jüdische Intelligenz im Lande. Von den wenigen Überlebenden des Holocaust verließ die Mehrheit, etwa 15 000 Menschen, Polen. Der verbleibende Rest war mit antizionistischen und antisemitischen Ressentiments konfrontiert, die erst 1998 vom Parlament verurteilt wurden.

„Antizionismus" ist im politischen Vokabular längst als Parameter der Judenfeindschaft geläufig. Abgelöst von der ursprünglichen Bedeutung wurde Antizionismus zum Schlachtruf gegen Israel, der die Legalität der staatlichen Existenz bestreitet und sie rückgängig machen, die jüdischen Einwohner des Landes verweisen will.

Eine besondere deutsche Tradition bildete die Israelfeindschaft der DDR. Die Definition der Staatssicherheitsbehörden der DDR ließ keinen Zweifel an ihrer politisch feindseligen Absicht gegenüber Israel. Zionistische Organisationen waren nach der Sprachregelung der Staatssicherheit „reaktionäre, nationalistische, rassistische, konterrevolutionäre, antisozialistische und antisowjetische politische Vereinigungen, die auf der Grundlage der zionistischen Ideologie, wie Chauvinismus, Rassismus und Expansion, von reaktionären imperialistischen Kreisen zur Verschärfung der internationalen Lage, zur Schürung des Antisowjetismus und des Antikommunismus und zum Kampf gegen die sozialistischen Staaten und die nationale Befreiungsbewegung genutzt werden."[4] Der Rundumschlag im SED-Jargon instrumentalisierte auch das Feindbild „Weltjudentum" und stellte die Zionistische Weltorganisation (WZO), den Zionistischen Weltkongress, die Jewish Agency als Agenturen der Verschwörung und Partner des Israelischen Geheimdienstes dar. Die Sprachregelung der DDR war aber mehr als eine inzwischen historische Groteske. Israelfeindschaft war Bestandteil der Sozialisation der DDR-Bürger und damit wurde eine nachhaltige Parteinahme eingeübt und verinnerlicht, die sich mit Judenfeindschaft anderer Genese trifft und allgemeine Ressentiments mit Beispielen aus der tagesaktuellen Berichterstattung illustriert und zu „Beweisen" jüdischen Wesens verdichtet.

Die Identifizierung mit den „Opfern der Opfer", d. h. den Palästinensern als Leidtragenden israelischer Politik war zunächst vor allem ein Phänomen des linken Spektrums, gewinnt aber zunehmend Boden. Linke Globalisierungskritiker und islamistische Aktivisten bildeten den Vortrupp von Boykott-Bewegungen, die in Großbritannien, Frankreich, aber auch in den USA verbreitet sind, und in Deutschland ebenfalls Sympathisanten haben. Jenseits öffentlicher Kampagnen ist Antizionismus als Einstellung und Haltung wirkmächtig.

## Anmerkungen

1 Heiko Haumann (Hrsg.), Der Traum von Israel. Die Ursprünge des modernen Zionismus, Weinheim 1998.
2 Micha Brumlik, Kritik des Zionismus, Hamburg 2007; Yotam Hotam, Moderne Gnosis und Zionismus, Kulturkrise, Lebensphilosophie und nationaljüdisches Denken, Göttingen 2010.

3 Thomas Haury, Antisemitismus von links. Kommunistische Ideologie, Nationalismus und Antizionismus in der frühen DDR, Hamburg 2002, S. 456.
4 Stichwort „Zionistische Organisationen", in: der Bundesbeauftragte für die Unterlagen des Staatssicherheitsdienstes der ehemaligen Deutschen Demokratischen Republik (Hrsg.), Das Wörterbuch der Staatssicherheit, Berlin 1993², S. 465 f.

## 10. Israelkritik und Antisemitismus

Freundliche Beziehungen zwischen dem 1948 errichteten Staat Israel und den 1949 gegründeten Nachfolgestaaten des Deutschen Reiches sind keine Selbstverständlichkeit. Normale Beziehungen überhaupt galten vielen Bürgern Israels und Juden in aller Welt, die im Holocaust Angehörige verloren hatten, zunächst als undenkbar. Nach mühsam erreichten Stationen der Annäherung (deren schwierigste 1952 das Luxemburger Abkommen über materielle Wiedergutmachung für die Opfer des Holocaust war),[1] nahmen Israel und die Bundesrepublik Deutschland offizielle Beziehungen auf. Die DDR übte im Gefolge Moskaus Abstinenz.[2] Erst nach der Wende gab die DDR ihren antizionistischen Kurs auf, zugleich die selbstgefällige Attitüde, als antifaschistischer Staat keinen Antisemitismus geduldet oder auch nur gekannt zu haben. Die Juden waren in der DDR nicht nur von ihrer Zahl her marginalisiert. Als Opfer spielten sie in der Staatsideologie, die sich durch den kommunistischen Widerstandskampf gegen Hitlerdeutschland legitimierte, nur eine geringe Rolle, und im Gegensatz zur Bundesrepublik gab es keine Anstrengungen zur Entschädigung und Wiedergutmachung.

Aber das letzte Parlament der DDR adressierte im April 1990 an die Juden den Wunsch nach Verzeihung für die nationalsozialistische Verfolgung und öffnete die Grenzen für jüdische Einwanderer aus dem Gebiet der Sowjetunion. Die neuen jüdischen Gemeinden in Potsdam, Rostock, Dessau und Schwerin entstanden nur deshalb, sie bestehen ausschließlich aus solchen Zuwanderern – mit allen Integrationsproblemen und allen sozialen und kulturellen Schwierigkeiten, die dadurch zu bewältigen sind und die zugleich Indizien sind für die Strukturveränderungen, die die jüdische Gemeinschaft in Deutschland nach der Wende erfuhr.

In der durch den Beitritt der DDR erweiterten Bundesrepublik herrscht unveränderter politischer Konsens über die besondere

Qualität des Verhältnisses zu Israel, das durch die Geschichte des Holocaust und seiner moralischen Folgen definiert ist. Länger als die ersten vier Jahrzehnte seiner Existenz wurde Israel im Zeichen des Kalten Krieges von den Machtblöcken unterschiedlich definiert, waren divergierende Hoffnungen und Abneigungen auf den Staat gerichtet. Zum Gründungsmythos Israels gehört die Vorstellung vom britischen Philosemitismus des 19. Jahrhunderts, der in der Balfour Declaration kulminierte, ebenso wie die von Theodor Herzl initiierte und propagierte zionistische Bewegung. Die Entstehung und Entwicklung der US-amerikanisch-israelischen Beziehungen unter der missionarischen Ideologie eines gemeinsamen Auftrags der christlichen USA und des jüdischen Israel ist ein zentrales Thema, das die literarische Metapher des Ben Hur – erzählt im Roman vom jüdischem Freiheitsheros und vom philosemitischen römischen Prokonsul – bemüht, um den Mythos der geistigen Verbindung zwischen jüdischem Nationalismus und amerikanischem Idealismus zu beschreiben – ein Mythos, der seit langem wirkungsvoll politisch instrumentalisiert wird und auch das deutsche Israelbild bestimmt.

Der Sechstage-Krieg 1967 war – medial und emotional gut inszeniert mit der Parabel des Kampfes David gegen Goliath – ein Ereignis, das größte Sympathie in der deutschen Öffentlichkeit evozierte. Die militärische Bravour der Israelis angesichts gewaltiger Übermacht wurde als erfolgreiche Selbstbehauptung gefeiert und ließ Gefühle von Scham und Schuld bei den Deutschen in den Hintergrund treten. Man musste Juden in dieser Situation nicht mehr als Opfer sehen, durfte sie bewundern und sich selbst dadurch emanzipieren. Das änderte nichts an der Konkretisierung der deutschen Emotionen in der „besonderen Verantwortung" gegenüber Israel, die ein Leitmotiv deutscher Politik bildet. Bei gebotener Gelegenheit, wie im Sommer 2014 anlässlich der Demonstrationen gegen den Gaza-Krieg betont die politische Klasse parteiübergreifend, von den Medien lebhaft unterstützt, die deutsche Solidarität mit Israel.[3] Das ist auch das Anliegen der

Deutsch-Israelischen Gesellschaft, deren Mitglieder in zahlreichen Ortsgruppen aktiv sind.

Das Mitleid mit palästinensischen Familien, die bei Aktionen der israelischen Armee ihr Hab und Gut, gar Kinder verloren haben, und die Entrüstung über den Zaun, mit dem die Sicherheitsbehörden Israels ihr Land schützen wollen, Abscheu ob der schikanösen Arroganz der israelischen Grenzhüter am Gaza-Streifen gegenüber friedlichen Palästinensern eint viele, die die Politik der israelischen Regierung missbilligen, weil sie sie für schädlich halten, da sie kaum den Frieden in der Region, wohl aber die stetige Eskalation von Gewalt bewirkt. In der allgemeinen Wahrnehmung des Palästinakonflikts haben sich die Reihen geschlossen. Die einen sehen Israel nur und ausschließlich in der Rolle des Aggressors, der mit unverhältnismäßiger Gewalt das Leben der Palästinenser bedrückt, verstehen die militärischen Aktionen gegen Flüchtlingslager, die Zerstörung von Häusern und Wohnungen als expansionistische Machtdemonstration der Stärkeren gegen Schwächere, mit denen sie sich deshalb solidarisieren. In den Augen der bedingungslosen Verteidiger Israels sind dagegen die Palästinenser und mit ihnen alle Araber und womöglich auch alle Muslime irrational agierende Extremisten, die Israel und dem Westen den Heiligen Krieg erklärt haben.

Die Intifada, eine Kampagne zivilen Ungehorsams der Palästinenser gegen Israel von 1987 bis 1993, geführt in der Hoffnung auf Autonomie bzw. einen unabhängigen arabischen Staat Palästina, eskalierte in ihrer zweiten Phase ab September 2000 zur offenen Gewalt gegen die israelische Zivilgesellschaft, die mit Absperrung, militärischen Aktionen, Vergeltungsschlägen und weiteren Maßnahmen einer bedingungslosen Politik der Stärke beantwortet wird.

In der öffentlichen Wahrnehmung Europas haben sich in dramatischer Weise die Gewichte bei der Bewertung des Nahost-Konfliktes verschoben. Der Angst um das bedrohte Israel, die 1967 im Sechs-Tage-Krieg die Menschen zu Sympathiekundgebungen für den jüdischen Staat auf die Straße trieb, folgte die pauschale

Verurteilung der israelischen Besatzungs- und Siedlungspolitik in den palästinensischen Gebieten.

Der Befund von Meinungsumfragen, nach denen eine große Zahl europäischer Bürger der Politik Israels verständnislos ablehnend gegenübersteht, ist nicht aus der Welt zu schaffen. Zu bemerken ist auch, dass die Juden der Diaspora sich zunehmend mit Israel solidarisch erklären, auch wenn viele, ebenso wie zahlreiche Israeli, die Politik der Stärke nicht für glücklich halten und sich andere Wege für die Sicherheit Israels und den Frieden mit den Palästinensern vorstellen können. Tatsache ist, dass in vielen Ländern Europas die Sympathie des Publikums und in erheblichem Maße ebenso die der Medien sich von Israel abgewendet hat und die Ursachen der Gewaltspirale nicht mehr in das negative Urteil über Israel einbezieht. Tatsache ist, dass die Medien auch in Deutschland oft nicht objektiv über Israel berichten.

Wenn die Rede davon ist, dass Israel mit dem Abwehrzaun gegen palästinensisches Territorium „das größte KZ der Welt" errichtet habe, wenn das Schicksal schwangerer Palästinenserinnen beklagt wird, die bei stundenlangen Grenzkontrollen des israelischen Militärs leiden müssen, wenn die Wahrnehmung auf das individuelle Leid palästinensischer Familien reduziert wird, der Terror palästinensischer Guerillas und Selbstmordattentäter gegen ebenso unschuldige israelische Familien in den Straßen von Tel Aviv oder Jerusalem ausgeblendet wird, dann ist die Vermutung einseitiger Parteinahme wohl berechtigt. Ebenso die Vermutung, dass feindselige Emotionen im Spiel sind.

Selbstverständlich ist es legitim, politische und militärische Handlungen eines Staates zu kritisieren, und das gilt für Israel nicht weniger als beispielsweise für den Krieg der Vereinigten Staaten von Amerika gegen den Irak mit allen seinen höchst unerfreulichen Begleiterscheinungen. Der Unterschied in der Beurteilung ist leicht erkennbar: Beim Irak-Krieg wurde zwischen der Regierung Bush und der US-Army einerseits und „den Amerikanern" andererseits durchaus unterschieden. Niemand erklärte die Exzesse im Irak, die einzelnen Soldaten zur Last gelegt werden, oder umstrittene Entscheidungen der Bush-Administration aus dem Nationalcharakter „der Amerikaner" heraus, um möglicherweise gar die Forderung daran zu knüpfen, die USA müssten von der Landkarte verschwinden. Im Falle Israel ist das anders. Das lehren die monströsen Vergleiche ebenso wie die Bemühungen, „jüdische" Eigenart zu typologisieren, um alle Juden dieser Welt mit der israelischen Politik zu identifizieren und diese als Ausfluss vermuteter jüdischer Charaktereigenschaften zu erklären. Dazu werden die bekannten Stereotype – „alttestamentarische Rache", Unversöhnlichkeit, „Arroganz des Auserwählten Volkes" usw. – bemüht.

Das Engagement, das von manchen in die Verurteilung der israelischen Sicherheitspolitik investiert wird, ist aber von einer Wut gekennzeichnet, die misstrauisch machen muss. Militärische Aktionen Israels werden verallgemeinert zu Handlungen „des Judentums" und formuliert als moralische Anklage, oft unter Verweis auf den Holocaust. Letzteres soll suggerieren, die Israeli würden, stellvertretend für die Juden überhaupt, etwas praktizieren, das ihnen selbst widerfahren ist, nämlich die Verfolgung als Minderheit bis zur Konsequenz des Völkermords. Und gefordert wird von den Opfern des Holocaust eine besonders hohe Moral.

Wann überschreitet also berechtigte und notwendige Kritik an der Politik Israels gegenüber den Palästinensern die Grenzen und ist Judenfeindschaft? Das geschieht spätestens dann, wenn Vorurteile und Stereotypen, die mit der zu kritisierenden Angelegenheit nichts zu tun haben, weit über den Anlass hinaus als Erklärung und zur Schuldzuweisung benützt werden. Als besondere Form von Antisemitismus hat sich aus solcher Israelkritik auf dem Boden des Antizionismus ein Surrogat der Judenfeindschaft etabliert, das eine eigene Funktion hat, nämlich Nebenwege zu öffnen, auf denen mit scheinbar rationalen Argumenten Abneigung oder Feindschaft gegen Juden transportiert werden kann.

Seit der zweiten Intifada und der Eskalation des Nahost-Konfliktes im Herbst 2000 ist die Metapher „Auge um Auge" inflationär im Gebrauch. Antiisraelische Demonstranten in Europa halten Transparente mit dem Bibelzitat in die Kameras und allenthalben dient es als Erklärung, wenn israelische Politik als Ausfluss „jüdischer" Charaktereigenschaften verurteilt wird. Das Nachrichtenmagazin „Der Spiegel" berichtete über den „blutigen Donnerstag von Ramallah", bei dem israelische Soldaten, die versehentlich in die palästinensische Stadt gefahren waren, gelyncht worden waren: „Die Fernsehbilder schockierten die Welt – und konnten die Israelis, die eine besondere Loyalität gegenüber ihrer Armee und ihren Soldaten pflegen, nicht ruhen lassen. Im Gegenzug habe nun der damalige israelische Premierminister Barak an der Spirale der Gewalt gedreht: „Auge um Auge, Zahn um Zahn [...]".[4]

Die Frankfurter Allgemeine Sonntagszeitung hatte in einer Artikelserie zum Nahost-Problem im Dezember 2001 einen türkischen Gastautor, der Nationalökonomie an der Universität Ankara lehrt, unter der Überschrift „Das Problem heißt Israel" Folgendes schreiben lassen: „Der Islam mag Eigenarten besitzen, die das Zusammenleben mit anderen erschweren. Aber das Judentum verursacht noch größere Probleme, mit anderen auf gleicher ontologischer und moralischer Ebene zusammen zu leben. Jehova ist ein Abkommen speziell mit den Juden eingegangen. Er ist kein universeller Gott, der alle menschlichen Gemeinschaften als seine Herde ansieht. Er ist kein Gott des Friedens, sondern der Rache; Auge um Auge, Zahn um Zahn [...] Dieser fundamentale Partikularismus spiegelt sich auch in der rassischen Begründung des Judentums".[5] In einem offenen Brief haben 200 Persönlichkeiten des öffentlichen Lebens gegen diese antijüdische und antiisraelische Tendenz der Berichterstattung protestiert. Der Presserat nahm die Frankfurter Allgemeine Sonntagszeitung dagegen in Schutz. Es habe sich bei den kritisierten Meinungsäußerungen um einen gekennzeichneten Gastkommentar gehandelt, nicht um eigene Positionen des Blattes.

Trotzdem handelt es sich in der Sache nicht nur nach Meinung der Protestierenden um Antisemitismus. Zur Methode judenfeindlicher Agitation gehört nämlich die Verwendung von

Stereotypen in suggestiver Absicht und die Stimulierung von negativen Assoziationen wie Rachsucht, Auserwähltsein, religiöse Exklusivität. Das hat einst der „Stürmer" exerziert, der in jeder Nummer die gleiche Botschaft mit Stereotypen illustrierte. Immer wieder findet sich die Metapher „Auge um Auge" unreflektiert und ohne Zusammenhang als Rubrik oder Zwischentitel in der Berichterstattung, oft erscheint sie als Floskel der Bestätigung oder des Übergangs. Als delikaten journalistischen Kunstgriff kann man es deshalb nicht werten, weil die abgegriffene Formel zu verschwenderisch gebraucht wird. Ahnungslosigkeit darf man auch nicht unterstellen, weil der Gebrauch als Chiffre der Verständigung, als Ausgrenzung der Juden zu offensichtlich ist. Das Beispiel mag als Hinweis dafür dienen, wo Israelkritik in Judenfeindschaft, die mit stereotypen Vorstellungen hantiert, übergeht. Erlaubt und selbstverständlich ist die kritische Bewertung jeder Politik, unerlaubt ist das Bestreiten des Existenzrechts eines Staates, das mit der kollektiven Diffamierung seiner Bürger argumentiert. Unerlaubt sind Verallgemeinerungen, die der Konstruktion eines negativen Gruppencharakters von Menschen dienen oder sie unter Generalverdacht stellen, in diesem Falle der Juden, die synonym mit Israel und Israelis gesehen werden sollen.

### Lyrische Intervention

Die Abwehr von Israel-Kritik durch die Front bedingungsloser Israel-Solidarisierung funktioniert nur allzu schnell mit dem Antisemitismusvorwurf. Das erfuhr Günter Grass Ostern 2012, als er in drei großen Tageszeitungen (Süddeutsche Zeitung, La Repubblica, El País) ein Gedicht veröffentlichte, mit dem er vor einem Krieg gegen den Iran warnte. Dem wenig inspirierten Titel „Was gesagt werden muss" folgen 69 Zeilen, in denen der Dichter seiner Sorge vor einem atomaren Präventivschlag Israels gegen das „von einem Maulhelden unterjochte" iranische Volk Ausdruck verlieh. Das Anliegen des Literaturnobelpreisträgers teilen viele, die aber im Gegensatz zu Grass das Schweigen un-

*Lyrische Intervention*

gelenken Versen vorziehen. Des Dichters Wortwahl machte ihn angreifbar: Der Satz „Die Atommacht Israel gefährdet den Weltfrieden" lässt die Bedrohung des Landes durch feindselige Nachbarn außer Acht, macht es zum potentiellen mutwilligen Aggressor und die Unterstellung, Israel wolle das „iranische Volk auslöschen", ist fatal.

Die literarisch wie politisch missglückte Poesie löste Entrüstung aus, die vielfach über jedes Ziel hinausschoss und die Ahnung des Dichters über die Strafbarkeit seiner Intervention reichlich bestätigte. Das Verdikt Antisemitismus sei geläufig, hatte er geschrieben. Er erfuhr es sogleich am eigenen Leibe. Die Reaktionen der Abwehr lassen sich in zwei Kategorien einteilen. Wer Probleme mit dem Unterschied von Israelkritik und Judenfeindschaft hat – und einschlägige Unsicherheit zeichnet nicht nur Politiker aus –, positionierte sich vorsorglich gegen Grass. Und reflexhaft reagierten jene Freunde Israels, die allezeit bereit sind, Krach zu schlagen und ohne den geringsten Skrupel Kampagnen loszutreten, die vor allem den einen Zweck haben, den Urheber des unerwünschten Gedankens im öffentlichen Diskurs zu vernichten oder wenigstens so stark zu beschädigen wie möglich. Solche Kampagnen gehen ad hominem und wollen denunzieren und desavouieren.

So versuchten sich Grass-Kritiker am Nachweis, dass sein Gedicht voller Anklänge an die Sprache der Nationalsozialisten stecke. Dem weniger tiefschürfend analysierenden als durch Überzeugung angetriebenen Journalisten Henryk M. Broder offenbarten sie „Denkfiguren und Sprachformeln", „die ihre Herkunft aus der NS-Ideologie nicht verbergen können". Im notorischen Eifer hat Broder das Gedicht aber nur flüchtig gelesen, jedenfalls zitiert er den Wortlaut falsch. Der obligate Vergleich mit Goebbels war möglicherweise nur beleidigend gemeint, Broders Schlussfolgerung lautete jedenfalls ohne nachvollziehbare Beweisführung, dass Grass eben ein Gesinnungsnazi gewesen und geblieben sei. Broder wusste auch, dass Günter Grass „schon immer ein Problem mit Juden hatte" und rekurriert an Beweises statt auf die unglückselige Mitgliedschaft des 17-Jährigen in der Waffen-SS. Grass verkörpere eben den Prototyp des gebildeten Antisemiten. Damals sei er ein SS-Mann gewesen, heute schreibe er wie einer, lautet die weniger scharfsinnige als böswillige Schlussfolgerung, die Broder in Variationen auch online verbreitete.[6]

Politiker aller im Deutschen Bundestag vertretenen Parteien positionierten sich gegen Grass, in Talkshows und Feuilletons wurde die Causa diskutiert und als unfreundliche Geste gegenüber Israel verurteilt. Der Vorwurf des Antisemitismus wurde aber nur noch im Lager der denunziatorischen Meinungsmacher erhoben. Israelische Politiker verurteilten das Gedicht, erklärten Grass zur Persona non grata, am heftigsten entrüstete sich der israelische Innenminister, der dem Nobelpreisträger ein Einreiseverbot erteilte und das Nobelpreiskomitee aufforderte, ihm die Ehrung abzuerkennen. Das Einreiseverbot wurde von der Zeitung Haaretz als Überreaktion bezeichnet und sie schrieb, Israel habe in Gestalt seines Innenministers hysterisch reagiert.

Der israelische Botschafter in Berlin kritisierte jedoch nicht nur die antiisraelische Haltung, die in Grass' Gedicht zum Ausdruck komme, als er meinte, früher habe man die Juden für die Gefährdung des Weltfriedens verantwortlich gemacht, nun mache Grass den Staat Israel dafür haftbar. Unter Verweis auf die SS-Mitgliedschaft des jungen Günter Grass riet der Diplomat, wer im Glashaus sitze, solle nicht mit Steinen werfen. Der zweite Mann in der Berliner Israel-Vertretung, der Gesandte Emmanuel Nahshon, spannte den Bogen kräftiger, als er die „europäische Tradition" beschwor, „die Juden vor dem Pessach-Fest des Ritualmords anzuklagen". Die Wucht der moralischen Entrüstung des Literaten Ralph Giordano war symptomatisch für die Parteinahme vieler. Der Dramatiker Rolf Hochhuth, stets für einen Eklat zu haben, tat seine Scham über Grass' Gedicht öffentlich kund, der Historiker Michael Wolffsohn erkannte sogar, dass Grass „rechtsextreme Ideen" verbreite. Dagegen kritisierte der ehemalige israelische Botschafter Avi Primor zwar das Gedicht, erklärte aber ausdrücklich seine Sympathie für den Dichter und sagte „Ich halte

Günter Grass weder für einen Antisemiten noch für einen Feind Israels". Dafür zieh der Präsident des Zentralrats der Juden in Deutschland Grass des Antisemitismus; der Schriftsteller Peter Schneider betonte dagegen wie auch der Präsident der Berliner Akademie der Künste Klaus Staeck, dass Grass legitimerweise versucht habe, die herrschende Befangenheit mit seiner Kritik an israelischer Politik zu überwinden.

Symptomatisch an der Wut über den Dichter war nicht nur die Verurteilung eines angeblichen Tabubruchs – der Verweigerung unbedingter Zustimmung zur Politik der israelischen Regierung –, sondern die damit verbundene Qualifizierung als Antisemit. In der Verknüpfung des Postulats absoluter Loyalität gegenüber dem Staat Israel mit der Definition von Judenfeindschaft kommt ein Deutungsanspruch zum Ausdruck, der den Sachverhalt Antisemitismus auf gefährliche Weise reduziert und absolut setzt, nämlich auf die Haltung gegenüber Israel. Die Willkür, mit der die Zuschreibung erfolgt, macht die Stigmatisierung desjenigen, der zum Judenfeind erklärt wird, so einfach. Der Verzicht auf Differenzierung erinnert an die reziproke Methode, mit der Juden von ihren Feinden definiert und mit solchen negativen Eigenschaften ausgestattet wurden, die Abscheu vor ihnen rechtfertigen sollten.

Unter dem Eindruck der Kritik an seinem Gedicht betonte Grass, dass er das Existenzrecht Israels nicht in Frage gestellt habe, dass er dem Land Frieden wünsche und mit seiner Kritik nur die Politik der Regierung Netanjahu gemeint habe. Die Grass-Debatte war ein Indiz für die Irritierbarkeit politischer und intellektueller Instanzen und für die schnelle Entzündung medialer Erregungszustände, wenn das deutsch-israelische Verhältnis zur Diskussion steht. Zugleich zeigte die Grass-Debatte einmal mehr, wie leicht der Antisemitismusvorwurf politisch zu instrumentalisieren ist.[7]

Das wurde in der Debatte über einen „neuen" Antisemitismus deutlich, die im Sommer 2014 geführt wurde, nachdem bei Demonstrationen gegen den Gaza-Krieg antisemitische und antiisraelische Schmährufe ertönt waren. Das wurde von interessierter Seite benutzt, um einen Ausbruch von Judenfeindschaft neuer Qualität und erheblicher Dimension zu diagnostizieren. Die Beschwörung des Rückfalls der Deutschen in die Barbarei wurde abgewendet mit einer politischen Demonstration am Brandenburger Tor in Berlin, bei der die Bundesregierung und Vertreter der Gesellschaft ihr Bekenntnis für die Sache der Juden ablegten. Auf Wunsch des Zentralrats der Juden in Deutschland zeigten sich auch Vertreter der christlichen Kirchen solidarisch. Den Muslimen blieb die Sympathiebekundung verwehrt.

## Anmerkungen

1 Constantin Goschler, Schuld und Schulden. Die Politik der Wiedergutmachung für NS-Verfolgte seit 1945, Göttingen 2005.
2 Constantin Goschler, Paternalismus und Verweigerung – Die DDR und die Wiedergutmachung für jüdische Verfolgte des Nationalsozialismus, in: Jahrbuch für Antisemitismusforschung 2 (1993), S. 93-117.
3 Daniel Cil Brecher, Der David – Der Westen und sein Traum von Israel, Köln 2011.
4 Der Spiegel Nr. 42/2000.
5 Yahya Sezai Tezel, Das Problem heißt Israel, in: Frankfurter Allgemeine Sonntagszeitung 9.12.2001.
6 Henryk M. Broder zu Gedicht von Günter Grass: http://www.focus.de/politik/deutschland/broder-zu-gedicht-von-guenter-grass-damals-war-er-ein-ss-mann-heute-schreibt-er-wie-einer_aid_733075.html, eingesehen am 14.01.2015.
7 Heinrich Detering/Per Øhrgaard (Hrsg.), Was gesagt wurde. Eine Dokumentation über Günter Grass' „Was gesagt werden muss" und die deutsche Debatte, Göttingen 2013.

# 11. Judenfeindschaft von Muslimen

Zur Realität des Staates Israel gehört seit seiner Gründung die Feindschaft der Nachbarn, vorgetragen als kulturelles Ressentiment, als politische Verweigerung des Existenzrechts, als militärische und terroristische Bedrohung. Die Fronten im Nahost-Konflikt sind seit langem starr, der Streit ist ideologisiert und als Argumente dienen Vorurteile und Feindbilder, die älter sind als der Konflikt.[1] Die Suche nach einer dem Islam wesensimmanenten Judenfeindschaft sieht alle Muslime als Schurken, die Gewissheit, dass nur „die Juden" schuldig sind am Unglück der Palästinenser, gibt den anderen die Sicherheit, für die richtige Seite Partei zu ergreifen. In jedem Fall stützt die Überzeugung von der Richtigkeit der jeweils eigenen Position die Argumentation und ermöglicht Schuldzuweisung.

Ob die aktuelle Judenfeindschaft von Muslimen als islamistischer oder gar islamischer Antisemitismus zu definieren ist, muss hier nicht entschieden werden.[2] Unbestreitbar ist, dass Motive des Antijudaismus auch in religiösen Quellen des Islam (ebenso wie in der christlichen Überlieferung) zu finden sind[3], aber die polemisch vorgetragene Erkenntnis, die aktuelle muslimische Judenfeindschaft, der Hass auf Israel, sei aus der Religion und Kultur der Muslime zu erklären, greift wie alle monokausalen Interpretationen komplexer Probleme zu kurz und ist zwar wirkungsvoll, aber nicht weiter hilfreich.

Islamistischer Antizionismus wurzelt in der arabischen Feindschaft gegen jüdische Siedler in Palästina und ab 1948 gegen die Existenz Israels. Seit den 1970er Jahren ist die arabisch-nationalistische Komponente durch den politischen Islamismus, der sich im Kampf gegen Israel aus antisemitischen und nationalistischen Ideologemen speist, in den Hintergrund gedrängt. Islamistischer Antizionismus, der sich nicht nur gegen „die Juden" insgesamt richtet, ist daher auch zum rassistischen Antisemitismus der europäischen Rechten anschlussfähig.[4]

Antizionismus dient auch als Methode internationaler Politik zwischen Machtblöcken und Interessengruppen. Am 10. November 1975 verabschiedete die Vollversammlung der Vereinten Nationen eine Resolution, die den Zionismus als eine Form von Rassismus brandmarkte. 1991 wurde die Resolution zurückgenommen, aber auf der Weltrassismuskonferenz im August/September 2001 unternahmen arabische und islamische Delegierte einen neuen Versuch, der zwar scheiterte, aber die parallel tagende Konferenz der Nichtregierungs-Organisationen verurteilte am 3. September 2001 Israel als „Apartheidstaat".[5]

Die Feindschaft von Muslimen gegen Israel ist älter als der Staat, der Objekt ihres Hasses ist, trotzdem ist die Annahme falsch, es gäbe einen aus islamischer Kultur und Religion resultierenden eigenen islamischen Antisemitismus, ähnlich dem christlichen Antijudaismus des Mittelalters, der sich aus Heilsgewissheit, aus missionarischem Streben, aus religiösem Sendungsbewusstsein speiste. Auch der moderne Antisemitismus, der im 19. Jahrhundert der Judenfeindschaft den neuen Begriff und neue Begründungen gab, ist im christlichen Europa entstanden, auf dem Boden des älteren Antijudaismus. Man muss deshalb als Erstes die Traditionen der Judenfeindschaft in ihrem jeweiligen kulturellen und gesellschaftlichen Umfeld betrachten, um urteilen zu können, aus welchen Wurzeln sich der Hass gegen den Staat Israel nährt.

Die jüdischen Gemeinden in Syrien und im Libanon waren seit Anfang des 19. Jahrhunderts unter dem Einfluss aus Europa kommender christlich-missionarischer Strömungen Gegenstand antijüdischer Polemik, die ihren stärksten Ausdruck in Ritualmordvorwürfen fand. In Damaskus gelangte die Stimmung, geschürt vom französischen Konsul und von griechisch-orthodoxen und katholischen Christen 1840 auf einen ersten Höhepunkt, als das Verschwinden eines Kapuzinermönchs Ritualmordgerüchte auslöste.[6] Unruhen und Gewalt gegen Juden waren 1847 in Dayr al Qamar, 1848 wieder in Damaskus, 1850 in Aleppo, 1862 in Beirut ausgebrochen. Die Ressentiments der christlichen Bevölkerung, die es gleichzeitig verstand, muslimische Abneigung gegen die

Juden zu forcieren, fanden Nahrung in antisemitischen Traktaten, die aus europäischen Sprachen ins Arabische übersetzt wurden. Thematisiert waren dort unter anderem Verschwörungstheorien, die Konstrukte von jüdischem Streben nach Weltherrschaft propagierten. Einem am panarabischen Nationalismus interessierten Publikum wurde damit „der Jude" als Feind offeriert. Damit war auch der Weg bereitet für antizionistische Propaganda, die im 20. Jahrhundert in der Zeit des französischen Mandats über Syrien und den Libanon und der britischen Verwaltung Palästinas virulent wurde. Ausschreitungen gegen Juden werden 1925 aus Damaskus berichtet, als Lord Balfour Palästina besuchte.

In Palästina hatte die jüdische Einwanderung im Zeichen des Zionismus in den 1880er Jahren begonnen. Ökonomische Interessen einheimischer Araber, die durch jüdischen Landkauf ihre Existenz bedroht sahen, führten zu Konflikten um Weide- und Anbauflächen, die propagandistisch durch Judenfeindschaft instrumentalisiert wurden. Im Ersten Weltkrieg verstärkten sich im osmanischen Palästina die Gegensätze zwischen der arabisch-palästinensischen Nationalbewegung und zionistischen Einwanderern. Die Spannungen entluden sich in den 1920er Jahren in Übergriffen gegen Juden und lösten sich zunehmend von konkreten Objekten wie den zionistischen Siedlungen; sie bezogen die alteingesessene jüdische Bevölkerung mit ein. In der arabischen Revolte gegen die Mandatsverwaltung ab 1936 radikalisierte sich der Protest und richtete sich gegen die jüdische Bevölkerung Palästinas insgesamt. Die Erwiderung der Gewalt durch britisches Militär und zionistische Organisationen institutionalisierten den Konflikt, dessen politische Dimensionen durch die Anlehnung der arabischen Seite an den deutschen Nationalsozialismus und den italienischen Faschismus bestimmt wurden.[7]

Die Parteinahme des Muftis von Jerusalem, Amin el-Husseini, für Hitler bedeutete eine lange Nachwirkung der Radikalisierung und Ideologisierung der Judenfeindschaft. Amin el-Husseini, 1921 zum Mufti von Jerusalem und 1922 zum Präsidenten des Muslimischen Oberrats gewählt, damit eine religiöse Autorität (später legte er sich den programmatischen Titel „Großmufti von Palästina" zu), spielte eine wichtige Rolle als Wegbereiter des arabischen Nationalismus und zweifellos gehört er als Rädelsführer und Anstifter von Revolten im Mandatsgebiet Palästina zu den obskursten Figuren der Vorgeschichte des Nahost-Konflikts. 1937 musste der Mufti nach fanatischer Parteinahme für den Nationalsozialismus erst in den Libanon, dann in den Irak fliehen, wo er gleichermaßen gegen Briten und Juden hetzte. 1941 gelangte er über Teheran nach Berlin. Dort etablierte sich Amin el-Husseini als arabischer Freiheitskämpfer und Protagonist eines unabhängigen Palästinas, biederte sich den Nationalsozialisten mit Judenhass und islamischem Sendungsbewusstsein an. Hitler suchte er im Dezember 1942 davon zu überzeugen, dass die Millionen Muslime der Welt mit Deutschland gemeinsam gegen Juden, Bolschewisten und Angelsachsen den Endsieg erkämpfen könnten.

Bei der Eröffnung eines „Islamischen Zentral-Instituts" in Berlin zeigte der Mufti sich als Festredner und als Antisemit den nationalsozialistischen Demagogen ebenbürtig: Die Juden, erklärte er, „werden stets ein zersetzendes Element auf Erden bleiben, denen daran gelegen ist, Ränke zu schmieden, Kriege anzuzetteln und die Völker gegeneinander auszuspielen [...]. In England sowohl wie in Amerika herrscht nur der jüdische Einfluss, es ist derselbe jüdische Einfluss, der hinter dem gottlosen Kommunismus steht, welcher allen Religionen und Grundsätzen abhold ist: Er ist es, der die Völker auch in diesem zermürbenden Krieg aufeinandergehetzt hat, deren tragisches Schicksal allein den Juden zugute kommt [...]. Dieser Krieg, der von dem Weltjudentum entfesselt worden ist, bietet den Muslimen die beste Gelegenheit, sich von den Verfolgungen und Unterdrückungen zu befreien, falls sie diese Gelegenheit richtig ausnutzen".[8]

Einfluss und Bedeutung Amin el-Husseinis dürfen gleichwohl nicht überschätzt werden. Er blieb im nationalsozialistischen Deutschland eine marginale Figur, und sein politischer Niedergang nach 1945 in der arabischen Welt war unaufhaltsam. Aber als Agitator und Galionsfigur war der aus einer vornehmen palästinensischen Familie stammende Mufti ein Intrigant, Scharfmacher und Extremist, der Prototyp des hassgesteuerten Politikers, der als arabischer Nationalist Karriere machte, Muslime für eine SS-Einheit anwarb und nach 1945 die Staatsgründung Israels nach Kräften bekämpfte. Er ist 1974 im Libanon gestorben, bis zuletzt von vielen als Symbolgestalt des Kampfes gegen westlichen Imperialismus, gegen Juden und Kommunisten verehrt.

Man sollte, wenn man arabische oder im weiteren Sinne islamische Sichtweisen auf Nationalsozialismus und Holocaust beurteilt, nicht vergessen, dass die Glorifizierung Hitlers bei gleichzeitiger Marginalisierung des Judenmords durch islamische Meinungsführer vor allem aus Opfergefühlen resultiert und Ergebnis politischer Propaganda ist, die Emotionen einer Opfergesellschaft wirkungsvoll instrumentalisiert.

Auch im Irak wurde Judenfeindschaft aus Europa importiert. Seit dem Ende des 19. Jahrhunderts wurden Juden mit typischen Stereotypen des modernen Antisemitismus konnotiert, in die sich antiiranische Traditionen (in denen Juden als Verräter im babylonischen Krieg des Jahres 539 v. Ch. zugunsten der Perser erscheinen) mischen. Das Bündnis des Königs Kyros II. mit den im babylonischen Exil lebenden Juden begründete im Irak einen langlebigen Judenhass. In den 1930er Jahren erreichte der Rassenantisemitismus, im Bunde mit der Ideologie des Nationalsozialismus, den Irak. Anfang Juni 1941 entlud sich nach einer gegen Großbritannien gerichteten und mit dem nationalsozialistischen Deutschland sympathisierenden Revolte die Enttäuschung über deren Misserfolg in einem Pogrom, bei dem in Bagdad viele Juden ermordet und viel jüdisches Eigentum geplündert und zerstört wurden.[9]

Nach der arabischen Niederlage im Sechstage-Krieg 1967 wurde Judenfeindschaft auch im Irak Staatsziel, das mit einschlägigen Gesetzen und Propaganda durchgesetzt wurde. Die ökonomische Ausschaltung der nach dem Exodus von 1950/51 noch im Irak lebenden Juden war ein Teil des Programms des Baath-Regimes ab 1968. Ein anderer Programmpunkt war der publikumswirksame

Nachweis von aktivem Antiamerikanismus durch das Regime. Er wurde durch die öffentliche Exekution von 13 jungen Juden erbracht, die stellvertretend in einer antiwestlichen Aktion in Bagdad hingerichtet wurden. In den irakischen Medien erschienen Juden nun als Zerrbilder, ausgestattet mit allen negativen Attributen des europäischen Rassenantisemitismus. Weltverschwörungsphantasien wurden mit Ritualmord-Legenden und den „Protokollen der Weisen von Zion" propagiert und agiert. Angereichert wurden die Stereotypen durch islamische Überlieferung, nach der Juden von Schweinen und Affen abstammen. Die Hasspropaganda gegen Juden erreichte unter der Herrschaft Saddam Husseins ihren Zenit. Juden und ihr Staat Israel wurden in der klassischen Funktion von Sündenböcken gebraucht, um von den inneren Spannungen zwischen Schiiten und Sunniten und in der Auseinandersetzung mit dem Iran abzulenken und die Emotionen auf ein griffiges Objekt – „die Juden" – zu richten.[10]

Mit dem Sturz Saddam Husseins war die Funktion der Juden- und Israelfeindschaft aber keineswegs beendet. Sowohl sunnitische als auch schiitische Fundamentalisten bedienen sich des gängigen Feindbildes vom „bösen Juden" und vom „Schurkenstaat Israel", denn das Publikum ist nach 35 Jahren antisemitischer und antizionistischer Indoktrination geschult in der Handhabung und Akzeptanz von Feindbildern.

Der Iran gilt vielen als gefährlichster Feind Israels, begründet durch die Präsidentschaft Ahmadinedschads und unter der Drohung einer iranischen Atombombe. Die Revolution, die 1979 den Schah vertrieb, brachte einen Klimawechsel, der sich kaum drastischer denken lässt. Der de facto Anerkennung Israels durch den Schah Mohammed Reza Pahlevi, der 1960 die Aufnahme offizieller Beziehungen folgte, war eine westliche Orientierung des Iran vorausgegangen, die der jüdischen Bevölkerung zugute kam. Nach dem ersten Nahostkrieg entkamen Tausende Juden aus dem Irak über den Iran nach Israel. Schon im Zweiten Weltkrieg war das Land Brücke gewesen für jüdische Flüchtlinge aus Polen und der Sowjetunion auf dem Weg nach Palästina. Die wirtschaftliche und militärische Kooperation zwischen Israel und dem Iran florierte bis Ende der 1970er Jahre. Israels Erdölbedarf wurde weitgehend im Iran gedeckt, der Iran war Hauptabnehmer des israelischen Warenexports. Damit hatte aber die islamische Bewegung des Ajatollah Khomeini ein Thema. Ein Vorwurf der Revolutionäre an das Schah-Regime lautete, es verkaufe die Interessen des Landes an die USA und an Israel.

Die Islamische Revolution setzte dann die Zeichen, dass Solidarität mit den arabischen Feinden Israels jetzt Programm der iranischen Politik sein würde. Die Hinrichtung des jüdischen Geschäftsmanns Habib Elghanian, der Vorsitzender des Rates der Jüdischen Gemeinden war, bedeutete ein Signal, dem weitere folgten. Begründet wurde die Judenverfolgung mit „Spionage für Israel", „zionistischer Propaganda", Korruption, Verrat, Drogenhandel. In der Folge flohen die meisten Juden aus dem Iran. In Israel leben jetzt 200 000, im Iran noch 25 000 iranische Juden.[11]

Mit Mahmud Ahmadinedschad war von August 2005 bis August 2013 ein Exponent des radikalen konservativ-religiösen Flügels Präsident des Iran. Ideologisch gegen den Westen, insbesondere gegen die USA festgelegt setzte sich Ahmadinedschad rhetorisch rasch an die Spitze der Feinde Israels, forderte die Vernichtung des Judenstaats und leugnete den Holocaust. Der iranische Präsident agierte bewusst als Politiker, dessen ideologische Juden- und Israelfeindschaft populistisch mit dem Anspruch vorgetragen wurde, für Muslime aller Nationen zu gelten.[12]

Eine staatliche „Islamic Propaganda Organisation" verantwortet die Veröffentlichung antisemitischer Klassiker unter Titeln wie „Jewish Conspiracy" oder „The International Jew", um die Muslime wachzurütteln und das Gesicht „des satanischen Feindes" zu enthüllen. Die stereotype Vorstellung einer jüdischen Weltverschwörung bedienend wird behauptet, die Vereinten Nationen seien als Inkarnation des Zionismus die Weltregierung, die in den „Protokollen der Weisen von Zion" erwähnt sei. Die Einleitung zum Wortlaut des antisemitischen Dokumentes schließt mit dem Aufruf zum Jihad.[13] Diese Propagandaliteratur wurde im staatlichen Auftrag publiziert und zeigt auch, dass islamistischer Radikalismus sich aus dem Arsenal des europäischen Rassenantisemitismus auf der Suche nach Waffen gegen Israel und die Juden bedient.

Heute haben die „Protokolle der Weisen von Zion" in den islamistischen Strategien gegen Israel die größte Verbreitung und Wirkung. Mit zunehmender Intensität werden sie als „Beweis" für eine zionistische Weltverschwörung in den Medien der islamischen Welt zitiert, abgedruckt, interpretiert. Verschwörungstheorien finden in muslimischer Umgebung günstige Wachstumsbedingungen, seit sich die Gesellschaften des Orients als vom Westen diskriminiert, unterdrückt, gedemütigt verstehen. In der Tradition bis auf die Kreuzzüge zurückgehend, den Kolonialismus und Imperialismus der Europäer im Blick, das Sendungsbewusstsein der USA mit Argwohn als Aggression rezipierend, kristallisieren sich die Gefühle der Ohnmacht und Wut gegenüber dem „Westen" an der Existenz des Staates Israel.

In allen Medien sind die „Protokolle" im islamistischen Kontext zu finden. Besonders aggressiv werden sie von „Radio Islam" im Internet gegen Israel instrumentalisiert. „Radio Islam", im Raum Stockholm stationiert, ist als Institution rechtsextremer und israelfeindlicher Propaganda mit den Schwerpunkten Holocaustleugnung und Antizionismus ein weltweit operierendes Unternehmen, das sich auf Internet-Auftritte in vielen Sprachen verlegt hat. Ahmed Rami, der Betreiber von „Radio Islam", hat enge Kontakte zur internationalen Neonazi-Szene und propagiert Holocaustleugnung in Verbindung mit Weltverschwörungsphantasien, nach denen Israel und die Juden mithilfe von „Holocaust-Geschichten" die Welt kontrollieren.[14]

Die „Protokolle der Weisen von Zion" haben in der antiisraelischen Agitation zentrale Bedeutung. Sie werden als sich selbst bestätigender Beweis zitiert und als Erklärung für den Nahost-Konflikt herangezogen. Die „Islamische Widerstandsbewegung Hamas", ursprünglich ein soziales Hilfswerk für palästinensische Flüchtlinge im Gaza-Streifen, ab Ende der 80er

Jahre auch als terroristische Untergrundorganisation aktiv, dann führende politische Kraft im palästinensischen Autonomiegebiet, hat das Ziel der Befreiung Palästinas durch Zerstörung Israels.[15] Im August 1988 gab Hamas sich ein Programm, die „Charta der Islamischen Widerstandsbewegung". An vielen Stellen werden darin verschwörungsmythische Vorstellungen bekräftigt, die als jüdisches Weltherrschaftsstreben dargestellt sind. Im Artikel 32 der Hamas-Charta heißt es, der Welt-Zionismus versuche im Verein mit imperialistischen Mächten durch einen ausgeklügelten Plan und eine intelligente Strategie einen arabischen Staat nach dem anderen aus dem Kreis der Kämpfer gegen den Zionismus auszuschließen, um schließlich nur noch dem palästinensischen Volk gegenüberzustehen. Ägypten sei durch das heimtückische Camp-David-Abkommen aus der antiisraelischen Front herausgebrochen worden und mit anderen arabischen Staaten werde das Gleiche versucht. „Der zionistische Plan ist grenzenlos. Nach Palästina streben die Zionisten nach weiteren Eroberungen vom Nil zum Euphrat, wenn sie die übernommene Region verdaut haben, betreiben sie weitere Expansion und so fort. Ihr Plan ist konkretisiert in den ‚Protokollen der Weisen von Zion' und ihr gegenwärtiges Verhalten ist der beste Beweis für das, was wir sagen".[16]

Die Rede des damaligen Premierministers von Malaysia, Mahathir bin Mohamad, auf der Gipfelkonferenz islamischer Staaten in Putrajaya (Malaysia) im Herbst 2003, gibt einen Eindruck von der Brisanz stereotyper Imagination, die als dogmatische Überzeugung, zugleich aber als identitätsstiftende Handlungsanweisung zu verstehen ist. Die Rede Mahathirs folgte einem rhetorisch geschickten Szenario, in dem Beschwörung, Klage, Beschuldigung, Aufruf alternieren. Die Grundtendenz der oratorischen Leistung – stehende Ovationen lohnten dem Redner die Mühe – ist Selbstmitleid und die Folgerung daraus das Fanal zum Heiligen Krieg. Der beschwörende Auftakt stimmte das Publikum auf Sendungsbewusstsein: „Wir alle sind Muslime. Wir sind unterdrückt. Wir werden gedemütigt. Die Europäer konnten mit den Ländern der Muslime machen, was sie wollten.

Es überraschte nicht, daß sie muslimisches Land zur Gründung des Staates Israel nahmen, um ihre Judenfrage zu lösen".[17]

Der Schuldvorwurf wird dann auf „die Juden" zugespitzt, denen als Drahtzieher in verschwörungstheoretischer Argumentation die entscheidende Rolle zugewiesen ist: „Die Europäer haben sechs von zwölf Millionen Juden ermordet. Dennoch regieren die Juden heute die Welt durch Strohmänner. Sie bringen andere dazu, für sie zu kämpfen und zu sterben". Die Schuldzuweisung bedient sich traditioneller Stereotypen und Verschwörungsphantasien. „Juden haben den Sozialismus, den Kommunismus, die Menschenrechte und die Demokratie erfunden und zu Erfolgen gemacht. Deshalb werden sie nicht verfolgt, deshalb genießen sie die selben Rechte wie andere. Dadurch haben sie die Kontrolle über die mächtigsten Staaten erlangt, und dadurch ist diese winzige Gemeinschaft eine Weltmacht geworden."[18] Die Rede gipfelt im Appell an die Wehrhaftigkeit des Islam, der zum Angriff auf die Unterdrücker übergehen, sich dazu aber auch selbst regenerieren und modernisieren – kulturell, wissenschaftlich, politisch erneuern – müsse.

Die Rede Mahathirs macht, wie viele Äußerungen im islamischen Raum, sichtbar, wie sich muslimische Judenfeindschaft, die durch das Palästinaproblem politisch generiert ist, traditioneller Stereotypen bedient und wie der ursprünglich im Nahen Osten unbekannte Rassenantisemitismus mit seinen abstrusen Unterstellungen, Schuldzuweisungen und Schlussfolgerungen adaptiert und ins islamische Weltbild integriert wurde. Die „Protokolle der Weisen von Zion" als Schlüsseltext haben eine Aktualität wie nirgendwo sonst und niemals zuvor. Der malaysische Premier ließ auf dem Kongress seiner UMNO-Partei im Juni 2003 die „Protokolle" verteilen, ebenso Henry Fords Pamphlet „Der internationale Jude", das in den 1920er Jahren von den USA aus die Weltverschwörungsidee der „Protokolle" propagierte. Der internationalen Kritik hielt Mahathir nach seiner Rede das antisemitische Standardargument entgegen, die Reaktion der Welt beweise doch eben, dass sie von Juden kontrolliert sei.

Aus der islamischen Welt kam Zustimmung. Der iranische

Präsident nannte die Rede Mahathirs brillant und sehr logisch; er fügte hinzu, Muslime seien keine Antisemiten. Sein pakistanischer Kollege zeigte sich sicher, dass Mahathir nicht zum Krieg gegen die Juden aufgefordert habe, und der ägyptische Außenminister wusste, dass Kritik an Israel eben rasch verdammt werde, ohne Prüfung der Tatsachen. Zustimmung kam auch vom russischen Rechtsextremisten Wladimir Schirinowsky, der mitteilen ließ „Die Juden haben die Weltherrschaft erobert: alle Banken, Konzerne [...] alles ist von den Juden beherrscht, auch in unserem Land".[19]

Der Jubel in der islamischen Welt war keine spontane Wallung. Die Adaption des europäischen Antisemitismus trägt seit langem Früchte. Mahathir hatte 1984 den New Yorker Philharmonikern die Einreise nach Malaysia untersagt, weil sie ein Werk des jüdischen Komponisten Ernst Bloch aufführen wollten, Jahre später verbot er den Film „Schindlers Liste", weil er Propaganda zugunsten einer Rasse betreibe, 1997 machte er „die Juden" für die Finanzkrise in Asien verantwortlich, agitierte auch mit Parolen, die dem Arsenal des Rassenantisemitismus aus dem 19. Jahrhundert entstammten: Juden seien nicht nur durch ihre Hakennase auffällig, sondern auch durch ihren ausgeprägten Instinkt für Geld.

Islamistischer Antisemitismus äußert sich nicht nur in Israel-Feindschaft. Der prominente geistliche Würdenträger Mohamed Sayyid Tantawi (1928-2010), Großscheich der Al-Azhar-Universität Kairo, war als Autorität des sunnitischen Islam weit über Ägypten hinaus einflussreich. Sein Buch „Das Volk Israels im Koran und in der Sunna" ist weit verbreitet. Es geht auf seine Dissertation im Jahr 1966 zurück und beschäftigt sich mit dem Palästina-Konflikt aus religiöser Perspektive. Die Argumentation ist aber weithin rassistisch, wenn Tantawi von den unveränderbaren Eigenschaften der Juden, z.B. ihrer „Gier nach Leben und dem Diesseits" und ihrem „übermäßigen Egoismus" spricht, sich auf Hitlers „Mein Kampf" beruft und die Juden als Ursache der Zerstörung von Moral, Religion und geistigen Werten charakterisiert. Der Geistliche Tantawi ist mit seinem Bestseller einer der Vordenker des islamistischen Terrorismus, dem es längst nicht nur um Palästina geht, der vielmehr traditionellen Antisemitismus europäischer Provenienz in den Dienst eines fundamentalistischen Hasses gegen die Juden stellt.

Im Fernsehen einiger arabischer Länder (Syrien, Libanon, Ägypten) und des Iran wird Judenfeindschaft, religiös fundamentiert und über stereotype Einstellungen transportiert, im Kampf gegen die Existenz des Staates Israel eingesetzt. Die Strategie beruht auf zwei Angriffslinien, der Leugnung des Holocaust und der Wiederholung von Verschwörungstheorien. Die Grenzen zwischen Antisemitismus und Israelfeindschaft, Antiamerikanismus und einer allgemein gegen den Westen gerichteten Aversion sind fließend. Interviews mit islamischen Gelehrten, Hasspredigen geistlicher Führer, tendenziöse Kompilationsfilme mit dem Anspruch dokumentarischer Authentizität und fiktionale Unterhaltung dienen der Einübung und Festigung der Abneigung gegen „die Juden". Junge Männer auf der Straße erläutern vor der Kamera, dass sie „aus religiösen Gründen" niemals einem Juden die Hand geben könnten, das dreijährige Mädchen Basmallah wird in einer Sendung des iranischen Frauenfernsehens vorgeführt mit dem Geplapper, für sie als Muslimin seien Juden „Affen und Schweine" (dieses verbreitete Bild kommt auch in Freitagspredigten frommer Imame vor).[20]

Der schiitische libanesische Geistliche Abd Al-Karim Fadhlallha erläuterte, dass das materielle Denken in Israel und den USA identisch sei, in beiden Nationen habe man Gott durch Geld ersetzt. Im iranischen Fernsehen erklärte im August 2004 ein Professor Shahryar Zarsenas die Technik jüdischer Weltverschwörung, bei der zunächst sowohl die Sowjetunion als auch die USA von den Juden als Instrumente verwendet worden seien. Die neue Ordnung der Welt nach dem Zusammenbruch der kommunistischen Herrschaft sei nun die Verwirklichung der jüdischen Weltherrschaft. Der Professor nannte sie den „Neuen Faschismus". Alle pornographischen Filme der Welt seien von Juden gemacht, wird an anderer Stelle verkündet, und die jahrhundertelange

Weltverschwörung der Juden, geleitet vom Bankhaus Rothschild, ist ein Topos, der häufig in Sendungen dieses Genres erscheint.[21]

Das syrische Fernsehen strahlte im Oktober und November 2003 zum Ramadan eine Serie „Al-Shatat" (Diaspora) aus, in der alle Stereotypen des Judenhasses in Szene gesetzt waren. Eine der 29 Episoden zeigt die grausame Exekution eines Juden, der von einem „Talmud-Gericht" wegen der Heirat mit einer Nichtjüdin zum Tod verurteilt worden war, eine andere den Ritualmord an einem Christenknaben, ebenso detailfreudig dargestellt als Diffamierung der jüdischen Religion wie die anderen Episoden dieser Unterhaltungsserie.[22]

Die Inszenierung der „Protokolle der Weisen von Zion" als arabisches Dokudrama im ägyptischen Fernsehen war ein Höhepunkt der Indienstnahme der Konspirationsphantasie für ein Massenpublikum. Das ägyptische Fernsehen produzierte 41 Folgen unter dem Titel „Ein Reiter ohne Pferd" zum Ramadan 2002. Die Serie wurde in allen arabischen Ländern gezeigt und in der arabischen Presse intensiv und überwiegend zustimmend kommentiert.[23] Die Handlung ist nach Ägypten verlegt und sie ist auf die Errichtung des jüdischen Staates in Palästina fokussiert, der als erfolgreicher erster Schritt zur jüdischen Weltherrschaft begriffen wird.

## Anmerkungen

1 Wolfgang Benz/Juliane Wetzel (Hrsg.), Antisemitismus und radikaler Islamismus, Essen 2007.
2 Vgl. Michael Kiefer, Islamischer oder islamisierter Antisemitismus?, in: Benz/Wetzel (Hrsg.), Antisemitismus und radikaler Islamismus, S. 71-84 und ders., Antisemitismus in den islamischen Gesellschaften. Der Palästinakonflikt und der Transfer eines Feindbildes, Düsseldorf 2002.
3 Jochen Müller, Eine Frage der Existenz. Geschichte und Gegenwart des Antisemitismus im Nahen und Mittleren Osten, in: Wolfgang Benz (Hrsg.), Der Haß gegen die Juden. Dimensionen und Formen des Antisemitismus, Berlin 2008.
4 Juliane Wetzel, Die internationale Rechte und der arabische Antizionismus im World Wide Web, in: Jahrbuch für Antisemitismusforschung 12(2003), S. 121-144.
5 Die ganze Welt ist gegen uns: Rückkehr in die Isolation: http://www.hagalil.com/archiv/2001/08/durban-un.htm, eingesehen am 14.01.2015.

6　Jonathan Franke, The Damascus Affair. „Ritual Murder", Politics and the Jews in 1840, New York 1997; Rainer Erb, Die „Damaskus-Affäre 1840" und die Bedeutung des Hauses Rothschild für die Mobilisierung der öffentlichen Meinung, in: Georg Heuberger (Hrsg.), Die Rothschilds. Beiträge zur Geschichte einer europäischen Familie, Sigmaringen 1994, S. 101-115.

7　René Wildangel, Zwischen Achse und Mandatsmacht. Palästina und der Nationalsozialismus, Berlin 2007.

8　Klaus Gensicke, Der Mufti von Jerusalem und die Nationalsozialisten. Eine politische Biographie Amin el-Husseinis, Darmstadt 2007, S. 95 f.

9　Amatzia Baram, Der moderne Irak, die Baath Partei und der Antisemitismus, in: Jahrbuch für Antisemitismusforschung 12(2003), S. 99-120.

10　Ebenda, S. 112f.

11　Farshid Delshad, Kurzchronologie der iranischen Juden, Bern 2005.

12　Kasra Naji, Ahmadinedschad. The secret History of Iran's Radical Leader, London 2008.

13　Henner Fürtig, Iranischer Antisemitismus unter Ahmadinedschad. Alter Wein in neuen Schläuchen?, in: Benz/Wetzel, Antisemitismus und radikaler Islamismus, S. 103-127.

14　Henrik Bachner, Från Hitler till Radio Islam: Antisemitisk propaganda i ett jämförande perspektiv [Von Hitler zu Radio Islam: Antisemitische Propaganda in vergleichender Perspektive], in: Per Ahlmark u. a. (Hrsg.), Det eviga hatet. Om nynazism, antisemitism och Radio Islam [Der ewige Hass. Über Rechtsextremismus, Antisemitismus und Radio Islam], Stockholm 1993, S. 161-206; Juliane Wetzel, Antisemitismus und Holocaustleugnung als Denkmuster radikaler islamistischer Gruppierungen, in: Bundesministerium des Innern (Hrsg.), Extremismus in Deutschland. Erscheinungsformen und aktuelle Bestandsaufnahme, Berlin 2004, S. 253-272.

15　Joseph Croitoru, Hamas. Auf dem Weg zum palästinensischen Gottesstaat, München 2010.

16　The Charter of Allah: The Platform of the Islamic Resistance Movement (HAMAS). Quelle: http://www.fas.org/irp/world/para/docs/880818.htm (eingesehen am 11.11.2014), der gleiche Wortlaut unter http://www.palestomecemter-prg/cpap/documernts/charter.html (Die Seite gibt es nicht mehr.).

17　http://homepages.compuserve.de/HeppyE/texte/Oislamsummit03.html.

18　Ebenda.

19　Anti Defamation League New York, Reaction of World Leaders. Rejecting Mahathir's Anti-Semitism, 24.10./18.12.2003: http://archive.adl.org/anti_semitism/malaysian_fallout_2.html#.VIxITDGG93M, eingesehen am 13.12.2014.

20　The Middle East Media Research Institute TV Monitor Project (MEMRI TV), Antisemitism on Arab and Iranian TV, March–September 2004, Washington, DC 2004 (DVD) Disc B/38 Kid Basmallah on Jews.

21　Ebenda, Disc B/32 Iranian Professor Shahryar Zarsenas on Jewish global conspiracies.

22　Ebenda, Disc B/35 Excerpts from Syrian Ramadhan Series „Al-Shatat".

23　MEMRI Special Report, A Knight without a Horse, Anti-Semitism on Egyptian Television? Washington, DC 2003.

# 12. Holocaustleugnung

Der Ausdruck „Auschwitzlüge", mit dem unterstellt wird, die Realität des nationalsozialistischen Völkermords an den Juden existiere nicht, erschien erstmals als Titel einer 1973 veröffentlichten Broschüre des deutschen Nazis Thies Christophersen (1918-1997). Er war 1944 als SS-Mann in Auschwitz in einer Versuchsabteilung für Pflanzenzucht tätig gewesen. Die Kompetenz des Augenzeugen in Anspruch nehmend, wollte Christophersen (der mit dem Mordprogramm nichts zu tun hatte und dessen Arbeitsplatz sich an der Peripherie des Lagerkomplexes befand) nachweisen, dass Auschwitz für alle, auch für Häftlinge, ein eher harmloser Aufenthaltsort gewesen sei. Bei der Arbeit sei getanzt und gesungen worden und es habe einige Zeit gedauert, bis sich die in unterernährtem Zustand eingelieferten Häftlinge in Auschwitz „herausgefuttert" hätten.[1] Christophersen fand Beifall im Lager alter und neuer Nazis und wirkte schulbildend.

In Frankreich wurde ungefähr gleichzeitig der Dozent für französische Literatur an der Universität Lyon II Robert Faurisson als Holocaustleugner aktiv. Ein Vorgänger war Paul Rassinier, der seit den 1950er Jahren publizistisch aktiv war. In den USA betätigte sich ebenfalls früh Arthur Butz, ein Professor für Elektrotechnik an der Northwestern University in Evanston, Illinois. Der ehemalige Richter Wilhelm Stäglich veröffentlichte in ähnlicher Diktion und mit ähnlichem Hintergrund wie Thies Christophersen 1979 ein Buch „Der Auschwitz-Mythos – Legende oder Wirklichkeit". Er verlor darüber seinen Doktortitel und die bürgerliche Reputation, avancierte dafür unter Rechtsextremisten zum Kronzeugen der Holocaustleugnung.

Der Amerikaner Fred Leuchter, selbst ernannter Ingenieur und Hinrichtungsfachmann, verfasste den so genannten „Leuchter-Report", der seit 1988 kursiert. Mit ihm haben die Leugner des Völkermords und Apologeten des Nationalsozialismus eine neue

Taktik der Anzweiflung historischer Realität eingeführt, nämlich den Versuch, mit naturwissenschaftlichen und technischen Argumenten zu beweisen, dass die Morde in Auschwitz, Treblinka, Majdanek und allen anderen Vernichtungsstätten aus technischen Gründen gar nicht möglich gewesen seien. „Naturwissenschaftliche Sachbeweise" sollen historische Dokumente (deren Echtheit anzuzweifeln unter Auschwitz-Leugnern lange Tradition hat) entwerten und ersetzen, um historische Realitäten ungeschehen zu machen. Zu den Methoden gehören Spekulationen über die Wirkung des in Auschwitz verwendeten Giftgases Zyklon B[2] ebenso wie „Berechnungen" über den Koksverbrauch und die Kapazität der Krematorien in den Vernichtungslagern oder über die Brenndauer von Leichen, immer mit dem Ziel, nachzuweisen, dass die Massenmorde an den Juden gar nicht möglich waren. Das Urteil professioneller Naturwissenschaftler hierzu ist vernichtend, hindert die Auschwitz-Leugner aber nicht an ihrer Propaganda.[3]

Als sich der Altnazi Otto Ernst Remer (Generalmajor a. D. und nach 1945 jahrzehntelang eine der Galionsfiguren der Neonazi-Szene) 1992 wegen Leugnens des Völkermords vor Gericht verantworten musste, beauftragte er einen Diplom-Chemiker mit einem „Gutachten über die Bildung und Nachweisbarkeit von Cyanidverbindungen in den ‚Gaskammern' von Auschwitz". Mit Tabellen und Kurven, Zahlen und „chemischen Analysen" sollte einmal mehr bewiesen werden, dass die Morde in Auschwitz naturwissenschaftlich gar nicht möglich waren. Nach ihrem Verfasser heißt diese Schrift auch „Rudolf-Report". Germar Rudolf (Jahrgang 1964) begann mit dem „Gutachten" eine Karriere als Rechtsextremist. Er betätigte sich unter dem Namen Germar Scheerer (ebenso unter dem Pseudonym Ernst Gauss) im Ausland weiterhin einschlägig, wurde Chefredakteur einer Zeitschrift „Vierteljahreshefte für freie Geschichtsforschung", die sich der Leugnung des Holocaust widmete.[4] Vom Gericht wurde das Gutachten seinerzeit nicht akzeptiert. Für den Revisionismus wurde es jedoch zum zentralen Dokument, sein Verfasser zum Märtyrer einer Bewegung Unbelehrbarer. Im März 2007 wurde er, nachdem ihn die USA, wo er jahrelang lebte, ausgeliefert hatten, in Mannheim zu zweieinhalb Jahren Gefängnis verurteilt. Schon mit seiner Auslieferung durch die USA an die Bundesrepublik habe das revisionistische Spektrum einen herben Verlust erlitten, urteilte der Verfassungsschutz. Die Zeitschrift „Vierteljahreshefte für freie Geschichtsforschung" änderte ihren Kurs, anstelle Rudolfs Bemühens um eine „wissenschaftliche" Argumentation agierte das Organ fortan mit offener Holocaustleugnung.[5]

Die Leugner des Holocaust spekulieren mit solchen Methoden auf die Unsicherheit des Publikums gegenüber den historischen und moralischen Problemen, greifen verbreitete Vorbehalte und Stereotype gegen Juden auf und arbeiten geschickt mit Verschwörungstheorien und nationalistischen Emotionen. Der britische Publizist David Irving setzte sich Mitte der 1990er Jahre an die Spitze der Revisionisten, als er die Historikerin Deborah Lipstadt verklagte, weil er sich in ihrem Buch über Holocaustleugner[6] verleumdet fühlte. In einem viermonatigen Prozess in London wurde Irving bescheinigt, dass er ein „rechtsradikaler pronazistischer Polemiker", Antisemit und Rassist sei und Quellen manipuliere. Die vernichtende Niederlage hinderte ihn nicht an weiterer einschlägiger Betätigung.[7]

Auftrieb erhoffte sich die einschlägige Szene von den israelfeindlichen und holocaustleugnenden Äußerungen des iranischen Präsidenten Mahmud Achmadinedschad und der von ihm initiierten Konferenz „Review of the Holocaust: Global Vision", die am 11./12. Dezember 2006 in Teheran stattfand. Der iranische Präsident, der mit der Leugnung des Holocaust seinen Hass gegen Israel politisch instrumentalisierte, wurde für die Revisionisten zur Instanz, auf die sie sich beriefen. Unter dem Titel „Danke, Herr Präsident!" war in der rechtsextremen Zeitschrift „Nation und Europa" die Hoffnung auf Befreiung aus der vermeintlichen „immerwährenden Schuldknechtschaft", die der Judenmord konstituiert habe, artikuliert: „Die von Washington und Tel Aviv mit Meinungsterror und militärischer Gewalt am Leben erhaltene Welt-Unordnung sieht sich mit einem Mal in die Schranken gefordert. Die ‚One-World' hat plötzlich wieder Konkurrenz bekommen: die Vision einer alternativen, gerechteren und vor allem ehrlicheren Weltordnung."[8]

Die groteske Beliebigkeit extremistischer Thesen zeigt sich wohl am deutlichsten im Fanatismus, mit dem Horst Mahler (Jahrgang 1936) den Holocaust leugnet. Der einstige Anwalt war in den 1970er Jahren Mitgründer der Rote Armee Fraktion (RAF) gewesen und saß wegen Beihilfe zum gemeinschaftlich versuchten Mord und zur gemeinschaftlichen Gefangenenbefreiung fast zehn Jahre lang in Haft, ehe er sich vom Linksextremisten zum Rechtsextremen wandelte und Ende der 1990er Jahre als Ideologe des Revisionismus in Erscheinung trat. 2000 bis 2003 war Mahler Mitglied der NPD gewesen, hatte deren Verteidigung im Verbotsverfahren organisiert. Seinen Parteiaustritt begründete er mit der mangelnden Radikalität der NPD. Mahler entdeckte, gestützt auf ein paar Anhänger, die er 1994 in einem „Deutschen Kolleg" um sich scharte, die Fortexistenz des Deutschen Reiches, schwang sich zum Protagonisten einer „Wortergreifung" auf und begann einen „Feldzug gegen die Offenkundigkeit des Holocaust". Getrieben von pathologischem Geltungsbedürfnis produzierte er sich – weit unterhalb seiner intellektuellen Fähigkeiten – als „Reichsverweser" und verkündete: „Das Deutsche Reich lebt! Die Judäo-Amerikanische Despotie und ihre globalen Kapos werden zu Grunde gehen."[9] Er stützte seine Argumentation auf die These, der Judenmord habe nicht stattgefunden, er werde lediglich behauptet, um die deutsche Nation unterdrücken zu können.

Wegen Volksverhetzung saß Mahler von Februar 2004 bis Januar 2005 auf der Anklagebank der Großen Strafkammer des Berliner Landgerichts. Er wurde zu neun Monaten Freiheitsstrafe ohne Bewährung verurteilt. Den Prozess hatte Mahler benützt, um sich als Antisemit darzustellen und in endlosen Tiraden – juristisch deklariert als „Einlassungen zur Sache" – mit Zitaten, Mutmaßungen, Behauptungen, revisionistische Positionen zu vertreten. Das Gericht bescheinigte ihm, dass seine keineswegs originellen Darlegungen von der Lust an der Provokation geprägt seien, dass er aus intellektueller Selbstgefälligkeit und Geltungssucht schwadroniere.

Die kleine Schar seiner Anhänger hat er mit seinen Monologen überwiegend gelangweilt oder in die Flucht getrieben. Als Vordenker des Revisionismus hat sich Mahler aber durch Eloquenz und dramaturgisches Geschick mit Phrasen und Zitaten, die im Internet Wirkung entfalteten, etabliert. Er hat die Ideologie des Revisionismus in dem infamen Satz komprimiert, der die Emotionen der Holocaustleugner vielleicht am zutreffendsten spiegelt: „Milliarden von Menschen wären bereit, Hitler und dem Deutschen Volk den Völkermord an den Juden zu verzeihen, wenn er ihn denn begangen hätte, nur weil sie sich keine andere Lösung der Judenfrage vorstellen können als die Ermordung der Juden."[10]

Die Sekte der Revisionisten hat am 9. November 2003 den „Verein zur Rehabilitierung der wegen Bestreitens des Holocaust Verfolgten e. V." mit Sitz in Berlin gegründet. Der Verfassungsschutz ging für 2005 von bundesweit etwa 120 Mitgliedern aus. Die Gründungserklärung, die wie das ganze Unternehmen Horst Mahlers Handschrift trägt, fordert, „endlich den Allgemeinen Volksaufstand zur Wiedererlangung der Handlungsfähigkeit des Deutschen Reiches durch einen organisierten und geordneten Angriff auf die Auschwitzlüge als dem Fundament der Fremdherrschaft über das Deutsche Reich zu beginnen". Im Dezember 2006 reisten Mitglieder des Vereins nach Teheran, um an der Veranstaltung „Review of the Holocaust: Global Vision" teilzunehmen. Prominenz wie Horst Mahler und andere waren am Auftritt beim Revisionistentreffen wegen Gefängnisaufenthalts verhindert. Allerdings nahm die Bedeutung des Mahler-Kreises rapide ab, weil aller Fanatismus der Anhänger nicht ihre Ermüdung durch die pseudointellektuellen Tiraden ihres Vordenkers ausgleichen konnte. Mahler wurde zunehmend zur bizarren Figur am Rande der Neonazi-Szene.

Die Leugnung der Realität des Holocaust, das Nichtwahrhabenwollen von sechs Millionen ermordeter Juden, das Fortargumentieren nationalsozialistischer Verbrechen war und ist einem kleinen Kreis von ideologisch festgelegten Apologeten des NS-Regimes vorbehalten, dessen Bedeutung in der rechtsextremen Szene zwar zu schwinden scheint, deren Argumente aber in der Mitte der Gesellschaft mit wachsendem Abstand zu den historischen Ereignissen auf Zustimmung stoßen oder Hoffnungen bedienen. Das Bemühen, die Historie entgegen den Tatsachen zu korrigieren und ein neonazistisches Geschichtsbild zu etablieren, isolierte das internationale revisionistische Kartell der Holocaust-Leugner lange Zeit nicht nur gegenüber der Mehrheit, sondern auch gegenüber vielen Rechtsextremisten, die nicht als Neonazis definiert sein wollten. In den 1980er Jahren hat sich das geändert. Obwohl kein ernsthafter Historiker den revisionistischen Zirkeln angehört und obwohl in Deutschland die Leugnung des nationalsozialistischen Völkermords kriminalisiert ist, gab es Versuche, den „Revisionisten" das Entreebillett in die Wissenschaft zu verschaffen. Ernst Nolte etwa hat durch vage Formulierungen den Anschein zu erwecken versucht, es lohne sich, die Argumente der Revisionisten zu prüfen, und er verstieg sich, die in den USA und Frankreich tätigen Ideologie-Produzenten des „radikalen Revisionismus", die Auschwitzleugner also, zu charakterisieren als „nach Beherrschung des Quellenmaterials und zumal in der Quellenkritik" den „etablierten Historikern in Deutschland" überlegen.[11]

Es gelang zwar nicht, die „Revisionisten" seriös zu machen, wie der Historikerstreit gezeigt hatte, bei dem es darum gegangen war, ob Auschwitz nur ein Reflex auf originäre Verbrechen Stalins gewesen und damit nicht singulär und weniger gravierend gewesen wäre. Die Debatte hat aber Spuren hinterlassen und im Publikum eine gewisse Ratlosigkeit erzeugt, die sich in wachsender Unlust zu weiterer Auseinandersetzung zeigt.

Das Problem der Holocaustleugnung war wieder Thema des öffentlichen Diskurses, als Papst Benedikt XVI. in einer Geste der Versöhnung im Jahre 2009 die Exkommunikation von Bischöfen der reaktionären Priesterbruderschaft St. Pius aufhob und sie in die Katholische Kirche zurückholte. Wenig später wurde bekannt, dass einer von ihnen, Bischof Richard Nelson Williamson, in einem Interview mit dem schwedischen Fernsehen im November 2008 den Judenmord geleugnet hatte. Williamson war nicht bereit, seine Äußerungen, es habe keine Gaskammern gegeben und höchstens 200 000 bis 300 000 Juden seien als Opfer des Nationalsozialismus ums Leben gekommen, zu bedauern oder zurückzunehmen. Der Geistliche war auch durch ultrareaktionäre Äußerungen über Frauen, Muslime, Homosexuelle aufgefallen, ebenso durch Verschwörungsphantasien und durch antijudaistische und antisemitische Tiraden. Die Piusbruderschaft hat ihn aufgrund der weltweiten Empörung von der Leitung des Priesterseminars La Reja bei Buenos Aires, die Williamson seit 2003 innehatte, entbunden, Argentinien wies ihn im März 2009 aus.

Wenn es der Beweise bedürfte, wie notwendig Aufklärung statt Wegsehen über historische Sachverhalte ist, die Redaktion der „National-Zeitung" liefert sie Woche für Woche und stereotyp Jahr für Jahr aufs Schlichteste. Das Wesentliche steht jeweils zwischen den Zeilen und im Anzeigenteil, in dem Bücher mit Titeln wie „KZ-Lüge" oder „Wer ist wer im Judentum?" feilgeboten werden. Das erfolgreichste, am weitesten verbreitete und langlebigste Wochenblatt der rechtsextremen Szene in Deutschland, die „National-Zeitung", ist charakterisiert durch den monotonen Appell an muffigen Patriotismus, an Gefühle des Selbstmitleids, der Bedrohung durch Fremde. Die Beschwörung traditionell nationalistischer Wertvorstellungen kristallisiert sich thematisch am Zweiten Weltkrieg, an der Vertreibung der Deutschen aus Ostmitteleuropa nach 1945, an Besatzungsherrschaft und behaupteter andauernder deutscher Ohnmacht, an „Überfremdung" durch Migranten. Leitmotiv der Agitation ist ein aggressiver Revisionismus, der von der „Kriegsschuldfrage" bis zur Anzweifelung der Dimensionen des Holocaust reicht, den Völkermord relativiert und Antisemitismus artikuliert. Verbrämt durch stereotypes Bedauern über die Verfehlungen einer kleinen Minderheit von Tätern werden antijüdische Ressentiments bedient und an Gegenständen wie der Debatte um das Denkmal für die ermordeten Juden Europas, um die Entschädigung von Holocaust-Opfern, um den vermuteten jüdischen Einfluss in Deutschland und in der Welt thematisiert.[12]

Das Konstrukt jüdischer Aggression – ausgedrückt in der Unterstellung einer Perpetuierung des Schuldvorwurfs, unangemessener oder erschlichener Entschädigungsleistungen und Wiedergutmachungszahlungen – ist wirksam, weil es mit Ängsten und Ressentiments korrespondiert, die keineswegs auf rechtsextreme Kreise beschränkt sind, die in der gesamten Gesellschaft existieren und bei einer Minderheit jenen sekundären Antisemitismus stimulieren, der sich aus der Abwehr von Schuldgefühl und Scham wegen des historischen Judenmords nährt.

Dieses Konstrukt wird in die Geschichte zurückverlängert in der oft widerlegten, aber ebenso eifrig reanimierten Behauptung einer „jüdischen Kriegserklärung" an Deutschland. Gestützt auf „Beweise" wie die Schlagzeile der britischen Boulevardzeitung Daily Express vom 24. März 1933 „Judea declares war on Germany" und den Brief Chaim Weizmanns Ende August 1939 an den britischen Premierminister (in dem ausgedrückt war, dass die Juden ihren Beitrag zur Verteidigung der Demokratie leisten würden),[13] wird eine Argumentation aus Geschichtsklitterungen und „Dokumenten" aufgebaut, die den Zweck hat, zu beweisen, dass der nationalsozialistische Staat quasi aus Notwehr die Juden verfolgen musste. Eines der „Beweisstücke" ist der Plan des Theodore N. Kaufman, das deutsche Volk durch Sterilisierung auszurotten und das deutsche Territorium aufzuteilen. Die Hintergründe der von Kaufman 1941 in New York publizierten Broschüre „Germany must perish" sind mit allen Details aufgeklärt: es handelte sich um einen wirren Einzelgänger, der sich bald selbst von seiner Schrift distanzierte. Die Legende, Kaufman sei ein einflussreicher Vertreter des Judentums, Berater des US-Präsidenten gewesen, sein Plan habe weite Zustimmung gefunden, wird jedoch unermüdlich weiterverbreitet.[14]

Das Bild vom feindseligen, rachsüchtigen und mächtigen Juden wird propagiert, um tradierte Vorurteile wachzuhalten, es ist

Bestandteil einer Inszenierung, die den historischen Judenmord und seine Folgen im kollektiven Gedächtnis und Bewusstsein manipuliert. Jüdische Prominente sind im Rahmen dieser Inszenierung regelmäßig die Zielscheibe abgefeimter Attacken der „National-Zeitung". Unter den Versatzstücken der Judenfeindschaft im öffentlichen Diskurs spielt auch der Morgenthau-Plan als angeblicher Beweis jüdischer Rach- und Vernichtungssucht eine bedeutende Rolle. Die im August 1944 entstandene Denkschrift zur Behandlung Deutschlands, die den Namen des US-Finanzministers Henry Morgenthau jun. trägt, verschwand im September 1944 wieder in der Versenkung und war niemals Ziel der Deutschlandpolitik der USA, geistert aber als antisemitisches Phantom immer noch in Debatten über „die Juden".

## Anmerkungen

1 Thies Christophersen, Die Auschwitz-Lüge, Mohrkirch 1973.
2 Achim Trunk, Die todbringenden Gase, in: Günter Morsch/Bertrand Perz (Hrsg.), Neue Studien zu nationalsozialistischen Massentötungen durch Giftgas. Historische Bedeutung, technische Entwicklung, revisionistische Leugnung. Unter Mitarbeit von Astrid Ley, Berlin 2011, S. 23-49.
3 Josef Bailer, Die „Revisionisten" und die Chemie, in: Brigitte Bailer-Galanda/Wolfgang Benz/Wolfgang Neugebauer (Hrsg.), Die Auschwitz-Leugner. „Revisionistische Geschichtslüge und historische Wahrheit, Berlin 1996, S. 130-152; Georges Wellers, Der „Leuchter-Bericht" über die Gaskammern von Auschwitz: Revisionistische Propaganda und Leugnung der Wahrheit, in: Dachauer Hefte 7 (1991), S. 230-241.
4 Die Zeitschrift erschien 1997-2006.
5 Verfassungsschutzbericht 2007, Online-Version, S. 111.
6 Deborah E. Lipstadt, Betrifft: Leugnen des Holocaust, Zürich 1994.
7 Richard J. Evans, Der Geschichtsfälscher. Holocaust und historische Wahrheit im David-Irving-Prozess, Frankfurt/M./New York 2001.
8 Anton Vergeiner, Danke, Herr Präsident, in: Nation und Europa 56 (2006) H. 7-8, S. 5-11, zit. S. 10.
9 Rainer Erb/Andreas Klärner, Horst Mahler vor Gericht, in: Jahrbuch für Antisemitismusforschung 14 (2005), S. 111-134, zit. S. 113.
10 Ebenda, S. 123 f.
11 Ernst Nolte, Streitpunkte. Heutige und künftige Kontroversen um den Nationalsozialismus, Berlin 1993, S. 304.
12 Peter Dudek/Hans-Gerd Jaschke, Die Deutsche National-Zeitung: Inhalte,

Geschichte, Aktionen, München 1981. Die Befunde sind im Wesentlichen unverändert gültig.
13 Hellmuth Auerbach, „Kriegserklärungen" der Juden an Deutschland, in: Wolfgang Benz (Hrsg.), Legenden, Lügen, Vorurteile. Ein Wörterbuch zur Zeitgeschichte, München 2002 (12. Aufl.).
14 Vgl. Wolfgang Benz, Judenvernichtung aus Notwehr? Die Legenden um Theodore N. Kaufman, in: Vierteljahrshefte für Zeitgeschichte 29 (1981), S. 615-630.
15 John Morton Blum, Deutschland ein Adlerland? Düsseldorf 1968; H.G. Gelber, Der Morgenthau-Plan, in: Vierteljahrshefte für Zeitgeschichte 13 (1965), S. 372-402.

# 13. Bekämpfung des Antisemitismus

Zivilgesellschaftliche Verurteilung und Engagement gegen den Antisemitismus gehört zu den Essentialien der politischen Kultur der Bundesrepublik Deutschland. In den letzten Jahren haben sich sowohl nationale als auch internationale Organisationen zunehmend der Prävention und Abwehr von Antisemitismus gewidmet. Die Organisation für Sicherheit und Zusammenarbeit in Europa (OSZE) unterhält in Warschau ihr „Office for Democratic Institutions and Human Rights" (ODIHR). Zu den Aktivitäten auf den Territorien der 56 Teilnehmerstaaten der OSZE gehören Stärkung der Rechtsstaatlichkeit, Kampf gegen Hassverbrechen, Förderung der Toleranz, Religions- und Glaubensfreiheit, Beobachtung von Wahlen. Schwerpunkte der Arbeit von ODIHR liegen in Osteuropa, Antisemitismus steht (neben dem Bemühen, die Rechte von Sinti und Roma zu stärken) auf der Agenda, Bildungsprogramme sind wichtige Aktivitäten, deren Erfolg allerdings nicht messbar ist.

Das gilt auch für die „Task Force for International Cooperation on Holocaust Education, Remembrance and Research", die 1998 vom schwedischen Ministerpräsidenten Göran Person ins Leben gerufen wurde. 28 Mitgliedstaaten, wichtige europäische Nationen sowie Argentinien, USA, Canada und Israel bemühen sich mit einem Büro in Berlin, die Erinnerung an den Holocaust für die Bekämpfung aktueller Judenfeindschaft nutzbar zu machen. „Working Groups" entfalten eine rege Reise- und Konferenztätigkeit, um auf diplomatischer und regierungsamtlicher Ebene „Holocausterziehung" in den Gesellschaften der Teilnehmerstaaten zu implementieren und Antisemitismus zu ächten. Die „European Union Agency for Fundamental Rights" (FRA) in Wien ist seit 2007 für die 27 Mitgliedstaaten der EU als beobachtende Agentur tätig, sie sammelt Informationen über die Beobachtung der Menschenrechte und entwickelt Methoden, um einschlägige Daten auf EU-Ebene vergleichbar zu machen. Rassismus, Fremdenfeindschaft, Antisemitismus und vergleichbare Formen von Intoleranz gehören zum Aufgabengebiet. Zur Lösung der Probleme soll FRA mit den für zwischenstaatliche Behörden üblichen Methoden beitragen, nämlich durch das Erkennen und Analysieren des jeweiligen Problems in den Mitgliedstaaten, durch Feststellen von Trends und Ursachenforschung z. B. bei antisemitischen Vorfällen, schließlich durch Entwicklung von Methoden zur Bekämpfung des Übels. Über die Ergebnisse der Tätigkeit werden Berichte angefertigt, die der EU-Kommission in Brüssel und den Regierungen der Mitgliedstaaten hilfreich sein mögen.

Die Bekämpfung des Antisemitismus und verwandter Phänomene auf so hoher Ebene erfolgt freilich nicht im luftleeren Raum. Politische und nationale Interessen konterkarieren zuweilen die hehren Ziele. Ein Beispiel wäre der Bericht, den die Vorgängerorganisation von FRA in Wien, die EU-Agentur „European Monitoring Centre on Racism and Xenophobia" (EUMC) über Judenfeindschaft in der Europäischen Union vorlegte. Der Bericht war beim Zentrum für Antisemitismusforschung der Technischen Universität Berlin in Auftrag gegeben worden, aber die von zwei renommierten Wissenschaftlern vorgelegten Befunde waren politisch unerwünscht. Gegen die Erkenntnis, dass junge Muslime aus dem Maghreb in Frankreich als aggressive Träger von Judenfeindschaft erkennbar sind, wurde politisch interveniert und im Ergebnis wurden die Wissenschaftler öffentlich desavouiert, weil das Resultat ihrer Forschung Missfallen erregte.[1]

Auf nationaler Ebene gibt es eigene Anstrengungen zur Bekämpfung der Judenfeindschaft. Im November 2008 beschloss der Deutsche Bundestag die Einsetzung eines Expertengremiums zur Berichterstattung über den Stand des Antisemitismus. Sieben Jahre später machte sich eine Folgekommission ans Werk. Der Start war nicht geräuschlos, nachdem sich Protest aus jüdischen Kreisen erhob, der sich dagegen richtete, dass in die amtliche Kommission kein jüdischer Experte berufen worden war. Nach der Skandalisierung des Versäumnisses in den Medien bildete sich ein jüdisches Expertengremium, das parallel agiert. Gefördert durch regierungsoffizielle Programme (mit dem Ziel der Bekämpfung von Rechtsextremismus und politisch motivierter Gewalt), strukturiert im „Bündnis für Demokratie und Toleranz", das von den Bundesministerien des Innern und der Justiz alimentiert wird, wird dem Antisemitismus Paroli geboten. Daneben agieren Nichtregierungsorganisationen und gesellschaftlichen Vereinigungen wie das American Jewish Committee, das ein Netzwerk „Task Force Education on Antisemitism" koordiniert. Ihm gehören Gruppen und Personen an, die sich den Kampf gegen Antisemitismus zur Aufgabe gemacht haben wie die Antonio Amadeo Stiftung, das Anne Frank Zentrum Berlin, das Fritz Bauer Institut Frankfurt am Main, das Jüdische Museum Berlin, die Kreuzberger Initiative gegen Antisemitismus. Gemeinsam firmieren sie als „European Forum on Antisemitism" unter dem Dach des American Jewish Committee in Berlin.

Auch von den Gesellschaften für christlich-jüdische Zusammenarbeit wird mit inzwischen schon langer Tradition Judenfeindschaft bekämpft. Am guten Willen der Akteure in einer Gesellschaft, die sich auf ihr historisches Bewusstsein und ihre Erinnerungskultur viel zugutehält, in der Philosemitismus als Haltung zur unausgesprochenen Staatsdoktrin gehört, in der Antisemitismus als Delikt kriminalisiert ist und der Vorwurf Antisemit zu sein definitiv die Karriere beschädigt oder beendet, ist nicht zu zweifeln. Zu fragen ist, ob der gute Wille, das Übel des Antisemitismus zu bekämpfen, auch immer von der notwendigen Sachkompetenz begleitet ist, d. h. fundierter Kenntnis über Funktion und Wirkung des Vorurteils und die Mechanismen der Ausgrenzung der Minderheit durch die Mehrheitsgesellschaft. Die Geschichte des organisierten Umgangs mit der Judenfeindschaft lehrt, dass die fromme Absicht allein die Anstrengung der Abwehr nicht lohnt und dass auch die Tatsache der Zugehörigkeit zum Judentum nicht den Erfolg garantiert, wenn Aufklärung über Judenfeindschaft erstrebt wird und erzielt werden soll. Aktivisten machen in der Regel einen allfälligen Mangel an Kompetenz durch vermehrten Eifer und größere Lautstärke wett.

## Engagement gegen Judenfeindschaft

Am Anfang der Abwehr von Judenfeindschaft in Deutschland, die 1879 im Berliner Antisemitismusstreit eine öffentliche Debatte unter Intellektuellen ausgelöst hatte, stand das „Manifest der Berliner Notabeln" vom 12. November 1880, das der linksliberale Berliner Oberbürgermeister Max von Forckenbeck angeregt hatte. 75 angesehene Vertreter des Kultur- und Geisteslebens, aus Politik und Wirtschaft verwahrten sich gegen den rassistisch begründeten Judenhass und plädierten für Toleranz: „Achtung jedes Bekenntnisses, gleiches Recht, gleiche Sonne im Wettkampf, gleiche Anerkennung tüchtigen Strebens für Christen und Juden"[2].

1893, zwei Jahre vor seinem Tod, publizierte der Schriftsteller Gustav Freytag eine Pfingstbetrachtung „über den Antisemitismus"[3], in der er gegen die grassierende judenfeindliche Agitation Stellung nahm: „Fast plötzlich ist der Gegensatz zwischen jüdischer und deutscher Art zum Kampfgeschrei und zum Stichworte politischer Aufregung geworden. ... Das Getöse ist so heftig, daß auch verständige Männer fragen, was daraus werden solle. Es giebt darauf nur eine runde Antwort: Nichts wird daraus. Für den Eifer und Haß der Feindseligen durchaus nichts"[4].

Gustav Freytag hatte als erfolgreicher Schriftsteller seinem Publikum 1852 im Theaterstück „Die Journalisten" die unerfreuliche Figur des Juden „Schmock" präsentiert und 1855 im Roman „Soll und Haben", einem höchst einflussreichen literarischen Erfolg, Judenbilder von abstoßender Raffgier und Unmoral gezeichnet. Derselbe Gustav Freytag verwahrte sich aber Ende der 1860er Jahre gegen Richard Wagners antisemitisches Pamphlet „Das Judenthum in der Musik" und 1890 gehörte er zu den Ersten, die die Neuauflage der „Notabeln-Erklärung" unterzeichneten, jene Resolution, die sich ursprünglich gegen den Historiker von Treitschke und die von ihm beförderte Judenfeindschaft aus Überfremdungsangst richtete. Gustav Freytag trat auch dem 1890 gegründeten „Verein zur Abwehr des Antisemitismus" bei.[5]

Die Ambivalenz gegenüber den Juden im Leben und Werk

des Schriftstellers ist symptomatisch auch für den Abwehrverein. Dessen Zweck war die Verteidigung der „staatsbürgerlichen Gleichberechtigung unserer jüdischen Mitbürger"[6]. Als Instrumentarium sollten Humanität, christlicher Geist, deutsches Nationalbewusstsein dienen. Verfassungstreue hinsichtlich der seit 1871 im Deutschen Reich geltenden Emanzipation war das einzig verbindliche Leitmotiv. Weiteres Engagement für die Juden war verpönt, den Vorwurf des Philosemitismus scheuten die Gründer des Vereins ebenso wie der Vorstand in den 43 Jahren, die der Verein bis 1933 existierte. Den Gründungsvorstand bildeten der linksliberale Reichstagsabgeordnete Heinrich Rickert, das nationalliberale Mitglied des Preußischen Abgeordnetenhauses Rudolf von Gneist und der jüdische Fabrikant Isidor Loewe.

Judenfeindschaft bekam im letzten Drittel des 19. Jahrhunderts europaweit Strukturen, wurde organisiert und in einer ausgedehnten Publizistik gepflegt. Gegen die Popularisierung des Judenhasses als Gegenströmung zur Moderne, die im akademischen Milieu begann, entstand eine Bewegung, die sich aus zwei Lagern speiste: jüdischen Organisationen und liberalen Kräften der Gesellschaft.[7] Am frühesten hatten sich französische Juden gegen den Antisemitismus engagiert. Die „Alliance Israélite Universelle" wurde 1860 gegründet und ihr Wirken sollte von Beginn an nicht auf Frankreich beschränkt sein. Einen Anstoß gegeben hatte die „Mortara-Affäre", die zwei Jahre zuvor die Gemüter erregt hatte. In Bologna war der jüdische Edgardo Mortara von katholischen Agenten entführt und zwangsgetauft worden – eine Aktion, die nicht nur Juden empört hatte.[8] In Wien engagierte sich Rabbiner Josef Samuel Bloch gegen die seit Anfang der 1880er Jahre grassierende Judenfeindschaft. Er gründete 1886 die österreichisch-israelitische Organisation, zu deren Aktivitäten ein Rechtsschutzbüro gehörte. 1891 war nach dem Berliner Vorbild auch ein Verein zur Abwehr des Antisemitismus gegründet worden. Auch das soziale Umfeld des österreichischen Vereins – liberales Wiener Großbürgertum – war ähnlich. Der Wiener Verein, in dem Baron Arthur von Suttner eine wesentliche Rolle spielte (die Mitgliedschaft überlappte sich mit der der österreichischen Friedensgesellschaft, der Bertha von Suttner präsidierte), propagierte einen österreichisch-jüdischen Staatspatriotismus, der den deutsch-nationalen Zielen des Berliner Vereins entsprach.[9] In Großbritannien entstand im Ersten Weltkrieg eine jüdische Organisation, die den Kampf gegen den Antisemitismus auf ihre Fahnen geschrieben hatte: die „Jews' Defence League", die in der Abwehr der germanophoben Variante der Judenfeindschaft eine für die britische Insel besondere Funktion hatte.[10] Judenfeindliche Vorfälle gaben auch außerhalb Europas den Anstoß, Abwehr zu organisieren. Das bis zum heutigen Tag international operierende „American Jewish Committee" trat 1906 in New York ins Leben als Reaktion auf den Pogrom in Kischinew 1903.[11] Die ebenfalls weltweit aktive „Anti Defamation League", 1913 von dem in Deutschland geborenen amerikanischen Rechtsanwalt Sigmund Livingston gegründet, führte ihr Wirken auch auf einen Anlass zurück, den Fall Leo Frank.[12] In Georgia stand 1913 der jüdische Fabrikant Leo Frank vor Gericht, nachdem der Mord an einem 13-jährigen Mädchen publizistisch zur antisemitischen Sensation hochgespielt worden war. Frank wurde aufgrund von Indizienbeweisen zum Tod verurteilt, dann zu lebenslanger Haft begnadigt. 1915 entführte ihn eine Gruppe von Fanatikern aus dem Gefängnis und lynchte ihn bei Marietta. Der Fall Frank war ein Justizskandal und eine der frühesten antisemitischen Affären in den USA.

### Der Abwehrverein

Die Geschichte des Abwehrvereins ist symptomatisch für die Reaktion einer gesellschaftlichen Elite auf den politischen Antisemitismus in Europa. Sie ist auch typisch für den geringen Erfolg der angewandten Methoden. Der Abwehrverein wurde von (überwiegend nichtjüdischen) Honoratioren getragen, den Gründungsaufruf hatten 535 Männer christlicher Konfession unterschrieben[13]. Die Mitgliederzahl wuchs von 2000 im Februar 1890 auf 2500 im Folgemonat, ein Jahr später waren es 12000.[14] Die Mitglieder gehörten dem liberalen Besitz- und

Bildungsbürgertum an. Sie rekrutierten sich aus dem Lager der Freisinnigen, dann auch der Sozialdemokratie und vor allem dem Kulturprotestantismus.[15] Dem Kampf gegen antisemitische Agitation diente die Zeitschrift „Mitteilungen aus dem Verein zur Abwehr des Antisemitismus", die 1925 umbenannt wurde in „Abwehr-Blätter", außerdem publizierte der Verein Broschüren und Flugblätter. Durch Aufklärung sollten antisemitische Stereotype wie der Ritualmordvorwurf, jüdisches Drückebergertum, jüdische Kriegsgewinne, Weltherrschaftsstreben entkräftet werden. Im „Abwehr-ABC" waren Argumente gegen antisemitische Diffamierungen zusammengestellt, im „Antisemitenspiegel" wurden Talmudhetze oder Angriffen auf Religion und Sittlichkeit der Juden begegnet. Zu den Aktivitäten des Vereins gehörte auch das Streben, Kenntnis über jüdische Sitten, jüdische Religion und Kultur zu verbreiten in der naiven Annahme, wer das Judentum kenne, werde es nicht mehr als fremd empfinden und bekämpfen.

Prominente Mitglieder des Abwehrvereins waren Theodor Mommsen, Heinrich Mann, die Politiker Otto Landsberg und Hugo Preuß. Der Liberale Georg Gothein hatte von 1909 bis 1933 den Vorsitz, ihm folgte noch für wenige Wochen der Zentrumspolitiker Heinrich Krone. Das Wirken des Abwehrvereins war von der edlen Absicht getragen, jüdischen Mitbürgern bei der Wahrung ihrer verfassungsmäßigen Rechte beizustehen. Die Absicht wurde in patriotischer Zurückhaltung verwirklicht, das heißt, es wurde viel Eifer darauf verwendet, den Verdacht zu zerstreuen, man nehme Partei für die Juden als Juden. Allezeit wurde die gemeinsame vaterländische Gesinnung betont und Kompromisse waren im Abwehrverein beliebter als streitbares Agieren. Der Glaube an Anstand und Vernunft bzw. die Hoffnung, dass mit entsprechendem Appellieren auch Antisemiten erreicht und beeindruckt werden könnten, charakterisierte die Moral der honorigen Leute im Abwehrverein. Zwar setzten sie sich mit der NSDAP vor Wahlen und bei anderen Gelegenheiten auseinander, aber als die Hitlerpartei an die Macht gekommen und Antisemitismus Staatsdoktrin geworden war, befand sich der Abwehrverein im Konflikt zwischen Regierungstreue und seinem Vereinszweck.

Im Frühjahr 1933 war der Verein am Ende: Georg Gothein, 76-jährig, ehrfurchtgebietend und eindrucksvoll als langjähriger linksliberaler Reichstagsabgeordneter und Minister im Kabinett Scheidemann, legte den Vorsitz nieder. Er hatte vor den Märzwahlen noch deutlich Stellung bezogen und in einem Artikel die Entrechtung der Juden angeprangert. Ende März 1933 beschloss der Vorstand des Abwehrvereins, die Tätigkeit für vier Wochen ruhen zu lassen, da er sich weder zur Fortsetzung der Abwehrarbeit noch zur Auflösung entschließen konnte. Mit der Einstellung der Abwehrblätter verzichtete der Verein vorauseilend vor Maßnahmen der Regierung auf Artikulationsmöglichkeiten. Derselben Logik des Stillhaltens, Abwartens und Anpassens entsprach die Presseerklärung, mit der der Verein sich energisch gegen die Nachrichten in der ausländischen Presse über Diskriminierung, Verfolgung und Bedrohung von Juden in Deutschland verwahrte. Die nationalsozialistische Propaganda nannte diese Meldungen Gräuelhetze und nahm sie zum Anlass, den Judenboykott des 1. April 1933 zu inszenieren.

Der tief resignierte Vorsitzende Gothein verfasste nach seinem Rückzug eine private Aufzeichnung mit dem rechtfertigenden Titel „Mein Kampf gegen den Antisemitismus", die erstaunlichen Einblick in die Motivation des langjährigen Vorsitzenden gibt. Der Text darf als repräsentativ für das patriotische Honoratiorentum gelten, in dem klar und scharf auch den Juden Schuld am Antisemitismus zugemessen wird: „Der Abwehrverein war keine Schutztruppe für das Judentum. An den sittlichen Mängeln und Verfehlungen der Juden, an der Überschätzung und dem aufdringlichen Zurschautragen des Reichtums hat er stets schwere Kritik geübt. Ebenso an der Frivolität mancher, den Zusammenhang mit den ethischen Forderungen ihrer Religion verloren habenden jüdischen Schriftstellern; an der Vordringlichkeit und dem Radikalismus mancher sich im öffentlichen Leben betätigenden Juden."[16]

Ende Juni 1933 trat auch Heinrich Krone vom Amt des Vorsitzenden zurück, er hatte zuvor für die Auflösung des Abwehrvereins plädiert, da er nichts mehr ausrichten könne. Am 7. Juli fand die letzte Mitgliederversammlung statt, die das Ende des Vereins beschloss. Den Mitgliedern ging ein Abschiedsschreiben des Restvorstands zu, das den Satz enthält, der die allezeit ambivalente Haltung des Vereins charakterisiert: „Nun aber glauben wir, das Opfer der Selbstauflösung bringen zu müssen, um für uns als Organisation wie für unsere Mitglieder auch den Anschein zu vermeiden, als wollten wir den Anstrengungen der Regierung auf einheitliche Zusammenfassung und planmäßige Befreiung und Hebung unseres Vaterlandes behindernd im Wege stehen."[17] Ebenso kennzeichnend ist die Passage in der Abschiedserklärung, die zwar auch als sanfte Verwahrung gegen das NS-Regime gewertet werden kann, auf jeden Fall aber als optimistische Bekundung von Naivität zu interpretieren ist: „Wird nun auch unser Verein als Organisation zu bestehen aufhören, so glauben wir doch daran, daß die Ideale, die unserer Arbeit letztliche Triebkraft waren, ewig Bestand haben werden: Die Wahrheit, Gerechtigkeit und die religiös oder sozial verwurzelte Menschlichkeit. Auch die neue Führung Deutschlands bekennt sich zu diesen Maximen und wird sie auf Dauer auch in der Behandlung der Judenfrage zur Geltung bringen."[18]

## Der Centralverein

Mit größerem Engagement, vielleicht auch mit besserem Mandat engagierte sich der „Centralverein deutscher Staatsbürger jüdischen Glaubens" gegen den Antisemitismus. Ende März 1893 war der Centralverein in Berlin gegründet worden[19]. Wahlerfolge der in Parteien organisierten Judenfeinde, die Zunahme antisemitischer Agitation, eine Aufsehen erregende Ritualmordbeschuldigung in Xanten hatten genug Anlass geboten. Die Gegenwehr jüdischer Studenten gegen den an den deutschen Universitäten grassierenden Antisemitismus seit 1880 hatte Initialfunktion und ein Dach, unter dem sich die Mehrheit der deutschen Juden repräsentiert sah, war vielen längst Bedürfnis. Die Juden, die im Centralverein ihre Heimat fanden, waren religiös liberal, hoch assimiliert, sie fühlten sich als Deutsche und waren bürgerlich.[20]

Der Centralverein war der Ort von Identitätsdebatten, aus denen jüdisches Selbstverständnis erwuchs, das sich vom „Randjudentum" zum „Trutzjudentum" entwickelte. Zu den Strategien des Centralvereins gehörten der Kampf gegen antisemitische Kandidaten bei Parlamentswahlen, die Selbstdarstellung nach den beiden Glaubenssätzen „Deutschtum" und „Judentum" und die Abwehr antisemitischer Unterstellungen. Nach der Katastrophe der Shoah waren die Bemühungen des Centralvereins ebenso wie das Streben des Abwehrvereins als naiv und eklatant erfolglos abgetan, für Historiker uninteressant und für Spötter Gegenstand wohlfeiler Häme geworden. Arnold Paucker hat sich als erster darum bemüht, der jüdischen Abwehr des Antisemitismus Gerechtigkeit widerfahren zu lassen. Die Schwächen des CV waren freilich unübersehbar: „In der ‚unbeirrten Pflege deutscher Gesinnung' hat man zuweilen gewaltig übertrieben, und eine stärkere Zurückhaltung wäre oft besser gewesen. Vom Feinde provoziert, suchte man wieder und wieder zu beweisen, wie echt das jüdische nationale Empfinden für Deutschland war, daß man außer der religiösen Sonderart so deutsch wie alle anderen war. Dies hat einer erfolgreichen Abwehrstrategie geschadet."[21]

Die Ideologie des Centralvereins stand auf zwei Säulen, der Abwehr des Antisemitismus, agiert durch Apologetik und der Hebung jüdischen Selbstbewusstseins, betrieben durch die „Innere Mission", die sich zunächst der Konditionierung jüdischen Lebens durch Anpassung an soziale Erfordernisse der Mehrheitsgesellschaft widmete, dann aber auch der Preisgabe des Jüdischen durch Assimilation entgegenwirkte. Leo Baeck beklagte in einem Brief an den Rabbiner Caesar Seligmann, dass die Juden im Streben nach Assimilation aus dem Deutschtum eine Art Religion gemacht hätten, und fügte hinzu, es sei die geistige Öde mancher Centralvereinler, dass sie aus dem Deutschtum auch so eine Art Ersatzreligion für sich machen wollen[22].

Die Abwehr von Antisemitismus erfolgte unter dem traditionellen Postulat der „Apologetik", das heißt die Verteidigung der jüdischen Position durch Propaganda, die Vorwürfe entkräften, Stereotype auflösen und Vorurteile beseitigen sollte. Rationale Argumente wurden als Mittel bemüht, die international verbreiteten Klischees und Ressentiments der Antisemiten aufzulösen. Die Publizistik des Centralvereins erreichte ein breites Publikum, nur wirkte sie – das liegt in der Natur der Sache – nicht auf die Urheber und Vermittler der judenfeindlichen Agitation, sondern stärkte allenfalls die Position derer, die vom Antisemitismus emotional und intellektuell nicht infiziert waren.[23]

Als Waffe gegen die Judenfeindschaft wurden z. B. Klebemarken eingesetzt, die mit Parolen wie „Das grösste Uebel ist der Judenhass" oder „Judenhass erwächst aus Neid, Dummheit, Unfähigkeit" Aufklärung verbreiten sollten. Ob das Weltbild eines Antisemiten durch den Lehrsatz „Das gesunde Volksempfinden ist ein Todesurteil des Judenhasses" ins Wanken geriet, steht dahin. Auch über die Wirkung jener Sentenz kann nur gerätselt werden, die kündete „Judenhass aus Eigennutz" sei „Schurkerei", Judenhass „aus Überzeugung" aber „Dummheit". Auch die fromme Botschaft „Menschenliebe lehrte Jesus, der auch ein Jude war" hatte wohl wenig Überzeugungskraft.[24] Ob die Wirkung solcher Propaganda gegen den Antisemitismus auch nur annähernd in einem vertretbaren Verhältnis zu den Kosten ihrer Herstellung und Verteilung stand, darf bezweifelt werden.

Unter dem Titel „Anti-Anti-Blätter zur Abwehr – Tatsachen zur Judenfrage" publizierte der Centralverein eine Handreichung zur Widerlegung judenfeindlicher Stereotypen, in der unter Stichworten wie Bolschewismus, Mädchenhandel, Ostjuden, Rassenfrage, Ritualmord, Schächtfrage, Semi-Gotha, Weise von Zion Material zur Widerlegung gängiger Topoi zu finden war. In Einzelschriften wie „Der Knabenmord in Xanten" oder „Der Mord von Konitz und der Blutaberglaube des Mittelalters" wandten sich Autoren des Centralvereins gegen aktuelle Ritualmordvorwürfe, die von den Gerichten nicht verfolgt wurden.[25] Das Rückgrat der Publizistik des Centralvereins bildeten die C.V.-Zeitung, die ab 1922 wöchentlich erschien und die Monatsschrift „Im deutschen Reich" (1895-1922) ablöste. Die apologetischen Schriften erschienen im vereinseigenen 1919 gegründeten Philo-Verlag.[26]

Auch eine Musterrede, die als spontaner zehnminütiger Diskussionsbeitrag konzipiert war, gehörte zum Arsenal der Abwehr des Antisemitismus. Als Bekenntnis eines selbstbewussten deutschen Juden appellierte die Ansprache mit Beispielen jüdischer Leistungen und der Beteuerung jüdisch-deutscher Vaterlandsliebe an Vernunft und Anstand aufgeklärter Bürger. Die Rede schloss mit folgenden Sätzen „[...] da frage ich Sie, Mitbürger dieser Stadt: kennt ihr alle nur reiche, prassende, betrügerische Juden? Hat keiner von seiner Schulzeit, seiner Soldatenzeit her jüdische Männer und Frauen in Erinnerung, mit denen er vielleicht auch jetzt noch befreundet ist, die zuverlässige, fleißige, anständige Menschen sind? Die unter der Not der Zeit ebenso leiden wie er? Die sich dieselben Entbehrungen auferlegen müssen wie er? Die mit derselben Innigkeit und Herzenswärme wünschen, daß Deutschland aus diesem Niederbruch und Tiefstand zu neuer Blüte emporsteigen möge? [...] Wer unter den Juden nur Verbrecher, unter den Nichtjuden nur edle Menschen antraf, dem gebe ich das Recht, von Grund auf Antisemit zu sein! Jedem anderen stelle ich mich Aug' in Auge gegenüber und messe meine Leistungen, meine Liebe, meine Opferfähigkeit für Deutschland und die deutsche Volksgemeinschaft an der seinen. Und den Vergleich fürchte ich nicht."[27]

Die apologetische Methode wendete sich an die Vernunft und den guten Willen eines Publikums, das als ansprechbar und überzeugungsfähig angenommen wurde. Wenn diese Schicht im wilhelminischen Reich vorhanden war, so gab es sie nach dem Ersten Weltkrieg kaum mehr[28] und die auf Rationalität gegründete Apologetik fand bei hochgradig emotional Getriebenen, die Gründe für ihre nationale Frustration, für Verlustängste und zerstörte Illusionen suchten und als Verursacher „die Juden" fixierten, fruchtbaren Boden.

Aber schwerwiegender noch war die naive Annahme, ohne theoretische Fundierung durch den Appell an Einsicht und Anstand Wirkung erzielen zu können. Das gesellschaftliche Engagement des Centralvereins war nicht auf Erkenntnisse über Wesen und Funktion des Vorurteils gegründet. Sozialwissenschaftliche und psychologische Forschungsergebnisse lagen freilich noch nicht vor, aber sie wurden auch keineswegs vermisst. Auch heute sind Engagierte noch vielfach überzeugt, zur Bekämpfung des Ressentiments Antisemitismus bedürfe es vor allem der richtigen Gesinnung. Und Emotionen sind meist stärker gefragt als Sachkompetenz. Der analytische Zugriff lässt sich aber nicht durch Gesinnung ersetzen. Auch die Zugehörigkeit zum Kollektiv der von Antisemitismus Betroffenen verleiht nicht von selbst die notwendige Kompetenz zum Umgang mit dem Vorurteil und seinen Folgen.

Mindestens punktuell erfolgreicher als die Apologetik und das Bemühen, durch Aufklärung über die Realität jüdischen Lebens den Antisemitismus wenigstens in Schranken zu weisen, war der Kampf, den Anwälte vor Gericht im Auftrag des Centralvereins an vielen Fronten fochten. Nach dem Vorbild anderer Interessenvertretungen, die im letzten Drittel des 19. Jahrhunderts entstanden, etablierte der Centralverein eine Rechtsschutzkommission, die etwa 100 strafrechtlich relevante Fälle von Antisemitismus jährlich bearbeitete[29].

Die Philosophie des Centralvereins lautete, mit Rücksicht auf die eigene Würde nicht vor Gericht zu ziehen, wenn damit durch unnötige Publizität nur weiterer Schaden entstünde. Als ein solcher Fall galt der des Grafen Pückler, der, einmal als Antisemit zur Strecke gebracht, nur noch für den Psychiater von Interesse sei. Albrecht Erdmann Walter Graf Pückler war Jurist, widmete sich seit 1899 aber vor allem antisemitischer Propaganda, die er mit wüsten Hetzreden in Berlin und der Umgebung der Reichshauptstadt hielt. Pückler übertraf rhetorisch alle konkurrierenden Demagogen; in zwei Prozessen verurteilte ihn 1899 und 1901 das Reichsgericht, was rechtshistorisch für die Ahndung antisemitischer Ausfälle von Bedeutung war. 1908 wurde der Graf, der unermüdlich empfohlen hatte, „die Juden" zu „dreschen" entmündigt und in eine psychiatrische Anstalt eingewiesen. Eine andere Kategorie bildeten die Fälle von gewöhnlichem Antisemitismus, bei denen Abhilfe von den Organen des Rechtsstaats nicht zu erwarten war, wo nach Überzeugung des Centralvereins lediglich kontinuierliche Aufklärung helfen konnte. Die Anwälte des Centralvereins traten aber unbedingt und in jedem Fall in Aktion, wenn, wie bei Ritualmordbeschuldigungen und ähnlicher Agitation, etwa der Propaganda des Borkumer Pastors Münchmeyer für den Bäderantisemitismus Kollektivbeleidigung vorlag. In diesen Fällen wurde „der Kampf ohne Rücksicht auf den Erfolg geführt" [...] „weil Ehre und Selbsterhaltung den Kampf aufzwingen und große ideale Güter in Frage stehen"[30]. Viele Prozesse, bei denen CV-Anwälte gegen Antisemiten und Antisemitismus kämpften, wurden verloren. Trotzdem ist die Rechtsschutzarbeit des Centralvereins nicht vergeblich gewesen, denn sie stellte Öffentlichkeit her gegen die Manifestation der Judenfeindschaft.

Weniger spektakulär als die Strafjustiz ist der Bereich des Zivilrechts. Hier ging es im Wesentlichen um Fälle von Wirtschaftsboykott, die nicht das Kollektiv „der Juden", sondern stets Einzelne betrafen. Der Centralverein nahm vor allem publizistisch Stellung und versuchte, sich zu positionieren.[31] Juristisch war das Zivilrecht schwieriger Boden. Die Gesinnung der Beteiligten spielte eine erhebliche Rolle; das ist den Urteilen leicht zu entnehmen. Die Entscheidung des Amtsgerichts Norden vom Oktober 1925 ist z. B. ein wichtiges Lehrstück nicht nur zur völkisch-antisemitischen Propaganda, sondern auch für die im Urteil zum Ausdruck kommende Wertung im öffentlichen Diskurs: „Es wäre unerträglich", heißt es in der Begründung, „wenn politische Parteien und Vereinigungen es unternehmen wollten, politische Ziele dadurch zu erreichen, daß die Gegner durch öffentliche Kundgebungen brotlos gemacht werden". Der Ausdruck „beim Juden" in der Verrufserklärung „Kauft nicht beim Juden" enthalte „nach dem Sprachgebrauch eine Herabsetzung".

Das Urteil war ein positiver Präzedenzfall, dem freilich andere Gerichte nicht folgten.

So folgerte 1930 das Amtsgericht Lüdenscheid in einem ganz ähnlichen Fall, die Aufforderung „Kauft nicht bei Juden" sei keine Beleidigung, es gehe nicht an, „in die einfache Aufforderung alle möglichen üblen Nachreden oder Verleumdungen hineinzuinterpretieren, weil ähnliche Aufforderungen schon mit solchen Zusätzen verbunden waren". Die Gegenüberstellung von „Juden" und „deutschen Volksgenossen" sei kein Werturteil, damit solle lediglich auf die Verschiedenheit der Rassen hingewiesen werden. Die Boykott-Aufforderung sei auch nicht sittenwidrig, denn es handele sich um ein politisches Ziel, um „die Ausschaltung fremdrassiger Machteinflüsse" und der Beklagte sehe als Mitglied der NSDAP aufgrund seiner Überzeugung die Bekämpfung des Judentums als völkische Pflicht an. Das schließe die Sittenwidrigkeit aus.

Das Landgericht Hagen kam zur entgegengesetzten Ansicht und hob das Urteil des Amtsgerichts Lüdenscheid auf. Ähnlich verlief die Klage von sieben jüdischen Geschäftsleuten vor dem Landgericht Coburg im Jahr 1931. In Boykottaufrufen der lokalen NSDAP-Zeitung wurden die gängigen antisemitischen Stereotype (Unehrlichkeit, Gaunerei, Drückebergerei im Ersten Weltkrieg, die Behauptung Juden seien „Volksfeinde") benutzt. Diese Diffamierungen machte sich das Gericht in der NSDAP-Hochburg Coburg in der Argumentation ausdrücklich zu eigen: In der Urteilsbegründung hieß es, die NSDAP habe „die kulturelle, politische und wirtschaftliche Befreiung Deutschlands zum Ziele", deshalb könne sie „auf dem Weg zu diesem Ziele nicht an der Rassenfrage vorbeigehen"; mithin dürfe es „als unbedenklich unterstellt werden, daß über die Art der Führung des deutschen Freiheitskampfes unter den verschiedenen politischen Parteien verschiedene Auffassungen herrschen".

Das Gericht übernahm damit die NS-Ideologie und unterstellte die Notwendigkeit eines deutschen „Freiheitskampfes" gegen „die Juden". Das Oberlandesgericht Bamberg hob Ende

Dezember 1931 das Urteil auf, verurteilte die Beklagten zu einer Geldstrafe und begründete das Urteil damit, der Boykottaufruf sei besonders verwerflich und unerlaubt, weil es deutschen Staatsbürgern die Existenzberechtigung nur deshalb abspreche, weil sie Juden seien, das sei sittenwidrig und beleidigend, weil im Boykottaufruf den jüdischen Antragstellern die Eigenschaft deutsch zu sein abgesprochen werde.

Insgesamt endeten die meisten zivilgerichtlichen Verfahren mit Entscheidungen zugunsten der jüdischen Antragsteller, wenn auch in einigen Fällen nicht gleich in erster Instanz. 1932 änderte sich mit der politischen Situation auch die Rechtsprechung. Zahlreiche Gerichte hatten zwar bis dahin Boykottaufrufe als sittenwidrig bezeichnet und in der rechtswissenschaftlichen Literatur galt antisemitischer Boykott (mit guten Argumenten) als sittenwidrig. Gleichzeitig war aber die NSDAP gewalttätiger und rabiater als je zuvor in ihren Boykottaufrufen, so dass viele jüdische Betroffene dem Centralverein nicht als Zeugen zur Verfügung stehen wollten, weil sie Ärgeres befürchteten.

Rechtssicherheit war bis zum Ende der Weimarer Republik nicht erreicht. Den guten Argumenten der vom Centralverein vorgelegten Gutachten und anwaltlichen Ausführungen folgten zwar viele Gerichte, eine höchstinstanzliche Klärung des Sachverhalts kam aber wegen des nationalsozialistischen Machterhalts 1933 nicht mehr zustande.

Eugen Fuchs (1856-1923), Mitbegründer und langjähriger spiritus rector des Centralvereins hat die Ideologie und Entwicklung der Arbeit der Organisation zutreffend charakterisiert: „Anfangs besaß die Mehrheit von uns kaum irgendwelches jüdisches Selbstbewußtsein. Die Gefühle, die uns beherrschten und die zur Gründung des Vereins geführt hatten, waren vorwiegend Ärger und Empörung über die uns versagte Rechtsgleichheit [...] Der Kampf mit der antisemitischen Radaupresse, die Stellung von Strafanträgen füllte zunächst unsere Tätigkeit ganz aus [...] Damals glaubte man noch, die Judenfrage durch einen seichten Rationalismus lösen zu können, glaubte den Antisemitismus aus der Welt zu schaffen, wenn man die Speisegesetze aufgab, dem Talmud abschwor und die Sozialdemokratie bekämpfte. [...] Erst viel später dämmerte den führenden Persönlichkeiten die Erkenntnis auf, daß wirkungsvolle Abwehr gründliche Kenntnis des Judentums bedinge und daß man für die Gleichberechtigung der Juden nur dann mit Erfolg eintreten könne, wenn man als Kämpfer für die Gleichbewertung des Judentums auftrete. Auf diesem Wege führten unsere Abwehrbemühungen langsam zur Kenntnis unserer Tradition, zur Kenntnis der jüdischen Sittenlehre und Ethik, zur Kenntnis der Propheten und des Talmuds, und auf diesem Wege erst gelangten wir zu unserer wertvollsten Waffe: zu unserem Stolz auf das Judentum, zu unserem jüdischen Selbstbewußtsein"[32].

Die Stärkung des jüdischen Selbstbewusstseins war freilich auch ein Reflex auf die Situation der Juden. In der zweiten Hälfte der Weimarer Republik änderte der Centralverein die Strategie und ging vom Konzept argumentativer Abwehr des Antisemitismus zur Massenpropaganda gegen den Nationalsozialismus über. Hier erwarb sich der Centralverein als Pionier wohl seine größten Meriten. Zusammen mit seinem Bündnispartner, dem von der Sozialdemokratie wesentlich getragenen „Reichsbanner Schwarz-Rot-Gold", verteidigte die Organisation der Juden Demokratie und Rechtsstaat der Weimarer Republik. Das war allerdings ein erheblich weiteres Feld als die Abwehr von Judenfeindschaft, es war praktizierter Antifaschismus, bei dem die Verteidigung der Juden und des Judentums schon nicht mehr die Hauptsache war.

Der Aufstieg der NSDAP zur stärksten Partei und Hitlers Bündnis mit den Konservativen machte Judenfeindschaft zum Dogma der Mehrheit, wogegen das Instrumentarium der Abwehr nichts mehr ausrichten konnte. Dass dem antisemitischen Getöse der Nationalsozialisten vor deren Machterhalt entsprechende Taten folgen sollten, glaubte in den Tagen des „nationalen Aufbruchs" 1933 aber niemand so recht. Nicht einmal die Zionisten, deren Sprachrohr die „Jüdische Rundschau" war, und die gegenüber der Zukunft skeptischer waren als die im Centralverein organisierten „deutschen Staatsbürger jüdischen Glaubens", die dem Traum einer deutschjüdischen Symbiose anhingen, deren nationale Hoffnungen und Sehnsüchte sich nicht von denen nichtjüdischer deutscher Bürger unterschieden.

Trotz aller Skepsis – und darin waren sich Zionisten und Anhänger der deutschjüdischen Assimilation einig – gaben sich die jüdischen Kommentatoren auch in den folgenden Wochen, und viele noch länger, überzeugt, dass zwischen dem Volkstribun Hitler mit seiner SA in Stiefeln und Braunhemd, die „Juda verrecke" brüllte und das Lied vom Judenblut sang, das vom Messer spritzen müsse, wenn es noch mal so gut gehen solle, dass zwischen dem Reichskanzler Hitler im Gehrock, flankiert von deutschnationalen und anderen hochkonservativen Notabeln, ein grundlegender Unterschied sei: Was der Parteiführer Hitler propagiert habe, könne der Kanzler Hitler nicht realisieren, ja nicht einmal wollen. Im Übrigen glaubte die Mehrheit der deutschen Juden an die Kraft der Normen, die Verankerung der Gleichberechtigung in der Reichsverfassung, die nicht durch das Programm der NSDAP einfach ersetzt werden könne. Daß genau dieses geschehen würde, widersprach aller Vernunft und schien daher außerhalb des Möglichen.

Ganz entschieden fasste darum die „Jüdische Rundschau" den neuen Regierungschef Hitler ins Auge und brachte die Sache auf den Punkt: „Die deutschen Juden, von der Partei des Reichskanzlers dauernd bedroht und beleidigt, herabgewürdigt und verleumdet, fordern von jeder Regierung, welche es auch sei, die Respektierung ihrer Existenz, ihrer Ehre und Art."[33] Das Präsidium des Centralvereins deutscher Staatsbürger jüdischen Glaubens übergab am 30. Januar 1933 der Öffentlichkeit eine Resolution, deren Quintessenz im Schlusssatz lautete: „Im übrigen gilt heute ganz besonders die Parole: Ruhig abwarten". Auch der Tenor des Artikels, den Ludwig Holländer, der Direktor des Centralvereins, zum Ereignis verfasst hatte, folgte dieser Tendenz: „Ernst und besorgt blicken die deutschen Juden in die Zukunft", hieß es da, und es habe keinen Sinn, sich über die Gefahr zu täuschen, die darin bestehe, dass die führenden Männer einer judenfeindlichen Partei nun die Politik beherrschten. Aber: „Auch in dieser Zeit werden die deutschen Juden ihre Ruhe nicht verlieren, die ihnen das Bewußtsein untrennbarer Verbundenheit mit allem wirklich Deutschen gibt. Weniger denn je werden sie ihre innere Haltung zu Deutschland von äußeren Angriffen, die sie als unberechtigt empfinden, beeinflussen lassen. Viel zu tief ist in ihnen das Bewußtsein verwurzelt, was für sie der deutsche Lebensraum bedeutet. Dieses Bewußtsein und nicht zuletzt die Tatsache ihrer Leistungen für Deutschland geben den deutschen Juden heute Kraft und Halt."

Der Artikel steigerte sich zur pathetischen Beschwörung jener Tugenden, die dem Centralverein als Leitmotive galten (und die zugleich die ideologische Gegenposition zum Zionismus markierten): „Nur aufrechtes Bekenntnis zu unserem wahren Wesen, unbedingte Mannhaftigkeit und stärkster Nachdruck in der Selbstbehauptung dessen, was wirklich deutsch und wirklich jüdisch ist, wird dem heute lebenden Geschlecht der deutschen Juden Anspruch geben, vor der Geschichte zu bestehen."[34] Bald ging es nicht mehr um intellektuelle und spirituelle Fragen, sondern nur noch um die Existenz der Juden. Antisemitismus wurde zur Vernichtungsideologie, mit der der Holocaust begründet wurde.

## Strategien gegen Judenfeindschaft nach dem Holocaust

Nach der Katastrophe des Judenmords verschwand der Antisemitismus keineswegs, aber er bekam einen neuen politischen Stellenwert. Von trotzigen Alt- und Neonazis zwar immer noch artikuliert und als Einstellung unausrottbar verbreitet, wurde er in der politischen Kultur der beiden Nachfolgestaaten des Deutschen Reiches, der Bundesrepublik wie der DDR offiziell geächtet und tabuisiert. Der Weg dahin war freilich steinig und es bedurfte mancher Nachhilfe.

Diese leisteten im Westen nachhaltig vor allem die Amerikaner als Besatzungsmacht. Die viel geschmähte „Umerziehung" installierte die Gesellschaften für Christlich-Jüdische Zusammenarbeit, deren erste 1948/49 in München, Stuttgart, Wiesbaden, Frankfurt und Berlin entstanden, deren Zahl schließlich auf etwa 65 anwuchs, die sich auf Bundesebene unter dem Dach des Deutschen Koordinierungsrats zusammenschlossen. Zentrales Ereignis ist seither die jährlich stattfindende Woche der Brüderlichkeit, die Vertreter der christlichen Konfessionen, der jüdischen Religionsgemeinschaft und Politiker aller Parteien zusammenführt.

Im Auftrag der US-Militär-Regierung begann im März 1948 der methodistische Pastor Carl F. Zietlow, ein erfahrener Funktionär der „National Conference of Christians and Jews", mit der Vorbereitung des christlich-jüdischen Dialogs in lokalen Organisationen. Der Judenmord oder Reflexionen über die jüngste deutsche Geschichte spielten keine Rolle in der Abwehr von Judenfeindschaft. Man wollte vielmehr den Blick nach vorne richten, träumte von einer besseren zukünftigen Welt und war weder an Publizität noch an historischen Zusammenhängen interessiert. Der Kampf gegen den Antisemitismus schreite ständig fort, trete jedoch nicht an die Öffentlichkeit, berichtete der Geschäftsführer der Stuttgarter Gesellschaft für das Vereinsjahr 1952/53. Man sei „nicht daran interessiert, all die negativen Dinge zu veröffentlichen", man wolle „vielmehr vom Positiven her unsere Mitmenschen auf die schwierigsten Probleme aufmerksam machen".[35] Das war äußerst zurückhaltend formuliert, um die fromme Absicht möglichst undeutlich zu halten. Aber es ging noch selbstgerechter und aggressiver in der Abwehr der Vergangenheit. Der Vorstand der Münchner Gesellschaft für Christlich-Jüdische Zusammenarbeit verwahrte sich energisch und empört gegen eine Bemerkung des amerikanischen Hohen Kommissars in den Gründertagen der Bundesrepublik im Sommer 1949, mit der John McCloy konstatiert hatte, dass es in Deutschland noch einen starken Antisemitismus gebe. Das Verhalten der Deutschen gegenüber den wenigen Juden in ihrer Mitte sei der „Prüfstein ihrer Gesittung und ihres echten demokratischen Aufbauwillens".

Das nannte der Münchner Verein eine „ungeheuerliche Übertreibung". Das geknechtete deutsche Volk habe sich schon zu

Hitlers Zeiten von der Judenverfolgung distanziert, die Zahl der guten Deutschen sei nach dem Ende des Nationalsozialismus noch gestiegen und dass es doch noch einige wenige schlechte Deutsche gebe, die dem gottlosen und unmenschlichen Antisemitismus anhingen, könne niemanden überraschen, der etwas von Volkspsychologie verstehe.[36] Der Rektor der Frankfurter Universität und katholische Vorsitzende der Christlich-Jüdischen Gesellschaft Frankfurt, der CDU-Politiker Franz Böhm verwahrte sich gegen solche indolente Verweigerung historischer Verantwortung, die Wohlverhalten gegenüber dem Judentum lediglich aus nationalem Interesse – um der Welt deutschen Sinneswandel zu beweisen als Entreebillett in die internationale Staatengemeinschaft – demonstrierte. Böhm forderte statt des Verdrängens der Vergangenheit nach Münchner Geschmack und dem Wirken in vager Verborgenheit nach Stuttgarter Muster, statt egozentrischer Instrumentalisierung des neuen Gutseins energische Abwehr von jeder Judenfeindschaft: „Wir haben uns nicht zusammengeschlossen, um der Welt zu dokumentieren, daß es Deutsche gibt, die den Antisemitismus ablehnen, die sich ‚mit Graus und Entsetzen' schon zu Zeiten des Dritten Reichs von den Judenverfolgungen abgewendet haben, sondern wir haben uns zusammengeschlossen, um dem Antisemitismus und dem inhumanen Vorurteil eine entschlossene, aktive, einflußreiche und in den Gang der Dinge wirksam eingreifende Gegenbewegung entgegenzustellen"[37]. Dass in den Anfangsjahren des organisierten Christlich-Jüdischen Dialogs eine wirkungsvolle Präventionsarbeit gegen den Antisemitismus geleistet wurde, wird man kaum bilanzieren können.

Als Strategie gegen die scham- und schuldbesetzte Erinnerung an den Judenmord schien sich Philosemitismus als Reaktion auf Juden zu empfehlen. Das ermöglichte ohne weitere Reflexion über die historische Katastrophe und ihre Ursachen auf der einen Ebene den korrekten Umgang nicht nur mit den überlebenden Juden selbst, sondern mindestens in den westlichen Besatzungszonen auch mit den Besatzungsmächten, die eine geläuterte Haltung der Deutschen erwarteten. Die Idealisierung des jüdischen Beitrags zur deutschen Kultur und die Beschwörung einer vermeintlichen deutsch-jüdischen Symbiose, die der Nationalsozialismus zerstört habe, ist wesentlicher Ausdruck dieses kulturellen und politischen Philosemitismus, der bis in unsere Tage gepflegt wird. Neuerdings mit der Formel vom christlich-jüdischen Abendland, die erfunden wurde, um eine andere Kultur auszugrenzen.

Der Philosemitismus auf der transzendentalen Ebene behinderte nicht das Fortleben antisemitischer Stereotype, die gegen Displaced Persons, gegen Emigranten und andere real existierende Juden agiert wurden.[38] Beziehungen zu Juden gehörten in den Bereich der Emotionalität; zwischen den Beteuerungen der Funktionseliten und der Sprachlosigkeit der Bürger war lange Zeit kein Raum für die Aufarbeitung des Problems Antisemitismus, das sich immer wieder zeigte. Die deutsche Befangenheit zwischen Amnesie und hilflosem Philosemitismus als Reaktion auf den Judenmord hat der Schriftsteller Manès Sperber in den 1970er Jahren angesprochen. Er verwehrte sich ausdrücklich und energisch gegenüber der neuen Haltung zu den Juden, als er schrieb: „Sie überschätzen uns Juden in gefährlicher Weise und bestehen darauf, unser ganzes Volk zu lieben. Ich verlange nicht, ich will nicht, daß man uns oder irgendein anderes Volk in dieser Weise liebe ... Im übrigen ist der Kampf gegen den Antisemitismus Eure Angelegenheit. Bedroht uns dieser Haß manchmal aufs gefährlichste, so ist er doch Eure Krankheit, er ist das Übel. Das Euch verfolgt".[39]

## Anmerkungen

1 Manifestations of Anti-Semitism in the European Union, First Semester 2002 – Synthesis Report on behalf of the EUMC by Werner Bergmann and Juliane Wetzel, Zentrum für Antisemitismusforschung, Dezember 2002. Zu den politischen Hintergründen vgl. Antisemitismus im Rampenlicht, in: Newsletter Zentrum für Antisemitismusforschung Nr. 26, Dezember 2003.
2 Karsten Krieger (Bearb.), Der „Berliner Antisemitismusstreit" 1879-1881. Kommentierte Quellenedition, München 2003, S. 551-554.
3 Gustav Freytag, Über den Antisemitismus. Eine Pfingstbetrachtung, Berlin 1893, ursprünglich in: Neue Freie Presse, Wien 21.5.1893.
4 Ebenda, S. 13.

5  Barbara Suchy, The Verein zur Abwehr des Antisemitismus. Part I: From its Beginnings to the First World War, in: Yearbook Leo Baeck Institute 28 (1983), S. 205-239, Part II: From the First World War to its Dissolution in 1933, ebenda 30 (1985), S. 67-103.
6  Mitteilungen aus dem Verein zur Abwehr des Antisemitismus 4 (1894), 2, S. 9.
7  Vgl. Ulrich Wyrwa (Hrsg.), Einspruch und Abwehr. Die Reaktion des europäischen Judentums auf die Entstehung des Antisemitismus (1879-1914), Frankfurt/M./New York 2010 (Jahrbuch des Fritz Bauer Instituts).
8  Rafael Arnold, Das nationale und internationale Engagement französischer Juden: Die Alliance Israélite Universelle, in: Wyrwa, Einspruch und Abwehr, S. 43-69.
9  Gerald Lamprecht, „Allein der Antisemitismus ist heute nicht mehr eine bloße Idee…": Strategien gegen den Antisemitismus, in: Wyrwa, Einspruch und Abwehr, S. 153-179.
10  Susanne Terwey, Reaktionen britischer Juden auf Anfeindungen und Antisemitismus vom ausgehenden Viktorianischen Zeitalter bis zum Ende des Ersten Weltkrieges, in: Wyrwa, Einspruch und Abwehr, S. 70-92.
11  Hardy Ostry, „Gottesmörder" – Auserwähltes Volk. Das American Jewish Committee und die Judenerklärung des II. Vaticanums, Trier 2003, insbes. S. 55-80; Morton Rosenstock, Louis Marshall, Defender of jewish rights, Detroit 1965; Nathan Schachner, The price of liberty. A history of the American Jewish Committee, New York 1948; Naomi W. Cohen, Not free to desist. The American Jewish Committee 1906-1966, Philadelphia 1972.
12  Stuart Svonkin, Jews against prejudice. American Jews and the fight for Civil Liberties, New York 1997.
13  Auguste Zeiß-Horbach, Der Verein zur Abwehr des Antisemitismus. Zum Verhältnis von Protestantismus und Judentum im Kaiserreich und in der Weimarer Republik, Leipzig 2008, S. 52.
14  Ebenda, S. 60 f.
15  Kurt Nowak, Kulturprotestantismus und Judentum in der Weimarer Republik, Göttingen 1991, S. 14 f.
16  Zit. nach Zeiß-Horbach, Der Verein zur Abwehr des Antisemitismus, S. 170.
17  Ebenda, S. 176; Vgl. Barbara Suchy, The Verein zur Abwehr des Antisemitismus II, in: Year Book Leo Baeck Institute 30 (1985), S. 101-102.
18  Ebenda, S. 177.
19  Peter Pulzer, Die Reaktion auf den Antisemitismus, in: Steven M. Lowenstein/Paul Mendes-Flohr/Peter Pulzer/Monika Richarz, Deutsch-Jüdische Geschichte in der Neuzeit, Band III, München 1997, S. 249-277; s. a. Helmut Berding, Moderner Antisemitismus in Deutschland, Frankfurt/M. 1988.
20  Arnold Paucker, Die Abwehr des Antisemitismus in den Jahren 1893-1933, in: Herbert A. Strauss/Norbert Kampe (Hrsg.), Antisemitismus. Von der Judenfeindschaft zum Holocaust, Frankfurt/M./New York 1985, S. 143-163.
21  Ebenda, S. 151.
22  Zur Geschichte und Wirkung des Centralvereins vgl. Avraham Barkai, „Wehr Dich!". Der Centralverein deutscher Staatsbürger jüdischen Glaubens (C.V.) 1893-1938 München 2002.

23 Leo Baeck, 1926, zit. nach Barkai, „Wehr Dich!" S. 36.
24 Isabel Enzenbach/Wolfgang Haney (Hrsg.), Alltagskultur des Antisemitismus im Kleinformat. Vignetten der Sammlung Wolfgang Haney ab 1880, Berlin 2012.
25 Blutlügen. Märchen und Tatsachen, Berlin 1929; Vgl. Johannes T. Groß, Ritualmordbeschuldigungen gegen Juden im Deutschen Kaiserreich (1871-1914), Berlin 2002, S. 203 ff.
26 Reiner Bernstein, Zwischen Emanzipation und Antisemitismus. Die Publizistik der deutschen Juden am Beispiel der „C.V.-Zeitung", Organ des Centralvereins deutscher Staatsbürger jüdischen Glaubens, 1924-1933, Phil. Diss. FU Berlin 1969.
27 Zehn Minuten Diskussionsrede! Ein Vorschlag, in: Anti-Anti, Tatsachen zur Judenfrage, 6. Auflage Berlin um 1932.
28 Paucker, ebenda, S. 151.
29 Vgl. Inbal Steinitz, Der Kampf jüdischer Anwälte gegen den Antisemitismus. Die strafrechtliche Rechtsschutzarbeit des Centralvereins deutscher Staatsbürger jüdischen Glaubens (1893-1933), Berlin 2008.
30 Eugen Fuchs, Rechtsschutz und Rechtsfrieden. Bericht der Rechtsschutzkommission 16.4.1894, zit. nach Steinitz, Der Kampf der jüdischen Anwälte, S. 29 f.
31 Vgl. Cord Brügmann, Flucht in den Zivilprozess. Antisemitischer Wirtschaftsboykott vor den Zivilgerichten der Weimarer Republik, Berlin 2009, dort die Belege für alle folgenden Beispiele.
32 Eugen Fuchs, Aus der Jugend des Centralvereins, in: CV-Zeitung 4.5.1922, zit. nach Barkai, „Wehr Dich!", S. 45 f.
33 Jüdische Rundschau, 31.1.1933 („Regierung Hitler").
34 C.V.-Zeitung, 2.2.1933 („Die neue Regierung").
35 Josef Foschepoth, „Helfen Sie uns, und Sie helfen Deutschland..." Die Anfänge der Gesellschaften für Christlich-Jüdische Zusammenarbeit, in: Wolfgang Benz (Hrsg.), Antisemitismus und Philosemitismus. Juden in der Bundesrepublik, Berlin 1991, S. 63-70, zit. S. 65; ders., Im Schatten der Vergangenheit. Die Anfänge der Gesellschaften für Christlich-Jüdische Zusammenarbeit, Göttingen 1993.
36 Ebenda, S. 66.
37 Ebenda, S. 67.
38 Frank Stern, Im Anfang war Auschwitz. Antisemitismus und Philosemitismus im deutschen Nachkrieg, Gerlingen 1991.
39 Zit. nach Frank Stern, Philosemitismus statt Antisemitismus: Entstehung und Funktion einer neuen Ideologie in Westdeutschland, in: Wolfgang Benz (Hrsg.), Antisemitismus und Philosemitismus. Juden in der Bundesrepublik, Berlin 1991, S. 47-61, zit. S. 61.

# 14. Wege der Antisemitismusforschung

Die Ablehnung und Bekämpfung des Antisemitismus ist Bestandteil der politischen Kultur der Bundesrepublik. Der emotionalen Zuwendung zum Judentum wird im Schulunterricht, in der Politischen Bildung, in den Medien und politischen Manifestationen entsprochen. Daneben existiert Antisemitismusforschung als akademische Anstrengung. Dem Frankfurter Institut für Sozialwissenschaft mit den bahnbrechenden Arbeiten von Theodor W. Adorno und Max Horkheimer folgte 1982 die Gründung des Zentrums für Antisemitismusforschung an der Technischen Universität Berlin. Aber nicht nur dort wird einschlägig gearbeitet, die Zahl der Lehrstühle und Institute, an denen das Thema interessiert, wächst immer noch.

Der interdisziplinäre Charakter der Antisemitismusforschung bedingt nicht nur ihren Methodenpluralismus, sondern auch viele Erklärungsmodelle.[1] Die Vielfalt der Theorien des Antisemitismus entspricht der Vielfalt der Erscheinungsformen des Phänomens. Historische Interpretationen, zurückgehend bis zur Judenfeindschaft in der Antike[2], haben in vieler Beziehung Vorreiterfunktion. Die Bedeutung des „modernen Antisemitismus" im 19. Jahrhundert wird von der historischen Forschung als Reflex in einer Modernisierungskrise dargestellt[3], bei der ganz verschiedene Einflüsse, Traditionen, Strukturen zusammenwirken, um auf soziale Umschichtungsprozesse, Wert- und Legitimationsprobleme der bürgerlichen Gesellschaft zu reagieren. Nation und Nationalismus bieten ein Erklärungsmodell für Judenfeindschaft[4], die politische Positionierung ist ebenfalls von Bedeutung und kann charakteristische Ausprägungen von Antisemitismus zur Folge haben.[5] Die Krisentheorie ist anwendbar auf verschiedene Epochen, auf die Industrialisierungsphase ebenso wie auf die Periode nach dem Ersten Weltkrieg und – partiell – auf die Zeit nach der Wende in Deutschland; die Krisenzeiten sind jeweils charakterisiert durch erhebliche soziale Spannungen, die Frustrationen und Aggressionen zur Folge haben, die nach Entladung drängen und Objekte suchen, die die Funktion von „Schuldigen" erfüllen („Sündenbock"-Theorie). Die Angst vor individuellem oder kollektivem Statusverlust ist konstitutiv für das Krisenmodell, in der Nachwendekrise der 1990er Jahre spielten Ausländer (Asylbewerber ebenso wie Ansässige) die Rolle von Aggressionsobjekten wie in der Modernisierungskrise des ausgehenden Jahrhunderts die Juden. Der 11. September 2001 verschaffte der Muslimfeindschaft die Qualität des zentralen Ressentiments der Mehrheit gegen eine Minderheit.[6]

Theorien der Psychologie und der Psychoanalyse sind seit langem in der Antisemitismusforschung etabliert.[7] Die Lehre vom autoritären Charakter[8], der Ansatz über die Wechselwirkung von Frustration und Aggression sind ohne die Erkenntnisse der Freud'schen Psychoanalyse nicht denkbar, im Zusammenwirken mit den Sozialwissenschaften haben sich individuale Erklärungsmodelle (Autoritätskonflikte, Erziehungstraumata, Frustration aus innerem Konflikt) zu Gruppentheorien erweitert, die Antisemitismus als Vorurteilsstrukturen definieren; sie kommen im Verhältnis von (jüdischer) Minderheit und Mehrheitsgesellschaften in Konfliktsituationen zum Tragen.[9] Konkurrenzbeziehungen sozialer und ethnischer Genese spielen in solchen Erklärungsmodellen eine große Rolle, sie sind insbesondere hilfreich bei der Interpretation von ideologisch bestimmten Konflikten, die ursprünglich auf Konkurrenzprobleme zurückgehen, wie die Xenophobie.

Erfahrung oder Befürchtung von Mangel (oft in Verbindung mit drohendem Statusverlust) sind wesentlich bei der Selbstwahrnehmung sozialer Positionen und prägen das Verhalten gegenüber Minderheiten, deren Wertigkeit geringer als die eigene eingeschätzt wird. Daraus abgeleitet erklärt die Deprivationstheorie die Entstehung und Wirkung von Vorurteilen aus Erfahrungen (z. B. mit der Annahme, Einwanderer seien bessergestellt), die den sozialen Aufstieg von Minderheiten vor dem befürchteten Abstieg der eigenen Gruppe zum Hintergrund haben und sich in negativen Stereotypen äußern.[10]

Kühne Thesen sind gegenüber autochthoner Bevölkerung zur publikumswirksamen Erklärung der Judenfeindschaft beliebt, sie sind zwar einfach und einleuchtend, aber trotzdem unseriös. „Warum die Deutschen? Warum die Juden?" fragt der Erfolgsautor, der wie in anderen Fällen die simple Lösung offeriert: Neid soll die trägen Deutschen angetrieben haben, die fleißigen und deshalb wohlhabenden Juden auszurotten, will er seine Leser glauben machen.[11] Zuvor hatte Daniel Jonah Goldhagen mit seiner eindimensionalen Erklärung des Holocaust durch einen „eliminatorischen Antisemitismus" der Deutschen eine betroffene Leserschaft für sich eingenommen, während die Fachwelt den Kopf schüttelte.[12]

Monokausale Erklärungen werden dem komplexen Phänomen des Antisemitismus nicht gerecht, daraus erklärt sich das notwendige Zusammenwirken von Disziplinen, Methoden und Theorien. Der Antisemitismus kann aufgrund seiner langen Existenz und seiner vielfältigen Erscheinungsweisen als das exemplarische Phänomen für die Erforschung von Gruppenkonflikten und sozialen Vorurteilen genutzt werden. Mit den gegenwärtigen Migrationsprozessen und mit der Neuformierung von Gesellschaften mit großen ethnischen Minderheiten in Europa wiederholen sich strukturell viele Konflikte und Problemstellungen, die wir aus der Geschichte des Zusammenlebens von Juden und Nichtjuden kennen. Deswegen kann sich Antisemitismusforschung nicht auf den engeren Gegenstand der Feindschaft gegen Juden beschränken. Das Fach muss sich erweitern von der Untersuchung des speziellen Ressentiments und seiner Wirkungen zur allgemeinen und übergreifenden Problematik von Vorurteil und Diskriminierung, Ausgrenzung von Minderheiten, Kulturrassismus und Xenophobie. Migrationsprozesse und Minoritätenkonflikte sind daher unter allgemeinen und übergreifenden theoretischen Ansätzen ebenso Gegenstände der Antisemitismusforschung wie die Geschichte der Diskriminierung und Verfolgung einzelner soziologischer, ethnischer, religiöser, politischer Minderheiten. Ziel ist eine umfassende Ressentimentforschung, die grundsätzlich jedes geeignete Forschungsfeld einbeziehen kann, wenn es paradigmatischen Charakter hat. Komparatistische Studien haben dementsprechend korrespondierend zur Methodenvielfalt hohen Stellenwert in der Antisemitismusforschung.[13]

In diesem Sinn kann schließlich der Begriff des Antisemitismus erweitert und als Forschungsstrategie verstanden werden, die Phänomene wie die Verfolgung der Sinti und Roma, die Diskriminierung von Minderheiten wie z. B. „Asoziale" einbezieht, ausgrenzende Ideologien, die mit biologischem Determinismus, Sozialdarwinismus, rassistischen antiegalitären Bestrebungen und ähnlichen Theoremen agieren, in den Blick nimmt. Jugendgewalt, Rechtsextremismus, Ausländerhass sind damit Themenfelder einer vom Antisemitismus ausgehenden Ressentimentforschung, die Antworten auf komplexe Problemzusammenhänge sucht und die vielfältigen Feindbilder und Vorurteile in politischem, sozialem und kulturellem Zusammenhang analysiert.

Antisemitismusforschung als Wissenschaft wird unter aktueller politischer Tendenz – der Fixierung auf die Bedrohung Israels durch einen sich ausbreitenden aggressiven Antizionismus insbesondere in der islamischen Welt – aus aktivistischem Interesse in Frage gestellt. Als Strategie wird in schäumendem Aktionismus die bedingungslose Parteinahme für Israel und die Sache der Juden gefordert. Dazu werden Antisemitismus mit kritischer Haltung gegenüber israelischer Politik gleichgesetzt und die Scheu des Publikums, in falschen Verdacht zu geraten, ausgenutzt. Die Kampagnen mit diesem Ziel sind aber undifferenziert und verlangen die Einnahme unbedingter Positionen. So geriet jeder, der beim Feldzug „stop the bomb" gegen den Iran nicht bedingungslos Folge leistete, unter Antisemitismusverdacht. Wissenschaftliche Analyse und Interpretation des Problems der Judenfeindschaft, die sich nicht in den Dienst manichäischer Weltsicht nehmen lassen darf, wird ebenso fanatisch diffamiert wie die Betrachtung der Methoden der Diskriminierung anderer Minderheiten als der jüdischen, wenn Erkenntnisse der Antisemitismusforschung paradigmatisch benutzt werden. Das wird als Relativierung des ausschließlich zu beklagenden Übels der Judenfeindschaft verstanden und von politischen und publizistischen Interessenvertretern mit dem unzutreffenden Argument bekämpft, der Vergleich (z. B. traditioneller Praktiken des Antisemitismus mit dem Vorgehen von „Islamkritikern") werte das eine ab und das andere auf.

Wenn als Ergebnis der wissenschaftlichen Auseinandersetzung mit Antisemitismus die Tendenz erkennbar ist, er sei in Deutschland durch Sanktion, Aufklärung und Konsens von Politik, Medien und Gesellschaft einigermaßen unter Kontrolle, jedenfalls nicht im Wachsen begriffen und weit davon entfernt, öffentliche Zustimmung zu finden, so bedeutet das nicht, dass alles gut ist. Es gibt eine anhaltende Judenfeindschaft, die sich zwar nur in klandestinen Formen äußern kann, es gibt den Alltagsantisemitismus, der gelegentliche Exzesse gegen Personen zeitigt, die dann aber jeweils Gegenstand größten öffentlichen Abscheus sind, es gibt feige Anschläge auf jüdische Friedhöfe und Synagogen, die im Dunkel der Nacht verübt werden. Auch gibt es Manifestationen der Judenfeindschaft in den neuen Medien, geschützt durch Anonymität oder getarnt durch Formulierungen, die nicht justiziabel sind. Gesellschaftliches und politisches Übereinkommen hat gegen manifesten Antisemitismus Dämme errichtet. Deren Standfestigkeit muss jedoch ständig überprüft werden. Die Bekämpfung des Antisemitismus bleibt eine zentrale Herausforderung für die demokratische Gesellschaft.

## Anmerkungen

1 Herbert A. Strauss/Werner Bergmann (Hrsg.), Current Research on Antisemitism, Berlin, New York, 3 Bde. 1987-1993; Lars Rensmann, Kritische Theorie über den Antisemitismus. Studien zu Struktur, Erklärungspotential und Aktualität, Hamburg 1998; Detlev Claussen, Grenzen der Aufklärung. Zur gesellschaftlichen Geschichte des modernen Antisemitismus, Frankfurt/M. 1987; Klaus Holz, Die Gegenwart des Antisemitismus, Hamburg 2005.

2   Vgl. Zvi Yavetz, Judenfeindschaft in der Antike, München 1997; Peter Schäfer, Judenhaß und Judenfurcht. Die Entstehung des Antisemitismus in der Antike, Berlin 2010.
3   Rainer Erb/Werner Bergmann, Die Nachtseite der Judenemanzipation. Der Widerstand gegen die Integration der Juden in Deutschland 1780-1860, Berlin 1989; Shulamit Volkov, Die Juden in Deutschland 1780-1918, München 1994.
4   Klaus Holz, Nationaler Antisemitismus, Hamburg 2001.
5   Matthias Brosch u. a. (Hrsg.), Exklusive Solidarität. Linker Antisemitismus in Deutschland, Berlin 2007; Thomas Haury, Antisemitismus von links, Hamburg 2002.
6   Samuel Salzborn, Antisemitismus als negative Leitidee der Moderne. Sozialwissenschaftliche Theorien im Vergleich, Frankfurt/M./New York 2010.
7   Vgl. die gesellschaftstheoretischen und psychoanalytischen Beiträge des „Psychiatrischen Symposions zum Antisemitismus aus dem Jahr 1944 in New York: Ernst Simmel (Hrsg.), Antisemitismus, Frankfurt/M. 1993; Elisabeth Brainin/Vera Ligeti/Samy Teicher, Vom Gedanken zur Tat. Zur Psychoanalyse des Antisemitismus, Frankfurt/M. 1993.
8   Theodor W. Adorno, Studien zum autoritären Charakter, Frankfurt/M. 1973; Theodor W. Adorno/Max Horkheimer, Dialektik der Aufklärung, Frankfurt/M. 1986.
9   Wolfgang Benz/Angelika Königseder (Hrsg.), Judenfeindschaft als Paradigma. Studien zur Vorurteilsforschung, Berlin 2002.
10  Vgl. Wolfgang Benz, Antisemitismusforschung, in: Michael Brenner/Stefan Rohrbacher (Hrsg.), Wissenschaft vom Judentum. Annäherungen nach dem Holocaust, Göttingen 2000, S. 111-120.
11  Götz Aly, Warum die Deutschen? Warum die Juden? Gleichheit, Neid und Rassenhass 1800-1933, Frankfurt/M. 2011.
12  Johannes Heil/Rainer Erb (Hrsg.), Geschichtswissenschaft und Öffentlichkeit. Der Streit um Daniel J. Goldhagen, Frankfurt/M. 1998.
13  Werner Bergmann/Mona Körte (Hrsg.), Antisemitismusforschung in den Wissenschaften, Berlin 2004.

# Bibliographie

Im Folgenden sind grundlegende und für bestimmte Problemfelder der Judenfeindschaft wichtige Schriften aufgeführt. Primärliteratur und Quellen wie z. B. Eisenmenger, *Entdecktes Judentum*, Grattenauer, *Über die physische und moralische Verfassung der heutigen Juden*, Rohling, *Der Talmud-Jude*, oder Richard Wagner, *Das Judentum in der Musik* finden sich im Text an entsprechender Stelle, ebenso Quelleneditionen und Titel, die Debatten über spezielle Themen auslösten. Generell wird verwiesen auf die Beiträge im *Jahrbuch für Antisemitismusforschung* sowie auf die Artikel im *Handbuch des Antisemitismus*. Die Quellschriften des modernen Antisemitismus sind in einer Mikrofiche-Edition (Wolfgang Benz (Hrsg.), Die „Judenfrage", München 2003) in größeren wissenschaftlichen Bibliotheken greifbar. Diskussionsbeiträge in Zeitungen oder im Internet sind in der Bibliographie ebensowenig berücksichtigt wie Traktate und Pamphlete aktionistischer Observanz. Letztere sind wegen ihres fehlenden Aufklärungspotenzials nicht aufgenommen. In den Anmerkungen zum Text ist diese Literatur natürlich dokumentiert.

Klaus Ahlheim/Bardo Heger, Die unbequeme Vergangenheit. NS-Vergangenheit, Holocaust und die Schwierigkeiten des Erinnerns, Schwalbach/Ts. 2002.

Dirk Ansorge (Hrsg.), Antisemitismus in Europa und in der arabischen Welt, Frankfurt/M. 2006.

Tamara Anthony, Ins Land der Väter oder der Täter. Israel und die Juden in Deutschland nach der Shoa, Berlin 2004.

Brigitte Bailer-Galanda/Wolfgang Benz/Wolfgang Neugebauer (Hrsg.), Die Auschwitzleugner. „Revisionistische" Geschichtslüge und historische Wahrheit, Berlin 1996.

Alex Bein, Die Judenfrage. Biographie eines Weltproblems, 2 Bde. Stuttgart 1980.

Wolfgang Benz (Hrsg.), Antisemitismus in Deutschland. Zur Aktualität eines Vorurteils, München 1995.

Wolfgang Benz, Bilder vom Juden. Studien zum alltäglichen Antisemitismus, München 2001.

Wolfgang Benz, Der ewige Jude. Metaphern und Methoden nationalsozialistischer Propaganda, Berlin 2010.

Wolfgang Benz (Hrsg.), Handbuch des Antisemitismus. Judenfeindschaft in Geschichte und Gegenwart, 8 Bände, München 2009-2015.

Wolfgang Benz, Die Protokolle der Weisen von Zion. Die Legende von der jüdischen Weltverschwörung, München 2007.

Wolfgang Benz, Was ist Antisemitismus? München 2004.

Wolfgang Benz, Zwischen Antisemitismus und Philosemitismus. Juden in der Bundesrepublik Deutschland, Berlin 1991.

Wolfgang Benz/Werner Bergmann (Hrsg.), Vorurteil und Völkermord. Entwicklungslinien des Antisemitismus, Freiburg i. B. 1997.

Wolfgang Benz/Angelika Königseder (Hrsg.), Judenfeindschaft als Paradigma. Studien zur Vorurteilsforschung, Berlin 2002.
Wolfgang Benz/Juliane Wetzel (Hrsg.), Antisemitismus und radikaler Islamismus, Berlin 2007.
Werner Bergmann, Antisemitismus in öffentlichen Konflikten. Kollektives Lernen in der politischen Kultur der Bundesrepublik 1949-1989, Frankfurt/M./New York 1997.
Werner Bergmann/Rainer Erb, Antisemitismus in der Bundesrepublik Deutschland. Ergebnisse der empirischen Forschung von 1946-1989, Opladen 1989.
Werner Bergmann/Rainer Erb, „Mir ist das Thema Juden irgendwie unangenehm" – Kommunikationslatenz und die Wahrnehmung des Meinungsklimas im Fall des Antisemitismus, in: Kölner Zeitschrift für Soziologie und Sozialpsychologie 43 (1991)3, S. 502-519.
Werner Bergmann/Rainer Erb, Kommunikationslatenz, Moral und öffentliche Meinung – Theoretische Überlegungen zum Antisemitismus in der Bundesrepublik Deutschland, in: Kölner Zeitschrift für Soziologie und Sozialpsychologie 38(1986)3, S. 209-222.
Janusz Bodek, Die Fassbinder-Kontroversen: Entstehung und Wirkung eines literarischen Textes. Zu Kontinuität und Wandel einiger Erscheinungsformen des Alltagsantisemitismus in Deutschland nach 1945, seinen künstlerischen Weihen und seiner öffentlichen Inszenierung, Frankfurt/M. 1991.
Y. Michal Bodemann (Hrsg.), In den Wogen der Erinnerung. Jüdische Existenz in Deutschland, München 2002.
Klaus-Michael Bogdal/Klaus Holz/Matthias N. Lorenz (Hrsg.), Literarischer Antisemitismus nach Auschwitz, Stuttgart/Weimar 2007.
Gideon Botsch/Christoph Kopke/Lars Rensmann/Julius H. Schoeps (Hrsg.), Politik des Hasses. Antisemitismus und radikale Rechte in Europa, Hildesheim u. a. 2010.
Stephan Braun/Alexander Geisler/Martin Gerster (Hrsg.), Strategien der extremen Rechten. Hintergründe-Analysen-Antworten, Wiesbaden 2009.
Matthias Brosch u. a. (Hrsg.), Exklusive Solidarität. Linker Antisemitismus in Deutschland, Berlin 2007.
Micha Brumlik/Hajo Funke/Lars Rensmann, Umkämpftes Vergessen. Walser-Debatte, Holocaust-Mahnmal und neuere deutsche Geschichtspolitik, Berlin 2004.
Bundesministerium des Innern (Hrsg.), Antisemitismus in Deutschland. Erscheinungsformen, Bedingungen, Präventionsansätze. Bericht des unabhängigen Expertenkreises Antisemitismus, Berlin 2011.
Oliver Decker/Elmar Brähler, Bewegung in der Mitte. Rechtsextreme Einstellungen in Deutschland 2008 mit einem Vergleich von 2002 bis 2008 und der Bundesländer, Berlin 2008.
Irene A. Diekmann/Elke-Vera Kotowski (Hrsg.), Geliebter Feind – gehasster Freund. Antisemitismus und Philosemitismus in Geschichte und Gegenwart, Berlin 2009.
Rainer Erb/Werner Bergmann, Die Nachtseite der Judenemanzipation. Der Widerstand gegen die Integration der Juden in Deutschland 1780-1860, Berlin 1989.
Klaus Faber/Julius H. Schoeps/Sacha Stawski (Hrsg.), Neu-alter Judenhass. Antisemitismus, arabisch-israelischer Konflikt und europäische Politik, Berlin 2006.

Hermann Greive, Geschichte des modernen Antisemitismus, Darmstadt 1983.
Monika Halbinger, Das Jüdische in den Wochenzeitungen Zeit, Spiegel und Stern (1946-1989) – Berichterstattung zwischen Popularisierungsbemühungen, Vereinnahmung und Abwehr, München 2010.
Thomas Haury, Antisemitismus von links. Kommunistische Ideologie, Nationalsozialismus und Antizionismus in der frühen DDR, Hamburg 2002.
Johannes Heil/Stephan J. Kramer (Hrsg.), Beschneidung: Das Zeichen des Bundes in der Kritik. Zur Debatte um das Kölner Urteil, Berlin 2012.
Wilhelm Heitmeyer (Hrsg.), Deutsche Zustände, Folge 1-10, Frankfurt/M. 2002-2011.
Daniel Hofer, Ein Literaturskandal, wie er im Buche steht. Zu Vorgeschichte, Missverständnissen und medialem Antisemitismusdiskurs rund um Martin Walsers Roman „Tod eines Kritikers", Berlin 2007.
Klaus Holz, Die Gegenwart des Antisemitismus, Hamburg 2005.
Dana Ionescu/Samuel Salzborn (Hrsg.), Antisemitismus in deutschen Parteien, Baden-Baden 2014.
Jahrbuch für Antisemitismusforschung (1992 ff.).
Jacob Katz, Vom Vorurteil bis zur Vernichtung. Der Antisemitismus 1700-1933, München 1989.
Michael Kiefer, Antisemitismus in den islamischen Gesellschaften, Der Palästina-Konflikt und der Transfer eines Feindbildes, Düsseldorf 2002.
Martin Kloke, Israel und die deutsche Linke. Zur Geschichte eines schwierigen Verhältnisses, Frankfurt/M. 1994.
Angelika Königseder/Juliane Wetzel, Lebensmut im Wartesaal. Die jüdischen DPs (Displaced Persons) im Nachkriegsdeutschland, Frankfurt/M. 1994.
Deborah E. Lipstadt, Betrifft: Leugnen des Holocaust, Zürich 1994.
Hanno Loewy (Hrsg.), Gerüchte über die Juden. Antisemitismus, Philosemitismus und aktuelle Verschwörungstheorien, Essen 2005.
Matthias N. Lorenz, Auschwitz drängt uns auf einen Fleck. Judendarstellung und Auschwitzdiskurs bei Martin Walser, Stuttgart 2005.
Lothar Mertens, Davidstern unter Hammer und Zirkel. Die jüdischen Gemeinden in der SBZ/DDR und ihre Behandlung durch Partei und Staat 1945-1990, Hildesheim 1997.
Peter Nowak, Kurze Geschichte der Antisemitismusdebatte in der deutschen Linken, Münster 2013.
Armin Pfahl-Traughber, Antisemitismus in der deutschen Geschichte, Opladen 2002.
Léon Poliakov, Geschichte des Antisemitismus, 8 Bände, Worms 1977-1987 (Bd. 1-6) und Frankfurt/M. 1988 (Bd. 7-8).
Peter G. J. Pulzer, Die Entstehung des politischen Antisemitismus in Deutschland und Österreich 1867-1914, Gütersloh 1966 (Neuausgabe Göttingen 2004).
Doron Rabinovici/Ulrich Speck/Natan Sznaider (Hrsg.), Neuer Antisemitismus? Eine globale Debatte, Frankfurt/M. 2004.
Lars Rensmann, Demokratie und Judenbild. Antisemitismus in der politischen Kultur der Bundesrepublik Deutschland, Wiesbaden 2004.

Lars Rensmann, Kritische Theorie über den Antisemitismus. Studien zu Struktur, Erklärungspotential und Aktualität, Berlin/Hamburg 2001.
Lars Rensmann/Julius H. Schoeps (Hrsg.), Feindbild Judentum. Antisemitismus in Europa, Berlin 2009.
Samuel Salzborn, Antisemitismus. Geschichte, Theorie, Empirie, Baden-Baden 2014.
Samuel Salzborn, Antisemitismus – Geschichte und Gegenwart, Bamberg 2004.
Peter Schäfer, Judenhaß und Judenfurcht. Die Entstehung des Antisemitismus in der Antike, Berlin 2010.
Monika Schmidt, Schändungen jüdischer Friedhöfe in der DDR. Eine Dokumentation, Berlin 2007.
Julius H. Schoeps/Joachim Schlör (Hrsg.), Antisemitismus. Vorurteile und Mythen, Frankfurt/M. o. J. [1995].
Monika Schwarz-Friesel/Evyatar Friesel/Jehuda Reinharz (Hrsg.), Aktueller Antisemitismus – ein Phänomen der Mitte, Berlin 2010.
Doris Sottopietra, Variationen eines Vorurteils. Eine Entwicklungsgeschichte des Antisemitismus in Österreich, Wien 1997.
Wolfram Stender/Guido Follert/Mihri Özdogan (Hrsg.), Konstellationen des Antisemitismus. Antisemitismusforschung und sozialpädagogische Praxis, Wiesbaden 2010.
Karin Stögner, Antisemitismus und Sexismus. Historisch-gesellschaftliche Konstellationen, Baden-Baden 2014.
Peter Ullrich, Die Linke, Israel und Palästina. Nahostdiskurse in Großbritannien und Deutschland, Berlin 2008.
Peter Ullrich, Deutsche, Linke und der Nahostkonflikt. Politik im Antisemitismus- und Erinnerungsdiskurs, Göttingen 2013.
Shulamit Volkov, Die Juden in Deutschland 1780-1918, München 1994.
Shulamit Volkov, Jüdisches Leben und Antisemitismus im 19. und 20. Jahrhundert, München 1990.
Juliane Wetzel, Antisemitismus und Holocaustleugnung als Denkmuster radikaler islamistischer Gruppierungen, in: Bundesministerium des Innern (Hrsg.), Extremismus in Deutschland. Erscheinungsformen und aktuelle Bestandsaufnahme, Berlin 2004, S. 253-272.
Juliane Wetzel, Entwicklungen seit der Berliner Antisemitismus-Konferenz 2004, in: Horst Helas/Dagmar Rubisch/Reiner Zilkenat (Hrsg.), Neues vom Antisemitismus: Zustände in Deutschland, Berlin 2008, S. 87-95.
Juliane Wetzel, Moderner Antisemitismus unter Muslimen in Deutschland, in: Thorsten Gerald Schneiders (Hrsg.), Islamverherrlichung. Wenn die Kritik zum Tabu wird, Wiesbaden 2010, S. 379-391.
Massimo Ferrari Zumbini, Die Wurzeln des Bösen. Gründerjahre des Antisemitismus: Von der Bismarckzeit zu Hitler, Frankfurt/M. 2003.

**WOCHEN SCHAU VERLAG**
... ein Begriff für politische Bildung

# Vorurteile

Wolfgang Benz (Hrsg.)

# Ressentiment und Konflikt

## Vorurteile und Feindbilder im Wandel

Vorurteile und Feindbilder bestimmen alle Aspekte des Zusammenlebens: die Ebenen der Politik, das soziale Umfeld des Alltags, die ökonomische Situation, den Arbeits- und Wohnungsmarkt, den privaten Umgang der Menschen, ihre Ängste und Erwartungen. Die Betrachtung der aus Ressentiments erwachsenden Probleme und Konflikte verlangt daher den interdisziplinären Zugriff. Historiker, Sozial- und Wirtschaftswissenschaftler kommen in diesem Buch ebenso zu Wort wie Vertreterinnen und Vertreter der Psychologie, der Rechts- und der Islamwissenschaft, der Philosophie, der Menschenrechte und der Integrationsforschung. Das Buch zeigt nachdrücklich auf, wie aktuelle politische Probleme durch Vorurteile beeinflusst werden.

Herausgegeben im Auftrag des Sir Peter Ustinov Instituts für Vorurteilsforschung, Wien

ISBN 978-3-7344-0009-4
240 S., € 24,80

**Autorinnen und Autoren**
Wolfgang Benz, Gudrun Biffl, Hendrik Cremer, Andrea Dernbach, Heinz Faßmann, Hagen Fleischer, Farid Hafez, Ágnes Heller, Bettina Jakopitsch, Brigitte Mihok, Birgit Rommelspacher, Alexandra Senfft, Yasemin Shooman, Peter Widmann

www.wochenschau-verlag.de  www.facebook.com/wochenschau.verlag  @wochenschau-ver

A.-Damaschke-Str. 10, 65 824 Schwalbach/Ts., Tel.: 06196/86065, Fax: 06196/86060, info@wochenschau-verlag.de

**WOCHEN SCHAU VERLAG**
... ein Begriff für politische Bildung

# Demokratie gestalten

Wie kann man politisch aktiv werden?

Paul Ackermann und Ragnar Müller erklären verständlich, wie man als Bürger in der Demokratie mitwirken kann. Stichworte sind:

Informationen beschaffen
Die Meinungsbildung beeinflussen
An die Öffentlichkeit gehen
Extremismus erkennen und bekämpfen
Von lokalen Bürgerinitiativen
zu globalen NGOs

**Ein Muss für jede Schülerin, jeden Schüler, jeden Staatsbürger und jede Staatsbürgerin**

Hardcover, 4-farbig mit
77 Fotos und Grafiken
ISBN 978-3-7344-0107-7
312 S., € 26,80

**www.wochenschau-verlag.de**  www.facebook.com/wochenschau.verlag  @wochenschau-ver

A.-Damaschke-Str. 10, 65 824 Schwalbach/Ts., Tel.: 06196/86065, Fax: 06196/86060, info@wochenschau-verlag.de